忠诚的基础是信任

忠诚与信任是相互的
别人对你信任，你就应该对别人忠诚

YOU XINREN CAIYOU ZHONGCHENG

有信任 才有忠诚

构筑信赖的员工关系
拯救企业“忠诚与信任危机”读本

潘强龙 / 编著

内蒙古人民出版社

图书在版编目(CIP)数据

有信任才有忠诚/《有信任才有忠诚》编委会主编；潘强龙编著.—呼和浩特：内蒙古人民出版社，2020.8

ISBN 978-7-204-16407-3

Ⅰ.①有… Ⅱ.①有… ②潘… Ⅲ.①企业－职工－职业道德 Ⅳ.①F272.921

中国版本图书馆 CIP 数据核字(2020)第 169832 号

有信任才有忠诚

作　　者　潘强龙
责任编辑　晓　峰
出版发行　内蒙古人民出版社
地　　址　呼和浩特市新城区中山东路 8 号波士名人国际 B 座 5 楼
印　　刷　唐山楠萍印务有限公司
开　　本　710mm×1000mm　1/16
印　　张　20
字　　数　350 千
版　　次　2020 年 12 月第 1 版
印　　次　2021 年 1 月第 1 次印刷
印　　数　1－6000 册
书　　号　ISBN 978-7-204-16407-3
定　　价　59.80 元

如发现印装质量问题，请与我社联系。联系电话：(0471)3946120
网址：http://www.impph.com

前言

世界上恐怕没有比信任更好的礼物了。说它是最好的礼物，一定程度上是指它无法用贵重或精美之类的词语去形容，它是无价的，最令人难忘的，也是最能让人感动的。

但是，信任这礼物又是很难得的，因为对于不少人来说，他们总是希望别人把这件礼物馈赠给他，而不大乐意轻易地把它赠送给别人。

能够得到别人特别是许多人的信任，毕竟是件幸事，也是件乐事，当然还是件好事。往浅了说，这说明自己至少有一定的人缘；往大了说，至少证明自己有一定的威望。被人信任实在是种荣誉。

士兵忠诚于统帅，员工忠诚于自己的公司和职业，这是天经地义的事。维珍集团董事长理查德·布兰森爵士曾说过："就各个层面而言，忠诚都是至关重要的。对公司忠诚的员工都能够创造出忠诚的客户，而后者又能吸引更多的投资者。这说明忠诚精神的贯彻和忠诚关系的建立是使现代企业真正有效运转的关键所在。"

没有一个领导不喜欢忠诚的下属，没有一个将军不喜欢服从的士兵。上级无时无刻不在考察下属中谁是忠诚的，谁是可靠的。

在一次对世界 500 强企业总裁做的调查活动中，当被问到"您认为员工最应具备的品质是什么"时，这些巨头们无一例外地回答了两个字：忠诚。

忠诚是最值得重视和提倡的职业道德。可以说铁打的军队是靠忠诚的士兵造就的，企业的发展和壮大也是靠员工的忠诚来实现的。如果士兵不忠诚，军队就会一战即溃；如果员工对公司不忠诚，公司距离破产也就不远了，而员工们也将面临失业。

忠诚是信任的根本前提，也是责任担当的根本前提。没有忠诚，就不会有信任；而没有信任，就不会有责任和担当；没有责任和担当，就不会有情谊、机会和持续的利益。

忠诚不仅是一种道德品质，也是一种职业生存方式，更是优秀员工迈向卓越的必经之道。如果你选择了为某一家企业工作，那就真诚地、负责地将自己的工作做好。忠于工作，能让你把握人生成功的先机。

信任的确是一个能赋予人精神力量的主题，不管人处于世界的任何地方。尽管如此，它却很少在组织内部被提及。要知道，信任可是各种商业和个人关系的基础。信任能决定员工的贡献程度和激励程度；它促使人们主动承担风险、尝试新鲜事物，从而鼓励创新；它还能提高客户忠诚度，因为人们都愿意从他们信任的公司购买产品；最后，它是成功的关键——不管是企业的商务成功，政党的选举成功，还是个人为实现一个目标而与他人有效合作的成功。

忠诚是对信任的坚守，每个人都是为某种事业而诞生的。如果说忠诚是成功的基础，那么，信任就是成功的关键。因为只有信任才是对结果产生作用的真正力量。大量的成功学案例都在证实着这么一个事实：信任能够使一个人真正地明白人生和工作的价值所在。而具有责任感和忠诚品质的员工，才会在工作中发挥出最有效的作用，才能让自己的人生价值完全体现出来，获得更光明的未来。

目录

第一章

做一个值得信赖的人

一个人是否值得信赖，首先表现在他对工作的态度上。对工作缺乏兴趣的人，无论在工作方面还是人际关系方面都会流露出“差不多就好”的心态。如果你也属于这一类，不妨把妥协的标准定高一点，让自己至少能积极地面对工作。

相信自己的人才是值得信赖的人

认为真诚和坦率只是一种理想，认为正义就等于是无力感的人，也就是最容易因为利益而“堕落”的人。

这个世界上，有人嘲笑坦率，有人嘲笑良心和正直，这样的人，事实上早已失去了羞耻之心。当一个人弃守了自己的最后一个城池，这个人就成了没有归属的浮萍，只能屈从于金钱、权力和暴力。在现实社会中，真的非得这样才能生存吗？

开始就谈这么严肃的话题，似乎有些不妥，但那些随时随地都可以不顾良心的人是最丑陋的。内心里不再保有真诚的人，说话做事都会缺乏信心，这样的人就算拥有财富和地位，也赢不了信任；就算颇受上司赏识，也赢不了下属的心。

一个人值不值得信赖似乎是很主观的说法，其实说穿了就是一个人有没有被信任度。只有当一个人相信自己、看重自己的时候，他才有可能散发出吸引力。相反，一个不真诚的人无法得到真正的信赖，那是因为他连自己都信不过，所以不管男人还是女人，都不会真心喜欢这样的人。

魅力、迷人、吸引力，这些词多好听啊！可是我们不能忘了它们所代表的本质——真诚。只有失去了一切也不抛弃真诚之心的人，才是真正值得信赖的人。

不要嫉妒别人的成就

有些人一发现事情不如所愿就会大发脾气，看到别人成功就不开心，这是最幼稚的心态。为了一点小事就心生嫉妒，马上显露出不快的神色，这样的人心智绝对不成熟。

为什么会有这种幼稚的心态呢？这是由于内心摇摆不定所致，当一个人对自我缺乏肯定，就不免过度在意别人的表现，换来的就是心里充满了焦虑与不安。

喜欢“人比人，气死人”的人，也有这种“症状”，因为自己的内心缺乏一个标准，所以动不动就拿别人来跟自己比较。凡是无利可图的，不会赚钱的，会惹上司不快的，要负责任的，都会极力逃避，说到底就是失去了真诚的心。这样的人面对运气比自己好的人，升迁比自己快的人，人气比自己高的人，就会产生嫉妒，然后，心中开始盘算该如何击垮对方。

反之，遇到运气比自己差的人、没成就的人，内心就暗自嘲笑，言行之中对其充满轻蔑。

不过，我倒觉得这种类型的人并不多，再者，这样的人朋友一定很少。所以，他要嫉妒、要嘲笑也就随他去吧！

问题是二三十岁刚步入社会的年轻人，很容易产生这样的心理：一不小心就陷入“人比人，气死人”的迷局中。同事受到上司赏识，就难以坦率接受，心中开始找借口，认定同事比较会巴结逢迎，或者对方有什么秘诀可以提升业绩等。

一旦开始这么想，看待工作的眼光就会产生偏差，不能正面看待自己的职务，只会一心一意想要创造业绩、博得上司的赞赏，把同事给比下去，同时还要眼观六路耳听八方，想尽办法不让自己背上失败的责任。

凡是会“人比人，气死人”的，都是气度狭小的人。心中嫉妒别人成就的人，已经开始走上“堕落”之路了。

值得信赖的人是不嫉妒的。当然，只要是人都会有嫉妒之心，但是要懂得去控制，不能无时无刻活在嫉妒的世界里。

克制嫉妒之心很困难吗？其实不会，只要了解自己的人，明白自己有什么优点、有什么缺点的人，自然不会去嫉妒别人，因为懂得肯定自己，就会明白别人是别人、自己是自己的道理。

这样的人有什么迷人之处呢？这样的人干净利落，或者说有强者风范。

前面提到，值得信赖的人一开始会引起别人的注意，原因就在于这种人有存在感，他的行动并不是为了要吸引别人的目光，但周围的人越是惶惶不安，他的冷静沉着也就越醒目。因为自有定见、不附和别人，就会让人们信任他的决定，信赖这个人。那么羡慕别人又怎样呢？其实羡慕和嫉妒是一体两面的，羡慕过了头就会变成嫉妒，因此，如何拿捏两者的度也是一门功课。

光是心存羡慕是不会有进步的，这个道理谁都懂，所以我们要学着如何用羡慕来刺激自己，制订努力奋斗的目标。能够挥去心中嫉妒的阴影，把眼光放在未来的人，才会成为出众的人、值得信赖的人。

建立相互信赖的关系

我们要了解一个人并且和他达到相互信赖的程度，其实是很困难的。

比如说，两个人从相识、相恋到“我的眼中只有你”，而终于如愿结成伴侣，这当然是一个美好的开端。然而，一旦两个人生活在一起，就开始看到对方的另一面。

有无数的人说：“原来不是这样的。”

俗话说：“婚前要看清楚；婚后，只能睁一只眼，闭一只眼。”

在选择终身伴侣的大事上，即使竭力“睁开两只眼睛”，也不可能完全了解对方，更何况是工作场所中遇到的形形色色的人，要想彼此信任，当然更不容易了。

虽然大家每天以上级、同事、下属的关系打交道，但其实只是停留在靠一些“辞令”的话和偶尔聚一聚的关系上。

当你需要去了解一个人时，不管有多困难，首先要了解对方的大致个性，这是建立信赖关系的先决条件。

古语云：知己知彼，百战不殆。当你对自己和对方都有一个理性的认识时，就能避免不必要的误解，或因表面判断而产生纠纷。

每个人都有各自的弱点和优点。若不识时务地指出其弱点，任何人都会感到不愉快。但若巧妙地先引出其优点，就能愉快地与之交流感情。

某企业进行一次新员工调查，当问到作为社会的一员，你感到最不安的是什么时，有 62010 的人回答是工作场所上的“人际关系”。还有人说：“公司可以选择，但上级就没有选择的余地。”

若因为性情不投，或是发自内心的厌恶，最终认为“在那种上级手下做事，即使我本来有发展前途，现在也是枉然的”，与其这样早早地失去信心，不如再想想对策。

你对同事的性格了解吗？在下结论说“喜欢”“讨厌”之前，要重新认识对方，或许双方只是偶尔有些小小的不愉快，但并不一定严重到势不两立。掌握对方和自己的性格，是高效率工作的第一步，也是双方相互信赖的基础。

培养被人信任的品质

被人信任的第一要素是诚实。诚实是树木的根，没有根，树木也就没有了生命。每个成功者都要树立起为别人着想的正确人生观。

伊丽莎白在她出任一家连锁超级市场公司的副总经理时，有一天，她为了人事问题开了一天的会。会议休息时，有人问及她的公司在录用与晋升方面的尺度跟别的公司有什么不同。

伊丽莎白说："这点我不清楚，因为我不知道别的公司在录用及晋升方面的标准是什么，我只能说，我们公司很注重应征者对金钱的态度。"

"一旦你在金钱的使用上有了不良的记录，我们公司就不会雇用你。很多公司也跟我们一样，很注重一个人的品行，并且以此作为晋升任用的标准。如果一个人品行不好，即使那个人工作经验丰富、条件又好，我们也不任用。我们这样做的理由有四：第一点，我们认为一个人除了对家庭要有责任感外，对债权人守信用是最重要的，你在金钱上毁约背信，就表示你在人格上有所缺陷。但是，今天很多美国的年轻人却不以为然。他们认为'银行的钱那么多，即使我不偿还债务也无所谓'或者'每家商店都有上百万的资金，我不付款它也倒不了'。但是买东西必须付钱、欠债必须还钱这是天经地义的事。在金钱上不守信用，简直与偷窃无异。第二点，如果一个人在金钱上不守诺言，他对任何事都不会守信用。第三点，一个没有诚意信守诺言的人，他在工作岗位上必定也会玩忽职守。第四点，一个连本身的财务问题都无法解决的人，我们是不任用的。因为多次的财务困难很容易导致一个人去偷窃和挪用公款。在金钱方面有不良记录的人，犯罪率是一般人的10倍。当我们支出金钱时，要诚实守信，这一点也同样适用于我们为人处世。"伊丽莎白的用人标准说明了这样一个问题：诚实是衡量一个人品行的一把量尺。这把量尺，无论在古今中外，它都适用于对人的检验。诚实守信不仅是一个人品行的证明，同时，它还使人树立起对家庭、对社会的强烈责任感。

恪信守义

所谓恪信守义，是指对许诺一定要承担兑现。答应了别人什么事情，对方自然会指望着你，一旦别人发现你开的是“空头支票”，说话不算数，就会产生强烈的反感。“空头支票”，会给他人添麻烦，也会使自己的名誉受损。对别人委托的事情要尽心尽力地去做，但不要应承自己根本力所不及的事情。华盛顿曾经说过：“一定要信守诺言，不要去做力所不及的事情。”他告诫人们，因承担一些力所不及的工作或为哗众取宠而轻诺别人，结果却不能如约履行，是很容易失去信誉的。

中华民族历来是强调信义的，在人与人的交往中，把信用、信义看得非常重要。孔子说：“与朋友交而不信乎？”墨子说：“志不强者智不达，言不行者行不果。”还有“一诺千金，一言百系”“一言既出，驷马难追”等，都是强调一个“信”字。

中国人历来把守信作为为人处世、齐家治国的基本品质，言必行，行必果。自古以来，讲信用的人受到人们的欢迎和赞颂，不讲信用的人则受到人们的斥责和唾骂。李白曾在他的《长干行》中写道：“常存抱柱信，岂上望夫台。”所谓“抱柱信”，是说一个叫尾生的男子和一个女子在桥下约会，女子还没有来，河水就涨了。尾生为不失信用，还是不走，宁可抱住桥柱，被水淹死。尾生的行为是过于迂腐拘泥，但他表现出的精神却受称颂。

东汉时，汝南郡的张劭和山阳郡的范式同在京城洛阳读书，学业结束，他们分别的时候，张劭站在路口，望着长空的大雁说：“今日一别，不知何年才能见面……”说着，流下泪来。范式拉着张劭的手，劝道：“兄弟，不要伤悲。两年后的秋天，我一定去你家拜望老人，同你聚会。”

落叶萧萧，篱菊怒放。这正是两年后的秋天。张劭突然听见长空一声雁叫，牵动了情思，不由自语地说：“他快来了。”说完赶紧回到屋里，对母亲说：“母亲，刚才我听见长空雁叫，范式快来了，我们准备准备吧！”“傻孩子，山阳郡离这里一千多里，范式怎么来呢？”他妈妈不相信，摇头叹息：“一千多里路啊！”张劭说：“范式为人正直、诚恳，极守信用，不会不来。”老妈妈只好说：“好好，他会来，我去打点酒。”其实，老人并不相信，只是怕儿子伤心，宽慰儿子而已。

约定的日期到了，范式果然风尘仆仆地赶来了。旧友重逢，亲热异常。老母亲激动地站在一旁直抹眼泪，感叹地说："天下真有这么讲信用的朋友！"范式重信承诺的故事一直被后人传为佳话。

讲信用、守信义，是立身处世之道，是一种高尚的品质和情操，它既体现了对人的尊敬，也表现了对自己的尊重。但是，我们反对那种"言过其实"的许诺，我们更反对"言而无信""背信弃义"的丑行。

讲信用是忠诚的外在表现。人离不开交往，交往离不开信用。"小信成则大信立"，治国也好，理家也好，做生意也好，都需要讲信用。一个讲信用的人，能够言行一致，表里如一，人们可以根据他的言论去判断他的行为，进行正常的交往。如果一个人不讲信用，前后矛盾，言行不一，则无法判断他的行为动向，对于这种人，是无法与其进行正常交往的，这种人更没有什么魅力而言。守信是取信于人的第一方法。信任是守信的基础，也是取信于人的方法。具有魅力的人，应该是守信的人，诚实的人，靠得住的人。

信用是金

苏希·奥尔曼（著名的财经类畅销书作家，著作包括《金融自由的九大步骤》《致富的勇气》等）在第一份工作中就明白了"信用是金"的道理。

苏希·奥尔曼的第一份工作是在一家小餐馆当侍者。最让她难忘的是一位名叫弗雷德·汉斯布鲁克的老顾客。他是一个电器推销商，经常到餐馆来点一份火腿、蒙得利干酪加煎蛋卷作为晚餐。每一次，奥尔曼一看见他向餐馆走来，就早早收拾好他常坐的桌子，为他送上一成不变的晚餐。当然，还不忘送上一个灿烂的微笑，这是做侍者起码的要求。

那时，奥尔曼最大的梦想就是拥有一家自己的小餐馆。有一天，她向父母说了自己的想法，希望他们能资助她，可是他们对她说："我们没有足够的钱帮助你。"第二天，奥尔曼带着失望的心情上班，弗雷德一见她就问："怎么了，奥尔曼？你今天一丝笑容都没有。"

奥尔曼向他和盘托出了自己的苦恼。他当时一言不发。第三天，弗雷德居然交给她一张5万美元的支票！并给她写了一张便笺：这笔贷款唯一的抵押是你作为一个人的诚实，好人的梦想应该实现。

后来，虽然奥尔曼的小餐馆并没有开成，但是，她始终没有忘记弗雷德对她的信任。在攒到足够的钱后，她将5万美元加上每年的利息，还给了弗雷德。

弗雷德又给她回了一张字条:“这笔贷款是我一生中最成功的一次投资。它帮助一个无助的小女孩,成长为一名成功的职业女性。有多少投资会带来如此大的收益?”而对奥尔曼而言,这笔贷款使她明白信用是最宝贵的财富。

查利一家在村里是数得上的贫寒之家。这年春天,查利去世,查利夫人想起丈夫去世前卖过一些玉米给村里的乡绅杜恩,钱还没有要回来。她就让16岁的长子约翰去杜恩家要。

杜恩是村里最有钱的人,他家的房子就像宫殿一样。约翰来到杜恩家,说明来意。杜恩一听,拍着脑袋,似是一副恍然大悟的样子:“不错,是有这回事,你看我都忘了,真对不起!”杜恩说着,慢条斯理地从衣兜里掏出钱包,从包里取出一张1美元的新钞,递给了约翰。

“可是,我告诉你,你父亲还欠着我40美元呢。”杜恩说。约翰目瞪口呆:40美元,对他们家来说,这可是一笔巨款呀!但他相信杜恩说的话,因为父亲生前很懒,好赌。

杜恩问:“你觉得什么时候可以还清你父亲欠我的钱呢?”约翰脸色苍白:“不知道。先生,但我知道一定能还清这笔钱的。”

那一年夏天,约翰到农场帮工,每周干6天,每天工钱40美分。每天晚上和星期天,约翰又在自家地里干活。一个夏天的辛勤劳作,不但足够全家食用,还有剩余瓜菜拿去卖,这可是查利家破天荒的事。

开始时约翰把挣来的钱全部交给母亲,后来,每次领到工钱,他都能省下几美分。渐渐地,他攒到了5美元。

约翰跨进那幢宫殿似的房子说:“先生,我想先还您5美元。”杜恩郑重其事地把钱收了。

过了几天,约翰碰到塞夫,诉说在冬天找不到活干。塞夫告诉他:每到冬天,他都去森林里捕猎野兽,光是皮毛,去年冬天他就卖了200美元。不过,买猎兽工具需要75美元。

当然,约翰又一次跨进了那幢宫殿似的大房子。杜恩涨红脸嚷着:“你是说让我把这么大一笔钱借给一个16岁的毛头小伙子?而且你要我相信你肯定不会在大森林里被饿死、冻死,而这钱肯定能收回来?”

“如果你不敢相信,那我就不麻烦你了!”杜恩的目光久久地盯着约翰,好像要从他脸上找出这75美元借出去后并非打水漂的保证来。最终,杜恩还是把钱借给了约翰。

约翰和塞夫一道上了路。这个冬天，约翰学会了打猎、布捕兽夹子、在森林里独立生活。当约翰估计捕获的兽毛至少能卖200美元时，约翰准备独自一人回家了，他念念不忘父亲欠的那笔40美元的债。

塞夫叮嘱说："过河时，千万不要在冰面上走，现在的冰已经很薄了，踩上去要闯祸的。你应该找个冰化河段，砍木做个筏子过去。这样做虽然要多几个小时，但是安全。"

傍晚，约翰看见了那条河。他实在没有余力去寻找冰化河段。他看见河边有一棵树，很高，如果倒下去足可以横跨河面，于是他便拿出斧头砍树，树倒下后，恰好像一座桥一样搭在河上。

约翰一步一步地走上了这座"桥"，走到一半时，树干突然摇晃起来，约翰掉到河面上，冰碎了，约翰沉到了水里，猎枪、皮毛和夹子从约翰身上滑落到河中，眨眼之间就不见影儿了。

约翰挣扎着游到对岸，来到杜恩宫殿式的大房子。他把事情的经过如实说了一遍，杜恩苦笑着说："无论是谁都需要一个学习的过程，不过，你用这样的一个教训来'学'，对我来说太不佳了，因为我借给你的钱打水漂了呀！"

为了一家人的生计和早日偿还欠债，约翰没日没夜地干活。到了夏天，他又节省出5美元还给杜恩，可是，父亲欠的40美元，加上买捕猎器具的钱，约翰一共欠杜恩105美元。

到了秋天，杜恩派人把约翰叫去，对他说："孩子，你已经欠我很多钱了，为了能收回这些钱，我想让你今年冬天再到森林去打猎，当然，我可以再借你75美元。"

这次，约翰是独自一人去的，他又一次来到那河边，冰已化了，他用一天的时间做了个木筏……

冬天，约翰卖掉皮毛挣到300美元，还清了买猎具的钱，又把父亲过去借的40美元交到杜恩手里。

以后的10年里，每到冬天，约翰都要到森林去打猎，他用卖皮毛换来的钱买了一个大农场。到约翰30岁的时候，他已经成了村镇上有头有脸的人。

而就是在这一年，乡绅杜恩去世了，遗言中杜恩把那幢宫殿似的大房子和一大笔钱留给了约翰，同时，他还留给他一封短信。

信上是这样说的：杜恩从未借钱给约翰的父亲，因为他不相信约翰的父亲能改变自己的命运，但是，当他第一次看到约翰时，就感到约翰与众不同，为了证明这一点，他才考验了约翰。

除了信，信封里还装着40美元……

乍交之欢，不若久处无厌

一对年轻人经朋友介绍见面。姑娘见小伙子其貌不扬，深感失望。因她自幼喜爱艺术，不止一次在心中勾勒过自己梦想的“白马王子”高大英俊的身影，可他……

他并不尴尬，并不自卑，而始终稳重温和，一开口就露出微笑。因为总算有点好感，她又一次和他见面了，这次她问他：“你是第一次恋爱吗？”他说：“已经谈过一次，后来她把我蹬了。不过，我的记忆中还常有她的影子在晃动。”听了这话，她好伤心，不辞而别跑回家。第二天，她收到他托人捎来的一束月季花，中间夹着一封信：“你对我不满意，我能理解。我可以用谎言欺骗你，因而可能会暂时得到你，可真诚的爱是容不得玷污的……”这坦诚真挚的话语打动了她的心。这以后，他们彼此加深了解，沟通了心灵，女孩儿不再注重男孩儿的容貌，反倒觉得他的其貌不扬给了她一种安全感。

与初次见面的人交往时，人们往往都特别想马上建立起一个美好的印象，一般而言，如果对方对我们的第一印象有所错觉，就很难修正对方对我们所持有的想法。但如果一开始给了对方一个美好的印象，为了加强这个美好印象，则要继续给予新的表现，这种为了让对方维持着一个良好印象的做法，从心理技巧来说是不必要的。

假使一开始就给对方一种模糊或不好的印象，因此就灰心则为时过早。为了弥补对方对你的第一印象，给予一些较强有力的认识或表现比较好，这样对方可以根据这些表现渐渐地加深对你的了解，以致否定以前所记得的形象，而只留下美好的印象，上述例子即是如此。

又如，初次见面就迟到了，不可避免就想到给人的第一印象问题。但是，人非圣贤，孰能无过，这时，我们已经知道违反了最基本的礼貌规范，总会感到事情重大，力图补救。

但是在这力图补救的举动中最常见的是，边寒暄边道歉，想要顺便达到解释的效果。此时往往也很难说出真正的原因，于是竟说些自己也不相信的原因。本来已经浪费了很多宝贵时间的对方，听了这些辩解后，或许会觉得你缺乏诚意而不想很快地进入主题。因为在初次见面时，双方之间还没踏入彼此人情上理解的程度，突然地提出辩解来请求对方原谅，反而不能给人以良好的印象。

第一印象只是双方建立关系的第一步，即使这一步迈得不尽如人意，接下来也还有弥补的机会。有道是“乍交之欢，不若久处无厌”，因此无须太刻意于营造第一印象而在细节上纠缠不休。辩解应是最后的步骤，应诚心诚意地为弥补迟到而道歉，这样，对方自然而然会对你有好感，如此，再在进一步的交往中致力双方关系的融洽。

以诚待人

美国心理学家安德森制订一张表，列出了 550 个描写人的形容词。他让大学生们指出他们喜欢的品质。研究结果明显地表现出，大学生们评价最高的性格品质是“真诚”。在 8 个评价最高的形容词中，竟有 6 个（真诚的、诚实的、忠实的、真实的、信得过的和可靠的）与真诚有关，而评价最低的品质是说谎、装假和不老实。

这个研究结果具有普遍意义。在日常生活中，我们总是喜欢诚恳可靠的朋友，而提防和痛恨着口是心非、虚伪阴险的人。真诚无私能使一个外表毫无魅力的人增添许多内在的吸引力。人格魅力的基本点就是真诚。待人心眼实一点、守信一点，就能更多地获得他人的信赖、理解，能得到更多的支持、合作，因此获得更多的成功机遇。

傅雷说过：“一个人只要真诚，总能打动人的，即使大家一时不了解，日后也会了解的。我一生做事，总是第一坦白，第二坦白，第三还是坦白。绕圈子，躲躲闪闪，反倒叫人疑心；你要手段，倒不如光明正大，实话实说，只要态度诚恳、谦卑、恭敬，无论如何人家都不会对你怎么样的。”

心理学家认为，每个人的思想深处都有内隐闭锁的一面，同时又有开放的一面，希望获得他人的理解和信任。然而，开放是定向的，即向自己信得过的人开放。以诚待人，能够获得人们的信任，发现一个开放的心灵，争取到一位用全部身心帮助自己的朋友。这就是用真诚换来真诚，如果人们在发展人际关系，与人打交道时，能用诚信取代防备、猜疑，就能获得出乎意料的好结局。

以诚待人，要坦荡无私，光明正大，一旦发现对方有缺点和错误，特别是对他的事业关系密切的缺点和错误，要及时地指正，督促他人立即改正。虽然人不喜欢被批评,但当别人认识到批评者确实是为自己着想时,便能理解接受,使彼此的心灵得以沟通,友情得到发展。

以诚待人,应当知人而交,当你抛出赤诚之心时,应看看站在面前的是何许人也,不应该对不可信赖的人敞开心扉。否则,将会适得其反。

要想得到知己,首先得敞开自己的心怀。要讲真知、实话,不遮遮掩掩、吞吞吐吐,以你的坦率换得朋友的赤诚和爱戴。融洽的感情是心的交流。肝胆相照,赤诚相见,才会心心相印。岁月的流逝、时代的变迁,并没有减弱“真诚”在友谊宫殿中的光泽。相反,对于社会的进步,人们给“真诚”又增添了熠熠光彩。

离开了真诚,则无友谊可言。一个真诚人的心声,才能唤起一大群真诚人的共鸣。“投我以木瓜,报之以琼琚。”我们的生活应充满真诚。

获得信任的22项法则

欲赢得别人合作,获得对方的信任是必要条件。如下22项法则可供你参考:

1.为得到对方的共鸣,必须对对方的话有所反应。

2.夸奖的语词要能满足对方的自我意识。当对方对自己的赞美有良好反应时,不要就此结束,而要改变表达方式一再地赞美。

3.对具有绝对信心的人加以贬抑,反而能更加亲密。

4.故意忽视在事前听到的有关对方的传闻,而由另一方面赞赏他。

5.与有自卑心理和戒备心理的人第一次会谈是很困难的,要拆除对方心理上所筑的防卫墙,应做出平易近人的某些表现。

6.听对方的笑话而发笑,比自己说笑话更容易使关系融洽。

7.初次见面时,先谈有关对方的事,由对方再转向自己,才是打开对方心扉的最有效方法。

8.在交谈时,以对方的姓名代替其头衔会更有亲切感。

9.使对方看出自己的某一缺点,能松懈其戒心。

10.想托人办事或是道歉时,最好能拜访对方的家庭。

11.事前先知道对方的出生地及毕业学校,便不愁没话题。

12.虽然说话内容非常普通,但如加上一句:“不要告诉别人喔!”却有助于彼此建立共同立场。

13.与一位木讷的人谈话，最好能由与事实或经验有关的话题开始，如：“你曾去过国外吗?”使对方在毫无困难地回答之后，再展开话题。

14.评价对方的敌人，可以制造说话机会。

15.与长辈谈话时，尽量以他年轻时代的事作为话题。

16.提到对方可能不知道的事时，若能先说“你可能知道”，较容易引起对方的兴趣。

17.重复对方的话，能让对方觉得自己正在专心地聆听。

18.扼要叙述前面说过的话，可解除空当时间的尴尬场面。

19.对方如果不注意听你说话，倒不如故意沉默片刻以吸引对方的注意力。

20.如果初次见面的对象是多数人，须注意陪坐的人。如果到某人家庭拜访，不要忽略了他的家人。

21.要想让对方连续说话，便须装糊涂，以知为不知，让对方有一种满足感。

22.谈论对方值得骄傲的事情。每个人都有引以为豪的事情，包括曲折动人的经历、漂亮的针线活、做得一手好菜等。在社交中，如果从称赞和诚挚感谢着手谈论对方引以为豪的事情，不仅不会失去什么，反而会从对方那儿得到许多东西。因为每个人都需要激励，需要在别人肯定和重视中，增强自信，为自己树立更高的目标。而从称赞着手，夸奖对方引以为豪的事情，对方会在滔滔不绝的谈论中拉近与你的距离。因此，在社交中，我们可以妙用这一技巧，达到公关目的。

做到了上述 22 点要求的，你的诚信基石就会自然形成。

不要抛弃真诚、坦率的心

一个人进入社会之后，似乎总免不了为了护卫自己而产生邪念，好像为了保护自己努力挣来的地位，不管受了多大的侮辱也得咬紧牙关忍下来似的，难怪俗话说“社会是个大染缸了”。

而且越是一流的大企业，越容易出现这样的人；越是精英中的精英，越是会要手段、萌生恶念，即使到了证据确凿、无法逃避的地步，也还是死不承认，力求明哲保身。

这些人是什么时候开始变得这么“堕落”的？似乎官位爬得比同期同事快的人，“堕落”的速度也比别人快得多，像是刚好成正比似的。

这或许该怪罪于企业本身吧！大家似乎总是在辩解：除了这样，我还能怎么办？可是我还是搞不懂，为什么有人宁可抛弃心中的真诚坦率，也要维护既得利益？原因出在对这个社会的认知有偏差，有时越是狡猾的人越能获取暴利，而大家还称赞这种人是社会“精英”。

企业和社会变成这样，我们最终总是归罪于组成企业和社会的人，而这些人再把步入社会的新鲜人染黑，这就形成一种恶性循环。

不妨换个角度来想想：

一定还有些人——即使不是全部，还保有真诚和坦率吧！一定还有些男人，在与社会搏斗的同时，没有抛弃真诚和坦率吧！如果这些人聚集起来，不也能渐渐改造这个社会吗？

“理想是战胜不了现实的呀！”

一定会有人这样反驳。

这种论调其实是一种逃避的心态。

真诚和坦率绝不是一种理想，而是人在和现实搏斗时，内心的最后一道防线：是属于自己的城池，就算遭到现实无情的打击，一个人也不应该弃守这最后的城池。能这样想的，才称得上是成熟的人。

能够挺直腰杆的人

不必把“真诚”这两个字想得有多复杂，或许有些时候，追求真诚需要极大的决心和觉悟，不过这种情况并不多见。

真正要紧的是，在面对一般生活琐事的时候，要坚持自己内心的小真诚。这样久而久之，就能坦然面对一切了，千万不要自找麻烦地想：“要是遇到了那样的情况，我该怎么办？”这样只会让你在事情真的发生前就丧失自己的真诚。

那么，“小小的真诚”是什么呢？

举个最简单的例子，就是不要找借口。只要是错在自己，不管是多小的错，都要坦率地道歉，不要找借口欺瞒别人，也不要找借口说服自己。

值得信赖的人就该拥有这一点真诚，不为自己找借口，每件事都要清清楚楚做个了断，失败和过错就不会永远跟着你。这样的人，腰杆永远都是挺直的。

喜欢找借口的人就是那种明哲保身的人，即使错在自己，也希望别人替他分担责任，想尽办法逃避惩罚，只要把过错推给别人，自己就能安心了。

可是，因为凡事都不能清楚地做个了断，将来必然会产生许多后遗症，只有自己在暗自窃笑："又躲过了一次灾难。"这样的人谁会喜欢呢？或许人们会觉得这家伙还真有两下子，但却不免开始怀疑这个人，认为他是个做事不果决、不值得推心置腹的人。

值得信赖的人又如何呢？

值得信赖的人不管遇到什么情况，都能明快地行动，而且他会这样做、还是会那样做，周围的人都能猜得到，这么一来，大家会认为这个人做人做事十分真诚，也就对他产生了信任。

不过话说回来，值得信赖的人并不见得一眼就看得出来，这样的人只是守着自己的本分，不给周围的人惹麻烦，久而久之大家就会发觉他"不太一样"。

值得信赖的人并非偶像歌星或俊美演员，这样的人和大家一起工作、一起吃午饭，他或许不够派头，服装、打扮也毫无特色，但就是会引起别人的兴趣，大家偏偏就是会注意他的一举一动。

和这样的人在一起，做起事来不会拖泥带水：他的决定不会背叛众人的期待，而且腰杆是永远挺直的，这让大家非常安心，大家也就会渐渐注意到这个人真诚的本质。因此，做个值得信赖的人，就是这么简单。

切莫"明知山有虎，偏向虎山行"

我们在大力提倡讲诚信的同时，也要提醒注意把握诚信的对象。因为，即使我们一味地讲诚信、精守纯正诚恳的待人之道，但在有些情况下，依然感动不了一些伪善、奸诈的小人，他们已练就一身刀枪不入、油盐不进的真功夫。

有位非洲男孩即将成年，为了向众人证明"将迈入成人行列的自己，确有资格成为村里成年男子的一员"，这位非洲男孩决定独自登上高山的巅峰。

这一天，他穿好衣服，带上食物，就向山顶出发了。

经过艰难的攀登，这位男孩终于抵达了峰顶。不过，就在他举目四望、情不自禁地欢呼的时候，忽地听到自己的脚边传来一阵声响。男孩低头一看，原来是一条响尾蛇！

他吓了一大跳，连忙倒退了几步。

没料到，这条响尾蛇却开口苦苦哀求这位男孩："请不要走！我又饿又冷，请你好心地让我躲在你的衬衫里，跟着你一起下山，好吗？"

“不行!”男孩想也没想,便一口回绝,“要知道,你是一条响尾蛇! 倘使我让你躲入我的衬衫,你一定会咬死我!”

“不会! 我向你保证,我绝不会这么做!”响尾蛇继续哀求男孩,“所以,求求你,带我到另一个温暖、有食物的地方去,好不好?”

听到这儿,这位心地善良的非洲男孩再也不忍拒绝。

他便依响尾蛇所言,将他藏在自己的衬衫里,带下山去。

当他们回到山下,当男孩将响尾蛇放回地上……这条响尾蛇,竟猛然回头攻击男孩,在他的手腕上狠狠地咬了一口!

“你答应过不咬我的,为什么?”这位惨遭“蛇吻”的非洲男孩在断气前,气若游丝地问道。

“我怎么能不咬人呢?”响尾蛇回答他,“你明知道我是一条响尾蛇,你为什么还要救我?”

很多时候,我们“明知山有虎,偏向虎山行”,那是不行的,不能忘了我们面对的是复杂的社会,更不能忘了要为自己留有一定的安全距离……

这并不违背诚信之道。

诚信,不仅仅是嘴上功夫

对别人做了承诺,无论如何也要去办好,不可今天答应了,明天就忘了。否则等朋友找你时,你会很不好看。成功人士必有他成功的道理,让我们看看卡尔·威勒欧普的千金之诺吧!

有一天快下班时,百事可乐公司的总裁卡尔·威勒欧普接到市长邀请他参加晚宴的电话,他毫不犹豫地谢绝道:“很抱歉,我已经说好今天晚上陪女儿过生日。我不想做一个失约的父亲。”

下班后,卡尔给女儿买了生日礼物,驱车直奔市中心新开业的游乐园,去那里与妻子一道为女儿过生日。

为避免打扰,卡尔和妻子都关闭了手机,他们全身心地陪伴着女儿,开心地享受着这个愉快的节日。

当卡尔正兴致勃勃地和女儿开心欢乐时,他的助理急匆匆地赶来了。他把卡尔叫到旁边,小声汇报说有一个非常重要的客户,很想在这个晚上与他见一面。

“可是，我已经答应了女儿，今天整个晚上都陪在她身边。”

卡尔面露难色。

“客户此前确实没有预约，他只在此地做短暂的停留，是临时决定要拜见您的。”助理委婉地建议道。

怎么办？一边是已经陪了两个小时、正玩得开心的女儿，而另一边是等待约见的公司重要的客户。卡尔没有犹豫，他转身告诉助理：“我觉得我还是应该留下来陪女儿，你去接待一下客户，并替我转达真诚的歉意，跟他约好时间，届时我会亲自登门拜访。”

“卡尔先生，您是不是先去……”助理提醒总裁这个客户实在太重要了，丝毫不能得罪的，要不然他就不会匆匆地找来了。

“爸爸，您先去忙工作吧，妈妈陪我一样很快乐。”女儿非常懂事地说。

“不，我已说过，我不想做一个失约的父亲。今天晚上，市长的宴请和客户的约见，确实都很重要，但我一个月前向女儿许下的承诺更重要，谁都不能改变我做出的承诺。”卡尔一脸的坚定，让助理打消了继续劝说的念头。

翌日，卡尔上班做的第一件事，就是打电话向那位客户道歉，客户非但没有生气，反而由衷地赞叹道：“卡尔先生，其实我要感谢您啊，是您用行动让我真切地记住了什么叫作一诺千金，我明白百事可乐兴旺发达的真正原因了。”

此后，卡尔和这位客户竟成了非常亲密的合作伙伴，甚至在公司经营遭遇最大困难的时候，也不曾动摇彼此的信任。

第二章

忠诚建立在信任和责任的基础上

每一个人活在这个世界上，不可能与世隔绝，仅凭自己的劳动来谋求生活，必然要和许多的人建立种种的关系。而促使这些关系和谐的一个重要因素就是忠诚。对自己的家人忠诚会让自己的心灵找到归宿。一个人成就再大，如果没有家人分享，也很难产生成就感。

每一个人必须对自己忠诚

很显然，忠诚是必要的、必需的。但是究竟应该向谁忠诚呢？

首先，每一个人必须对自己忠诚。

我们不需要空口承诺和信誓旦旦地说要对国家、对人民忠诚，要对组织、对老板忠诚。我们首先要对自己负责，要对自己忠诚。

东汉有一个少年名叫陈蕃，独居一室而龌龊不堪。其父之友薛勤批评他，问他为何不打扫干净来迎接宾客。他回答说："大丈夫处世，当扫除天下，安事一屋？"薛勤当即反驳道："一屋不扫，何以扫天下？"

对于我们每一个人来说，固然要有"扫天下"的决心和壮志，但首先必须有"扫一屋"的耐心和磨炼。所谓的"扫一屋"就是要做到对自己负责、对自己忠诚。试问一个人如果对自己都不负责任、不忠诚的话，又怎么能指望他对别人、对组织、对国家负责任呢？

忠诚于自己主要表现在以下几个方面：一是恪守自己做人的原则。做人不能没有原则，没有原则的人是无法实现自己的价值的。他们就像没有方向的船一样，任何方向的风对于他们来说都是逆风。二是养成好的做事习惯。我们日常很多行动都是习惯使然，而不是所谓的理性的深思熟虑。因此，养成一个好的习惯能够高效地处理事情。三是不要在无所谓的事情上浪费太多的精力和资源。人一生的精力很有限，一生可以利用的资源也十分有限，不要将有限的精力和资源投入到大量无所谓的事情上，毕竟这个世界上大量的事情都是徒费精力的。四是培养豁达的心境。忠诚是一种心境，豁达也是一种心境，忠诚于自己的人必然十分豁达，他们不会胡乱生别人的气，因为在他们看来，生气就是拿别人所犯的错误来惩罚自己，确实是没有必要的。

每一个人都必须对自己的利益相关者忠诚。这些利益相关者包括自己的家人、朋友和同事等。

每一个人活在这个世界上，不可能与世隔绝，仅凭自己的劳动来谋求生活，必然要和许多的人建立种种的关系。而促使这些关系和谐的一个重要因素就是忠诚。对自己的家人忠诚会让自己的心灵找到归宿。一个人成就再大，如果没有家人分享，也很难产生成就感。国外的姑且不论，单说我国，我国自古以来就有衣锦还乡的传统。游子在外如果做出了巨大的成就，就必然会选择衣锦还乡，这样才会有很大的成就感。我国两个著名的平民皇帝：刘邦和朱元璋，都是在取得巨大成就的时候选择衣锦还乡，而在家乡，他们是最为自豪的。因此对于处在各种联系中的个人来说，必须考虑到利益相关者的因素，必须考虑到和他们之间关系的保持。对利益相关者忠诚可以保证自己在处理事情中游刃有余，同时也可以满足自己的成就感。

每一个人都必须对自己所服务的组织忠诚，这是提得最多的忠诚形式。阿基勒特对所服务的标准石油公司十分忠诚，终于实现了巨大的价值。对组织忠诚主要表现在：积极主动地为组织谋求利益，个人利益高度服从于集体利益，勇于担负责任，不尸位素餐，不损公肥私等。

每一个人都必须对自己的国家忠诚。忠诚于自己的祖国，这是一种最纯洁、最高尚、最强烈的感情。一个真正忠诚于自己祖国的人，在各个方面都是一个真正的人。正如巴甫洛夫所说："科学没有国界，科学家却有自己的祖国。"果戈理也有类似的话："为了国家的利益，使自己的一生成为有用的一生，纵然只能效绵薄之力，我也会热血沸腾。"每一个真正的人都必须忠诚于自己的国家，这是做人的最基本准则之一。

忠诚是一种超越生死的荣耀

忠诚是一种荣耀，是一种超越生死的荣耀。关羽宁死不降，得到的是忠诚的名声，得到的是荣耀。有的历史人物由于不忠诚，结果导致名声扫地，在世时就被人看不起。即使死后，也遭到世人的诟骂。

吕布毫无疑问是东汉末年武力最为高强的将领。虽然关羽威震华夏，但是还必须在张飞和刘备的帮助下才能将吕布打败。然而，为什么吕布没有像关羽一样成为万世景仰的人物呢？其根本原因在于吕布的不忠诚。在汉末诸侯中，吕布先后跟随丁原、董卓作战，并最终杀死了丁原和董卓。成为独立势力后，吕布与曹操为敌，和刘备、袁术等诸侯时敌时友，最终不敌曹操和刘备的联军，兵败人亡。吕布虽然十分勇猛，但是少有计策。他为人反复无常，唯利是图，没有忠诚事主的心，总是被别人骂作"三姓家奴"。最后，吕布被曹操所擒。他本来想投降，但是因为他已经无法让人信任，所以被曹操所杀。

洪承畴是历史上一个遗臭万年的降将。他是明朝万历年间的进士，到崇祯时已是兵部尚书，同时封为蓟辽总督，崇祯把一个朝廷的命运都交到了他身上。他也感戴崇祯知遇之恩，素以忠节自命，在自家客厅上悬挂了自撰的对联一副：

君恩深似海，臣节重如山。

崇祯十五年，督师与清军死战于松山，兵败被俘。而传到京师的消息说洪承畴已经殉国，崇祯大痛，亲自设灵祭悼洪承畴的亡灵，却不知此时洪承畴已经降清，并为清廷筹划开国规划。到了清朝，洪承畴官至武英殿大学士、南方七省经略，残酷镇压农民起义及抗清活动。有一年春节早上，洪府大门上贴了副新联，上下联均是当年洪承畴旧句，不过后面各添了一个字，两句成了：

君恩深似海矣，臣节重如山乎。

洪承畴60岁生日那天，洪府宾客盈门，正在大家举樽庆祝之时，忽然闯进来一个披麻戴孝的人，众人定睛一看，正是洪承畴的门生，这人到大厅之后号啕大哭，边哭边大声朗读当年崇祯祭洪承畴的文章，顿时大厅内鸦雀无声。洪承畴被弄得无地自容。那门生哭罢，把手中一副对联在桌上摊开，扬长而去，大家偷眼看那对联，见上面写的是：

史鉴流传真可法，洪恩未报反成仇。

上联嵌抗清名将史可法姓名，下联“成仇”谐音“承畴”，一褒一贬，跃然纸上，洪承畴当时面红耳赤。洪承畴以先朝重臣降清，又死心塌地做了清廷鹰犬，连他的家乡人也很看不起他。他致仕回到福建南安老家，一年“谷雨”日，他寂寞难耐，拉了一位氏族弟子下棋。洪承畴难得高兴，棋子下得很顺手，一时想起今日谷雨，便吟道：“一局妙棋，今日几乎忘谷雨！”

那位小辈看看他，缓缓对道：“两朝领袖，他年何以别清明？”

洪承畴听了，说不出话来。

虽然洪承畴对明廷不忠，但是对清廷绝对地忠心耿耿，但最后清廷也并不喜欢他。在他死后不久，他家就败落了。

当关羽向曹操开出“降汉不降曹”这个条件的时候，相信在他心目中就充满了自豪和荣耀。他是忠臣，所以万世都记住了他，流芳千古。像洪承畴这样的奸臣（针对于明廷来说），虽然历史同样记住了他，但是遗臭万年。

总之，忠诚就是一种荣耀，一种已然超越生死的荣耀。

他们都成为坐拥财富的人

历史上大部分成功者都是无限忠于自己，忠于自己的事业，忠于自己的组织的人。如果把拥有财富作为成功者的一个重要特征的话，我们不难发现，在现代市场中，真正拥有财富的人是那些对自己、对组织无限忠诚的人。对自己无限忠诚，就是对自己所确定的事业无限忠诚，不懈地努力来实现自己的目标，成就自己的事业，这类人主要表现为创业者；对组织无限忠诚，就是对自己所服务的公司、公司老板无限忠诚，通过不懈的努力来为公司、为老板创造价值，这类人主要表现为职业经理人。但他们为何坐拥财富呢？

联想最初的11人团队，作为创业者的典型代表，他们对自己的目标、对自己的事业有无限的忠诚。1984年11月1日，柳传志、李勤、王树和、张祖祥等11个“完全不懂得市场、不懂经营管理的科技人员”响应中科院科技体制改革的号召，靠中科院计算所20万元投资起家，在一间传达室里，成立了中国科学院计算所新技术发展公司。公司刚成立时，计算所只给了他们20万元的贷款，这对于开发高技术产品的公司只是杯水车薪，要想继续发展下去，就必须要有足够的资金积累。1985年，公司组织全体职工，包括科技人员和总经理在内，全部投入低档次的技术劳务——为社会上其他公司验收、维修计算机、培训人员、技术劳务，实际上就是出卖技术劳动力。这样苦干了一年，他们积累了70万元，为以后开发拳头产品积累了必要的资金。最后联想成功了，他们都成为坐拥财富的人。

真正坐拥财富的职业经理人绝对不是那些频繁跳槽的人，而是那些在工作岗位上兢兢业业，对组织无限忠诚的人。很多公司职业经理人的薪酬随着他们的服务年限增加而不断上涨，最后使得职业经理人坐拥财富。正如一个在高校招聘的人事经理所说一样：“我们公司并不缺钱，并不是开不起高工资，我们公司很多员工都是年薪百万。但是如果我们给刚毕业的大学毕业生如此高的工资，对他们来说并不是一件好事，因为这似乎来得太容易了。对我们公司来说，也不是一件好事，因为我们并不知道他的品行是否能够保证他能为公司长期服务。”作为2001年度“中国IT十大财富人物”的周伟焜，不能说他是为IBM而生的，但至少是为IBM而毕业的。他30多年的时间全部投入到IBM公司，最后成为一个相当成功的职业经理人，坐拥财富。

忠诚——至少这份偏爱在自己心中永存

什么是忠诚？

首先，忠诚是一种思维定式，是一种对特定人、事、物的偏爱与执着。“弱水三千，只取一瓢饮”“曾经沧海难为水，除却巫山不是云”等描写人间忠贞感情的词句就体现了一种执着、一种偏爱。不管别人怎么看，至少这份偏爱在自己心中永存。

其次，忠诚是一种承诺，是一种心理契约，同时从某种程度上讲是一种社会契约。实际上，忠诚作为一种价值取向，它所需要的是一种责任和义务的承诺和履行。

最后，忠诚是一种恒心。在忠诚关系中，无论作为一种执着或者契约，都应该具有长期性、永久性、坚忍不拔，不能因为某些事情而改变。

在如今的市场环境中，到底还需要不需要忠诚？

在商品经济的冲击下，很多人都认为忠诚是一种狭隘的美德，现在经济全球化、市场化，人与人之间的关系已经变成了一种市场交易关系，忠诚这样的老式概念已经不需要了。

然而，对于一个团队来说，只要你想通往成功之路，你就必须倾注忠诚，把团队凝聚成一个无坚不摧的集体。如果一个团队的运作不是建立在忠诚之上，没有让团队中的成员体会到信任与忠诚，那么这个团队注定是一盘散沙。试问在抗洪斗争中，如果解放军战士不是高度忠诚于自己的事业，他们会用身体筑起人堤，为人民群众减少财产损失吗？

对于个体来讲，忠诚是人际关系的基石，人无信不立。忠诚是爱心、恒心和责任心。在现代社会中，爱心、恒心和责任心是一个人的基本素质，一个人如果失去这些基本素质，那就很难取得别人信任和社会的认可。社会需要忠诚，人们呼唤忠诚。如果没有忠诚的人为人们提供安全的生活工作环境，没有人用忠诚来呵护人们的心灵，那么人类社会前进的脚步将会放缓很多。

对于整个社会来说，忠诚是永远都需要的，但是忠诚是需要付出的。对于追求忠诚的人来说，为了忠诚，就不得不放弃一些选择。一个员工忠诚于企业，在企业利益与个人需要发生冲突时就必须选择维护企业整体利益。但是这并不意味着忠诚会导致个人有重大损失。因为员工所失去的个人某些选择换来的是团队的长远利益，这种团队利益也必然恩泽团队成员，从这个意义上说，忠诚是双赢的。相反，正是那些把忠诚视作攫取利润的手段，需要时便戴上忠诚的面具，不要时就弃之如敝屣的人破坏了团队的整体利益，最后导致个人利益也遭受到损失。

在管理学中有个切蛋糕的比喻。对于员工来说，不但要把蛋糕切好分好，而且最为关键的是把蛋糕做大。那些忠诚的员工也许放弃了自己的一些选择导致自己所切蛋糕的比重降低，但是这类员工由于将蛋糕做大了，最后他们所得到的绝对利益不但没有减少，反而有所增加。

忠诚意味着彼此信任

著名管理学教授费尔南多·巴托洛梅写过一篇文章，标题是《没有人完全信任老板，怎么办》，文章发表于《哈佛商业评论》上。他认为，忠诚意味着互相信任。没有人信任老板，意味着没有人忠诚于老板，即这个问题的实质就是如果一个公司没有了忠诚，该怎么办？

巴托洛梅教授在文章中指出：对老板而言，尽早抓住问题是重要的，而找出会使你头疼的问题的最好方式，就是让你的下属告诉你。这取决于坦率与信任，但这两点都有严格的内在的局限性。在需要坦率和信任的时候，大部分人倾向于选择沉默、自我保护，而权力斗争妨碍了坦诚，也妨碍了忠诚。老板应该利用一切可以利用的机会，培养下属的信任感和忠诚度；同时要注意加强沟通，尊重员工，把一切变得可预期；还要注意培养员工胜任工作的能力；老板还必须建立一个以适当地使用、传播及创造信息为基础的交流网。

忠诚危机、信任危机的实质就是诚信危机。似乎在市场经济条件下，每一个人、每一个公司都不再可信，在一个人人互相不信任的环境下，怎么可能有平等的交往、有利的交流和公平的交易呢？

商鞅是使秦国由弱到强的关键人物。商鞅在秦国推行变法之前，首先就解决了信任问题和忠诚问题。当年，商鞅起草了一个改革的法令，但又怕老百姓不相信他，于是就叫人在都城的南门竖了一根很高的木头，并说，谁能把木头搬到北门，就赏谁十两金子。很多人都以为这是开玩笑。商鞅知道老百姓不相信他，就把赏金提高到五十两金子。人们在木头旁议论纷纷，终于有一个人把木头扛起来，一直扛到了北门。结果商鞅真的赏给那人五十金。这件事在秦国引起了轰动，商鞅说到做到，在老百姓中有了威信，于是商鞅就把新法令公布了出去。这样一来，果然吸引了不少有才干的人。商鞅有令必行，言而有信的作风是赢得信任的关键，同时也为泰国国君赢得了百姓的忠诚。

没有信任就没有忠诚，没有公正坦诚也就谈不上什么相互之间的信任。君子坦荡荡，小人长戚戚。公正坦诚也是忠诚的重要内容。在人际关系方面，掩饰只会破坏相互之间的信任关系，虚伪只能使人际关系更加不稳定，并且最终使每一个人在决策时犹豫不决。遮遮掩掩的事实就像谎言一样无法令人忍受，任何掩盖和歪曲都是对事实的不信任，都是对忠诚的践踏。因此，一个忠诚于团队的员工应该把合作伙伴所有必须知道的每一件事告诉他们，甚至包括合作伙伴所不愿听到的事。

相互信任还表现在行胜于言。如果将忠诚作为人生的准则，那么你就不能指望仅仅靠停留在嘴上的言语就能体现忠诚，必须用行动来体现忠诚。忠诚是一切人类关系的基石，在本质上忠诚并不是一种自我牺牲，相反，忠诚是一个团队或个体获取长远利益的唯一途径。只有忠诚，只有团队的相互信任，才能使团队经久不衰，使团队拥有更强的核心竞争力，这个团队才有能力来回报成员的忠诚。

忠诚意味着不要撒谎

忠诚意味着不要撒谎。不要对任何人撒谎，谎言至多能够暂时保住自己的形象，但忠诚要求每一个人做好自己分内的事情。

但是谎言是怎么样形成的呢？

谎言往往是人们为了自身的需要，对与个人有关的信息进行有意歪曲，以博取他人的尊敬、敬畏或者同情。刚开始说谎的时候，由于道德感和行为的不一致，说谎者会感到窘迫、羞愧，害怕被别人揭穿，产生情感上的压力。但是如果说谎者从说谎行为中获益，他便会逐渐调整自己对撒谎的态度，使态度和行为建立起新的一致性，从而缓解由于道德感与行为不一致而引起的情感压力。

通过这种方式，撒谎者不再感到焦虑，或者觉得撒谎也变得无所谓起来。

从心理健康的角度看，将撒谎习惯化，是人无意识地运用心理防卫机制消除自己的焦虑的过程。这个过程一旦建立起来，人就会面不改色心不跳地出口成“谎”了，以至于在那些无关紧要的小事上，只要令他产生了一定的心理压力和紧张，就毫不犹豫地撒谎，使撒谎习惯化。

撒谎是绝对的不忠诚，如何将这种不忠诚的习惯转变过来，只有从撒谎者的内心着手。

我们从小就受到“狼来了”的故事的教育，这个故事告诉人们：一个人如果不诚实，就会有麻烦。尤其是当谎言被戳穿时，就会受到惩罚。

分析撒谎的心理条件或诱因，就会发现，撒谎其实是为了追求“利己”。

对于企业来说，如果要培养员工的忠诚，就必须从培养员工不撒谎开始。只有在一开始就帮助员工认识到撒谎对其整个人格的损害（比如焦虑、内疚、罪恶感），才能使员工自愿摒弃撒谎行为。

对于个人来说，不撒谎应该是起码的道德要求，是忠诚的表现。每一个人都不应该对自己亲密的人和利益相关者撒谎，同时也要要求周围人不对自己撒谎，否则会破坏各自在彼此心目中的形象。

要忠诚，就要从不撒谎做起。如果一个人连不撒谎都做不到，那么更别要求他忠诚了。

忠诚要求每一个人做好自己分内的事情

试问一个人连自己分内的事情都做不好，怎么谈得上忠诚？又还有谁能够指望他办好“分外”的事情？

而每一个人要做好自己分内的事情，体现自己的忠诚必须具备三个条件。

一、责任感

卡耐基认为，每一个人都应该有“万斤重担一肩挑”的责任感和气魄。冲锋在前，负责到底。无论狂风暴雨、千难万险，勇往直前，决不退缩。只有这样才能使周围人有所信赖和依托。

对于企业员工来说，必须具备责任感。员工责任感不仅表现在日常，更表现在生死存亡的紧要关头。即使碰到了失败，也要把失败的责任一肩挑起来，不怨天尤人，不自怨自艾。虽然失败的原因可能来自外界的大环境，也可能来自内部的其他人，但是作为当事人，员工不应该寻找借口、推诿责任，而应该找自己未能及时调整以适应环境的责任，找自己用人不当、调解不力的责任。只有这样，并且在此基础上深刻反省，认真调整，失败才能成为成功之母。一个企业，犹如大海行船，经营者是船长，但船之所以能够航行，必须靠所有的人共同出力。在茫茫的大海上，大家不仅要听从船长的指挥前进，而且要自己对自己负责任；在面对任何惊涛骇浪的时候，每一个人都应该对船负责任。只有这样做，整个企业的经营才能出现勃勃生机。

二、危机意识

危机意识是忠诚的人分内的事情。忠诚并不仅仅是听从命令和差遣，这种忠诚是一种被动的、消极的忠诚。积极的主动的忠诚要求每一个人都要时刻保持危机感，富有忧患意识，警觉明天可能出现的不利因素。对于意识到的问题，及时处理，绝不拖延。在如今的市场环境中，变化实在太快。昨日的百万富翁，今日就可能成为街头乞丐；昨天的香饽饽，今天就可能成为淘汰品。进步越快的行业，竞争就越激烈，相对地也使公司的经营愈加困难。在这种情势下，竞争力不强的公司就自然要被淘汰。因此面对激烈的竞争，面对如此残酷的淘汰机制和频率，任何一位员工都应该有危机感，有忧患意识。商场上可能有积极进取的赢家，却没有故步自封、恃财傲世的赢家。胸无忧患，掉以轻心，肯定是要栽跟头的。

三、敬业精神

做好自己分内的事情必须有敬业精神。敬业是事业取得成功的关键，也是获得幸福的关键。荀子说："百事之成也，必在敬之；其败也，必在慢之。"王充也说："天下之事成于慎而败于忽。"做任何事情都必须有敬业精神。敬业是指专心从事学业和工作。宋代思想家朱熹说："敬业者，专心致志以事其业也。"敬业精神的基本要求是热爱自己的本职工作。正如卡耐基所说："除非喜爱自己所做的事，否则永远也无法成功。"俗话说要干一行，爱一行，不论从事什么工作，热爱自己的工作，这是走向成功的第一步。"三百六十行，行行出状元"，每种工作都是有出息的。每个员工都要充分认识自己的工作在整个社会中的地位和作用。如果不是这样，总是见异思迁，看不起自己的工作，就不会有工作的积极性和创造性。磨洋工，甚至玩忽职守，就会造成严重损失，这就是不忠诚的表现。医药学家李时珍忠诚于自己的理想，撰写《本草纲目》花费 27 年；文学家曹雪芹写作《红楼梦》用了“十年辛酸泪”;著名科学家达尔文完成巨著《物种起源》用了20年;革命导师马克思著述《资本论》付出了40年心血;大诗人歌德写成《浮士德》前后整整60年。可见,任何一项伟大事业的成功,必须经历长期不懈的努力,需要付出巨大的以至于毕生的艰辛劳动。这是敬业的表现,是忠诚的表现,而它的本质就是做好了自己的本职工作。

忠诚的人不会忽略小事

忠诚的人不会忽略小事,小事能够体现一个人的忠诚度。毕竟在人的一生中,需要自己表现忠心的关键时刻并不多。一个人在关键时刻能否忠诚是可以从平时的小事上看出来的,那些在平时小事上就撒谎成性、推三阻四的人怎么能指望他在关键的时刻能表现忠诚呢?

仅以公司员工为例,我们来看看忠诚应该表现在哪些小事上。

早晨时间不抓紧是不忠诚的表现。因为如果你踩着上班铃声踏进办公室,手里抓着没来得及吃的早点,在众人注视下坐在办公桌前,不管这一天你干得多有成效,你的功绩也会在他人心中大打折扣,自然也没有人认为你对这个企业十分忠诚。真正忠诚的员工是绝对不会踩着上班铃声踏进办公室的,他们在上班之前就把一切事情都准备妥当,在工作的时候就专心地工作,不会因为要吃早点而分心。

想成为所有人的好朋友是不忠诚的表现。那些希望在工作中结识更多的朋友以此来获得认同和认可,进而获得升迁的员工往往忽略了自己的业绩。而在别人心目中最看重的恰恰是个人业绩。一个员工只有业绩突出,才能够赢得别人的尊重。因为业绩突出的人往往会让别人产生一种距离,而人普遍的心理是和有距离的人进行交往,这样可以有助于提升自己。

动不动找老板要答案是不忠诚的表现。确实有一些问题必须由上层主管决断,可是事无巨细都向老板请示,老板会认为员工缺乏办事能力,久而久之便会对员工失去信心,这样的员工是很难得到升迁的。这也是员工不忠诚的表现之一。因为忠诚的员工绝对不会过分依赖于老板,将所有的决策都交由老板,由老板做出决定并为所做出的决定负责任。他们会主动地为老板分担工作,减少老板的工作量,进而使得老板有更多的时间为企业的战略做出决策。

交代事情不清楚是不忠诚的表现。如果某个员工主持一个会议，传达上级指示，结果散会后所有人都不知道自己该做什么，那么他纯粹是浪费别人的时间。平时在工作中与上司和同事交流时也要用确切的语言，表达清楚员工对某件事的认可或看法。忠诚的员工会将所有的事情问得清楚，并通过精心的准备将所有的事情交代清楚，以保证工作高效进行。

衣着没有品位是不忠诚的表现。在公司你必须按照单位的着装要求，如果单位没有严格规定，那么员工也必须对自己严格要求，不要马虎。在客户面前员工就代表公司的形象，着装没有品位意味着公司形象有问题。这是对公司不忠诚的表现。真正忠诚的员工不仅在着装上会十分注重自己的形象，而且会在和公司外部人员的交流上注意维护本公司的形象。

不可对立

对于员工来说，在企业内部搞对立，结党营私是不忠诚的表现。虽然有人的地方就有矛盾，但是这绝对不能作为结党营私的理由。员工对企业忠诚就应该时时处处为企业的利益着想，而不应该过多地考虑自己的利益。显然结党营私会导致企业内部沟通困难，执行力下降，进而损害企业的根本利益。

对于一个拥有很多下属的部门主管来说，要解决员工的忠诚问题，就必须首先解决员工的矛盾。部门主管每天要处理很多事情，而下属之间的矛盾是难以避免的，所以当员工之间出现严重矛盾时，会缠绕得部门主管焦头烂额，一旦处理不好，还会把自己带进矛盾的旋涡之中。处理矛盾最基本的方针就是：首先是不要害怕矛盾；其次是正确认识和对待矛盾；再次才是如何处理好矛盾。

作为部门主管，要想解决好矛盾，需要把握三点：一是自己不偏不倚；二是要了解矛盾；三是不要套经验，要一事一断。

主管在解决员工之间矛盾时，首先要秉公办事，不偏不倚，不能有私心。稍微有偏心、私心，下属肯定能感觉出来。即使不偏心，有时下属也会怀疑上司不公，更何况偏心呢？作为主管，只有做到绝对公正，才能减少矛盾。

除此之外，部门主管还要调查了解矛盾。处理好矛盾的前提是把握和了解矛盾，如果做不到把握和了解矛盾，凭自己的想当然，感情用事，最终的结果是害人害己。这一点是人们常犯的错误：遇到员工之间的矛盾，不做调查了解，凭自己的感觉和情感，就判断谁是谁非。要知道这样一个事实：自己认为的好员工必然也有犯错误的时候，表现一贯不好的员工也有在理的时候。所以解决员工矛盾要调查了解清楚员工之间矛盾产生的原因、矛盾发生的过程、矛盾发展的程度、矛盾波及的范围、矛盾的性质等。只有在了解矛盾发生的前因后果后，解决问题才能把握全局、抓住关键，有的放矢。不然很难将矛盾彻底解决，而且很有可能引起更多的矛盾。

解决矛盾要一事一断。根据矛盾产生的原因、过程、程度、范围、性质以及对组织的影响程度等做出判断，哪些矛盾先解决、哪些矛盾后解决、哪些矛盾可以单刀直入地解决、哪些矛盾可以曲线解决、哪些矛盾可以让下属来解决、哪些矛盾暂时不解决，让其随时间的推移自行来解决，哪些矛盾可以借助外部的力量来解决。总之，解决矛盾要因时、因地、因人、因事而异，要一事一断，千万不要套用经验。

要解决员工的忠诚问题，就不能让员工之间产生矛盾。员工之间发生了矛盾无论解决得如何好，都会在员工双方的心里烙下印记，这就像写错了字，再好的橡皮和再高明的涂改技术都会或多或少留下痕迹。因此对于企业主管来说，与其天天忙碌着解决员工之间的矛盾、提高解决矛盾的技巧，不如千方百计地提高防患于未然的本领，从根本上防止矛盾的发生。

古书上记载了这样一个故事。有一次，魏文王问名医扁鹊："你们家兄弟三人，都精于医术，谁的医术最高呢？"扁鹊答道："我大哥最好，二哥次之，我最差。"文王再问："那么为什么你最出名呢？"扁鹊答："我大哥治病，是治病于病情发作之前。由于一般人不知道他事先能铲除病因，所以他的名气无法传出去。我二哥治病，是治病于病情初起时，一般人以为他只能治轻微的小病，所以他的名气只及本乡里。而我是治病于病情严重之时，一般人都看到我在经脉上穿针放血、在皮肤上敷药等大手术，所以人们都认为我的医术最高明。"

可见，能够防患于未然才是真正好的方法。但有些主管利用大多数人的心理，制造矛盾并解决矛盾，进而赢得拥护，这从道德上来讲是不忠诚的。真正忠诚的主管应该在矛盾未发生的时候将矛盾解决，这样才能维护企业的根本团结，才能保证员工对企业的忠诚，而不是对他个人的忠诚。对待员工之间的矛盾，从管理控制论的角度看，事后控制不如事中控制，事中控制不如事前控制，做到防患于未然。现实中许多企业负责人因忙于各种事务，在对待员工之间的矛盾时往往只是事后控制，如果处理矛盾的艺术性不强，矛盾会越处理越多，越多越忙,越忙越乱,越乱越忙。结果是企业组织乱作一团,甚至根本无法正常运转。

总之,不要在组织内部形成对立,对立是不忠诚的表现,它是利益争夺激化的产物。与其千方百计地去解决对立、矛盾和冲突,还不如根本就不要出现对立。

莫让私心控制公心

忠诚的人从来不让私心控制住公心。在组织中,公心和私心的关系是十分密切的,它们常常表现为个人利益和集体利益的关系。很多人都认为个人利益和集体利益始终是对立的,这种认识是根本错误的。按照这种逻辑,任何组织成员都没有对组织进行忠诚的理由。因为在组织中就必须注意维护组织的集体利益,而按照个人利益和集体利益对立的逻辑,维护了组织的集体利益就无法实现个人利益,那么个人根本就没有对组织忠诚的基本动力。

其实集体利益和个人利益之间是对立统一的。一方面,没有个人利益,就没有集体利益,因为集体利益是每个个人利益汇合而成的,每个人的正当个人利益本身,就是集体利益不可分割的一部分;另一方面,没有集体利益,也不可能有个人利益,因为不包含个人利益的集体利益是根本不存在的。因此,集体利益和个人利益是相互依赖、辩证统一的。尽管集体利益和个人利益之间还存在着矛盾性,但根本上是一致的。由于集体利益是个人利益中的共同利益,因此,集体利益要统辖个人利益,但又不与个人利益相对立,而是充分代表个人目前利益和长远利益。这种一致性表现为集体利益是实现个人利益的基础和根本保证,集体利益不能离开每个人的个人利益,集体主义就是要实现个人和集体的和谐共存、协调发展。集体主义原则是在现实中追求个人利益和集体利益的最大和谐发展。

因此,对于员工来说,追求个人利益、追求个人的私心和维护集体利益、维护集体的公心从根本上来说是不对立的,是统一的。企业的每一位员工都要树立大局意识,破除狭隘的利益观念,决不能让私心控制了公心。

在处理公心和私心问题上,个人对组织忠诚就必须在以下四个方面有所注意。

一、不要错位,不要越权

错位和越权往往是为了实现个人的利益或者小团体的利益,这种私心必然会控制为整体利益的公心,进而损害整体利益。对组织忠诚的人自然会在自己的职权范围内行事,自觉地维护组织的纪律,做好分内的事情,为组织谋求最大的利益。

二、要有为整体谋利的责任心

个人要对照先进找准差距与不足,努力工作,迎头赶上;而不要面对困难妄自菲薄、怨天尤人,缺乏攻坚克难的勇气。对组织忠诚的个人不会忽略自身的进步,相反,会通过各种方式和手段来锻炼和提高,进而为组织整体谋求利益。

三、对少数以权谋私的现象要坚决举报

少数以权谋私现象如果不加以控制和打击的话,最终会损害企业的根本利益,当然员工的利益也要受到损失。很多人认为事不关己,高高挂起,殊不知这种事情最终还是必然会关系到自己的利益的。对组织忠诚的人必然对这种以权谋私现象深恶痛绝,也必然会挺身而出和这种现象作坚决的斗争。

四、不搞形式主义

有的个人不把心思用在真抓实干、努力创业上,而是热衷于说官话、打官腔、摆官架子、做官样文章,表面上轰轰烈烈,进进出出,十分繁忙,实际上却是毫无实效的沽名钓誉、劳民伤财。这些人从本质上来说是不忠诚的表现,形式主义是组织必须极力克服的问题。

责任感是我们赖以生存的基础

在大自然中,责任是一种生存的起点。同样,在一个企业里,责任是自我竞争的法宝。无论是生活还是工作,对于人类还是对于动物界,依据这个法则,才能够生存或者创造出神话。

动物园里有三只老虎,是一家三口。这三只老虎从小就一直由动物园饲养。为了维护生态平衡,恢复老虎的野性,动物园决定将它们送到森林里,任其自然生长。首先被放回的是那只身体强壮的老虎父亲。

过了些日子,动物园的管理员发现,老虎父亲经常徘徊在动物园附近,而且看起来比以前瘦了许多,无精打采的。但是。动物园拒绝收留它,反而又把幼虎放了出去。

幼虎被放出去之后，动物园的管理者发现，老虎父亲很少回来了，偶尔带着幼虎回来几次。它的身体好像比以前强壮多了，幼虎也迅速长大了起来。看来，公老虎不仅可以把幼虎照顾得很好，而且自己过得也很好。动物园的研究人员总结出来原因：为了照顾幼虎，老虎父亲必须得捕到食物，否则，幼虎就会面临饿死的结果，自己的日子也不会好过。管理员决定把剩下的那只母老虎也放出去。

这只母老虎被放出去之后，这三只老虎再也没有回来过。动物园的管理员去森林中对这三只虎做过考察，发现这一家三口看来是在森林里生活得非常不错。后来，动物学家解释了这三只老虎为什么能重返大自然生活。

"公老虎有照顾幼虎的责任，尽管这是一种本能，正是这种责任让它俩生活得好一些。母老虎被放出去后，公老虎和母老虎共同有照顾幼虎的责任，而且公老虎和母老虎还需要互相照顾。这三只老虎互相照顾，才能够重回自然，重新开始生活。"

看来，无论是动物还是人，责任都是生存的基础。责任可以确保生命在自然界中的延续，同样，责任也是确保一家企业是否能够在竞争中生存的力量所在。因此，每个企业的领导都喜欢有责任心的员工，而且这样的员工最终将得到重用。

责任感是一种品质，具有这种品质的人才是真正优秀的人。不论在社会还是在家庭中，只有那些有责任感的人才能受到社会和他人的认可和尊重。所以，责任感可以说是一种竞争的法宝。

责任保证绩效

著名管理大师德鲁克曾说过："责任保证绩效！"

可以说，我们的一生都被"不负责"包围着，无处不在，使我们备受困扰和折磨。一位记者这样记述了自己深受"不负责"之苦的经历：

前些日子，我订购了 90 平方米的玻璃用于装修，当时我站到订购柜台的职员身旁以确定她写的数量是否正确，结果还是枉然！建材公司开给我 90 平方米的账单，送来的货却是 80 平方米的。

也许，当你抱怨世界上充满“不负责”时，会被人误以为你是具有成见的极端挑剔者。事实上，我们身边之所以充满“不负责”，就是因为人们做事情不用心，对工作不负责。

在一所大医院的手术室里，一位年轻护士第一次担任责任护士。

“大夫，你取出了 11 块纱布。”她对外科大夫说，“我们用的是 12 块。”

“我已经都取出来了。”医生断言道，“我们现在就开始缝合伤口。”

“不行。”护士抗议说，“我们用了 12 块。”

“由我负责好了！”外科大夫严厉地说，“缝合！”

“你不能这样做！”护士激动地喊道，“你要为病人负责！”

大夫微微一笑，举起他的手，让护士看了看第 12 块纱布。“你是一位合格的护士。”他说道。他在考验她是否有责任感——而她具备了这一点。

在医院里，即使是刚参加工作的护士，她的责任感也足以使她对病人负责，保证手术病人的安全。在企业里，员工的责任意识也是如此。

现在，很多企业都在寻找各种方式和方法来提高工作的绩效。不过很多企业发现，无论是优秀的管理模式还是先进的管理经验，一应用到自己的公司就“不灵”了，工作绩效并没有明显的提高。

这是为什么呢？答案就是员工缺乏足够的责任心。责任与绩效之间的关系应该是成正比的关系。当一方面提高时，另一方也随之提高；反之，当一方面下降时，另一方也会随之下降。所以，要提高工作绩效，首先要确保员工的责任心。

美国著名的职业演说家马克·桑布恩常常讲邮差弗雷德的故事，因为弗雷德的责任心使他深受感动。

弗雷德是美国邮政的员工，他总是十分周到并细致入微地照顾他服务的客户。有一次，桑布恩去外地出差，联邦快运公司误投了他的一个包裹，把它放到了别人家的门廊上。幸运的是邮差弗雷德在发现他的包裹送错了地方后，便把包裹捡起来，重新放到桑布恩的住处藏好，并在上面留了张纸条，解释事情的来龙去脉，而且还费心地找来擦鞋布把它遮住，以免丢失。弗雷德这种认真负责的精神让桑布恩既惊讶又温暖，于是马克·桑布恩开始把弗雷德的事迹在全国各地演讲。

桑布恩说，在过去 10 年的时间里，他一直受惠于弗雷德的优质服务。一旦信箱里的邮件被塞得乱糟糟，那准是弗雷德没有上班。因为只要是弗雷德在他服务的邮区里上班,桑布恩信箱里的邮件就一定是整齐的。

应该说弗雷德的工作是很平凡的,但是他对工作强烈的责任心使他在平凡的工作中展现出了不平凡的一面。

美国独立企业联盟主席杰克·法里斯曾讲起他少年时的一段经历。

13 岁时,他就开始在父母的加油站里工作。那个加油站里有三个加油泵、两条修车地沟和一间打蜡房。法里斯想学修车,但他父亲却让他在前台接待顾客。

当有汽车开进来时,法里斯必须在车子停稳前就站到司机门前,然后忙着去检查油量、蓄电池、传动带、胶皮管和水箱。在工作中,法里斯注意到,如果他干得好的话,顾客大多还会再来。于是,法里斯总是多干一些,帮助顾客擦去车身、挡风玻璃和车灯上的污渍等。

有段时间,每周都有一位老太太开着她的车来清洗和打蜡。但是,这位老太太极难打交道,每次当法里斯清洗完毕后,她都要再仔细检查一遍,让法里斯重新打扫,直到清除掉每一缕棉绒和灰尘她才满意。

终于,法里斯忍受不了了,他不愿意再伺候她了。然而,他的父亲却告诫他:"孩子,记住,这是你的责任!不管顾客说什么或做什么,都要努力做好你的工作,并以应有的礼貌去对待顾客。"

父亲的话让法里斯深受震动,法里斯在回忆中说道:"正是在加油站的工作使我学到了严格的职业道德和负责的工作态度。这些东西在我以后的职业生涯中起到了非常重要的作用。"

责任保证工作绩效。当我们在工作中凡事都能尽职尽责、追求完美时,我们就将会与"胜任""优秀""成功"同行。

不可推卸的责任担在肩头

在这个世界上,大凡做出重大贡献的杰出人物,能够创造奇迹皆由其责任感使然,甚至这些人即使在自己并非最喜欢和最理想的工作岗位上,也可以创造出非凡的业绩。几年前,美国著名心理学博士艾尔森对世界 100 名各个领域中的杰出人士做了调查,结果证明,其中 61 名竟然是在自己并非喜欢的领域里取得了辉煌的业绩。除了聪颖和勤奋之外，他们究竟靠的是什么呢？这些杰出人物的答案几乎不约而同："任何的抱怨、消极、懈怠，都是不足取的。唯有把那份工作当作一种不可推卸的责任担在肩头，全身心地投入其中，才是正确与明智的选择。"正是在这种高度责任感的驱使下，他们才取得了令人瞩目的成功。

这个世界还充分证明，一个人如果没有责任感，会从各方面出问题：作为公民注定不会正确行使宪法、法律赋予的权利并履行宪法、法律规定的义务；作为工作者注定不会取得应有的业绩；作为经营者注定设法损人利己；作为家庭成员注定使这个家庭不幸福；作为朋友注定是个损友；作为同事注定不好共事；作为公共场所的一员或路人也注定会常常惹人厌、讨人嫌。没有责任感，甚至能使人发生异化，人的个性片面甚至畸形发展，为自己赖以生存的社会所不容，最后走向沉沦、颓废或者成为社会的异己力量，反社会、反人类直至毁灭。如果缺乏责任感具有普遍的社会性时，则这个社会无法凝聚力量促进社会的长期繁荣和持续发展，社会的和谐程度更会受到损害，严重时甚至会使公平、公正、正义的现代社会核心价值观体系崩溃，给国家和社会造成灾难。在美国波士顿犹太人屠杀纪念碑上，铭刻着一位叫马丁·尼莫拉的德国新教牧师留下的短诗，非常深刻地说明了缺乏责任感的危害性。

曾是纳粹受害者的尼莫拉写道：

在德国，起初他们追杀共产主义者，

我没有说话——因为我不是共产主义者；

接着他们追杀犹太人，

我没有说话——因为我不是犹太人；

后来他们追杀工会成员，

我没有说话——因为我不是工会成员；

此后他们追杀天主教徒，我没有说话，因为我是新教教徒；

最后他们奔我而来，却再也没有人站起来为我说话了。

可见，责任感是人的基本道德规范，在责任感的基础上才能架构整个道德体系的各种元素，没有责任感也就没有道德。因此，责任感在人的素质结构中处于核心地位。

把责任感落实到工作中

成功的人必然具备某些条件，其中之一就是责任感。固然，聪明、才学、机缘等，都是促成一个人成功的必要因素，但假如缺乏了责任感，他仍不会成功。一个人即使聪明才智差一点，但假如他肯对工作负责，尽自己的努力，那么，他成功的机会必定比只有聪明才智而无责任感的人要多。

责任感落实到日常工作中是责任心。我们从事的工作不同，能力和作用不同，但无论是统管全局的领导者还是平凡岗位的工作人员，系于责任就没有小事。我们只有增强责任心，培养责任感，提高责任意识，才能凝心聚力，企业才有动力，企业才能做大做强。

责任感是我们员工的必备素质之一。专业知识不够，我们可以学；专业技能不到位，我们可以练。但是，如果没有责任感，那所有的豪言壮语，都只会是海市蜃楼般的空中楼阁。试想，一个没有责任感的人，在工作时一定不会认真，对他的工作是否有成绩也不会很细心地检讨，也不愿承担这工作成败的后果，容易有推诿的倾向，也比较懒惰。

对工作的责任感与忠诚同样重要，特别是对自己真正有兴趣，而打算作为终身事业的工作，更是要认真负责地去用心。单是尽力，并不一定是有责任感。尽力有时是为了生存、为了表现，为了个人利益或虚荣；真正的责任感应该是：为了自己的梦想，为了自身所追求的事业，为了自己及家人的幸福而做的。

同样，一个人的责任感不一定要由大事件来衡量。平常的小事也可以显现出他的负责和认真，应该说是更能表现出他的工作素质。我们看一个人是否每天上班都能对照工作制度、岗位要求做到条条到位；是否能避免马虎带来的错误，即使有错误的时候能不能勇于承认，立刻弥补。这不仅反映一个人的责任感程度，更能预见一个人的成败。

当一天的工作完成以后，你是否习惯性地去回忆总结一下工作的成败呢？如果你有这个习惯，那你就是一个负责的人。当你开始一天新的工作时，你是否习惯去设想分析一下可能遇到的情况呢？如果你做到了，那你就离成功不远了。因为唯有总结得失，你才可能发现工作中的错误和疏漏，才可以及时去改正，才能避免下次的重犯。事后的检讨是进步的来源，这个过程并不是要你去做无益的追悔，而是要你从中获得可贵的经验。同样，事前的详细准备并不是要你悲观失望甚至退缩，它带给你的会是条理清晰的措施、胸有成竹的心理和沉着冷静的心态，唯有这样，我们才能在工作中的任何情况下都保持有备而来。

对于工作，一时的热忱容易，持久的热忱困难；短暂的成功容易，持续的胜利困难。我们唯有以强烈的责任感为基石，以旺盛的学习风帆为动力，才能取得生产建设中的扬帆前进，才能顺延一个个安全记录，才能经营出企业的特色，才能完成企业战略目标；也唯有这样，我们才能时时求新、日日求进，避免自足自满，能够把工作视为与自己荣辱相关、祸福与共的事业；也唯有这样，我们才能享受到真正的成功之乐。

责任，它与个人的工作和生活密不可分，与企业的生存和发展密切相关，与国家的尊严休戚与共。每个人要承担起自己应尽的责任，把单位当成自己的家，对单位做出贡献，具有积极向上、不折不挠、拼搏进取、吃苦耐劳、勤奋好学的精神。只要我们尽到自己应尽的责任，快乐便会在辛苦的付出中体现，并能赢得人们的尊敬，进而受到企业重用，从而实现个人的价值。而企业只有承担起应尽的责任，为广大的职工创造更多、更好的福利，才具有凝聚力和向心力，最终才有活力，进而才能够不断地发展壮大，做大做强。

做事要敢于承担责任

在做任何事情时，我们都要有责任感。当你以一种高度负责的精神去做事情，并敢于对事情的结果承担责任时，你才会赢得他人的尊重，才有可能被赋予更多的使命，才有资格获得更多的荣誉。

在这个商业化的社会里，人们越来越欣赏那些敢于承担责任的人。大家认为，只有这样的人才能给人一种信赖感，才值得与之交往，所以，我们应该培养勇于负责的精神，这样，才会获得别人的敬重，为自己赢得尊严。

许颖是一个做事非常负责的人，她在一家电子商务网上开了一家网店。有一次，一位顾客在她的店里买东西要送给家人，额外要求给产品加一个包装。虽然加包装不是店里的业务，但许颖还是答应了。不巧的是，负责出单的人员忘了把这个备注填在单子上面。第二天，顾客收到东西，非常不开心，导致她前面的优秀服务功亏一篑了。

为了弥补这次失误，许颖不仅亲自安慰了顾客，还主动承认了错误，并请顾客帮个忙，让礼品店包装一下，费用由她来负责，顾客接受了许颖的建议。顾客对这次的交易非常满意，很愉快地表示下次还要来购物。事后，那个顾客在网上写了一封表扬信，称赞许颖的网店讲诚信、负责任，并号召更多的顾客去许颖的网店购买东西。

其实，许颖的网店本来是不提供代客包装业务的，但是因为已经答应了顾客，就一定得做到，这就是一种责任。可是因为后来工作人员的疏忽，导致了这个错误，网店就有责任来弥补这个错误。

许颖认为，顾客到店里来购物是一件挺不容易的事情，虽然现在网络购物越来越普及，但是让一个人去相信这么一个虚拟的店铺，就必须提供周到全面的服务，不能因为最后可能导致亏损就不去承担这个责任。

事实证明，敢于承担责任不仅给许颖的网店带来了更多的利益，而且也赢得了顾客的尊重和较高的信誉度。

然而，在一些企业中，有少数的管理者因为害怕承担责任，因此在遇到一些比较重要的事情时，他们不敢做出决定，于是开始大会小会开个没完，美其名曰集思广益、发扬民主，共同想办法、找途径，最终把事情决定权留给了整个部门或团队。这种管理者认为，如果决策正确，任务完成，成绩较好，可以说是自己的功劳，是自己带头做出的决策；如果事情不顺利，造成损失，可以推脱说是大家的责任，由此减少自己的麻烦。这样的管理者固然非常精明，但久而久之，下属会对其人品产生怀疑，并对其失去信任，因此也就不会尊敬他了。

还有少数管理者在做事情时，始终抱着“新官不管旧事”的态度，对原来未处理的事情一概不管不问，任其发展，结果事情越变越坏。这是一种不敢承担责任的表现，其实就是没有责任心的体现。这样不负责任的领导，是难以让下属对其产生敬佩之感的，自然也就难以获得尊重了。

其实，一个人无论做什么事情，只要能认真地、勇敢地担负起责任，那么他所做的事情就是非常有价值的，就会获得别人的尊重。相反，那些总是推卸责任，不敢承担责任的人，是难以获得他人敬仰与赞赏的。

有这样一个故事，一家公司招聘一名部门经理，经过几番考试后最后留下三个人。面试地点在总经理办公室。总经理并没有问他们关于业务方面的问题，只是带领他们参观他的办公室。最后，总经理指着一张茶几上的花盆对他们说，这是他最好的朋友送的，代表着他们的友谊。就在这时，秘书走进来告诉总经理,说外面有点事情请他去一下。总经理笑着对三人说:“麻烦你们帮我把这张茶几挪到那边的角落去,我出去一下马上回来。”说完,就随着秘书走了出去。

既然总经理有吩咐,这也是表现自己的一个机会。三人便连忙行动起来,茶几很沉,须三人合力才能移得动。当三人把茶几小心翼翼地抬到总经理指定的位置放下时,那个茶几不知怎么折断了一只脚,茶几一倾斜,上面放着的花盆便滑落了下来,在地上裂成了几块。

三人看着这突如其来的事情都惊呆了。就在他们目瞪口呆的时候,总经理回来了。看到发生的一切,总经理显得非常愤怒,咆哮着对他们吼道:“你们知道你们干了些什么事,这花盆你们赔得起吗?”

第一个应聘者似乎不为总经理的强硬态度所压倒,说:“这不关我们的事,我们不是你们公司的员工,是你自己叫我们搬茶几的。”他用不屑一顾的眼神看着总经理。

第二个应聘者却讨好地说:“我看这事应该找那茶几的生产商去,生产出质量这么差的茶几,这花盆坏了应该叫他赔!”

总经理把目光移到了第三个应聘者的身上。第三个应聘者并没有像前两位那样,而是对总经理说:“这的确是我们搬茶几时不小心弄坏的。如果我们移动茶几时小心一点,那花盆应该是没事的。”还没等他把话说完,总经理的脸已由阴转晴,脸上露出一丝笑容,握住他的手说:“一个能为自己过失负责的人,肯定是一个值得信任的人,你一定能得到大家的尊敬,我们需要你这样的员工。”

由于害怕承担责任,前两个应聘者没能经受住考验而被淘汰出局,机会由此失之交臂,而那个敢于承担责任者却成了赢家。这告诉人们这样一个道理,在做事情时,犯错误并不可怕,关键是犯错后,我们能否勇于承认自己的错误,并对事情的后果负责。

在我们的日常工作或生活中,一些人在做事情时,经常会说这样的话:“这件事情不是我干的”“是他让我这样做的”“这是很久以前遗留下来的问题”,等等。虽然这是很多人在做事情出现问题时的第一反应,但是,当我们一次又一次地推卸自己责任的同时,我们其实已经失去了自己,失去了一个又一个赢得尊重的机会和宝贵的发展机会,这一切都是因为我们在那一刻缺失了人生最重要的品质——敢于承担责任。

把承诺当作一种责任

在做事情时，你若不信守承诺，就会失去大家的信任，也会成为大家痛恨的人。因为，他们不知道你说的哪句话是真，哪句话是假。渐渐地，你说的话已经没有人相信，你失去了做个正直的人最起码的资格。

俗话说：一诺千金。意思是，要说到做到，要守信用。不论古今中外，人们都把言出即行、说到做到视为美德。《史记》有言："得黄金百斤，不如得季布一诺。"《资治通鉴》则说："一言许人，千金不易。"在国外也有"承诺是债"的谚语。对于信守承诺的人来说，承诺就是一种责任。无论是做人还是做事，我们都应坚守承诺，只有信守诺言，才会给人留下诚实可靠的形象。

承诺与责任是相关联的，在做事情时，如果你向别人承诺要做到，那么你就肩负着一份责任。责任完成得怎样就是我们的承诺兑现得怎样。承诺有时代表着一个人的信用情况，承诺是用来兑现的，承诺了的事情是不可改变的。而且因为人性的默契，承诺有时并不需要太多的解释。

一艘船在一次远航中迷失了方向，也与陆地失去了联络，船上仅留下一壶淡水，为了让大家活下来，船长用枪保护着自己怀中的那壶水，而以水手长为首的其他几个船员则尽力地想抢到水解渴。在三天三夜不曾合眼后，船长终于坚持不住昏倒了，在失去意识的最后一刻，他说了一句话："水手长，接替我。"

两天后，船长醒来了，但他惊奇地看到，那壶淡水并没有像他想象的那样被一抢而空，相反，水竟然还是满的，竟是最初带头抢水的水手长在持枪约束着这群已经被干渴折磨得疯狂的船员！看到船长惊奇的眼神，水手长局促而疲惫地笑了："你曾经说过要我接替你，这对于我是一种承诺，也是一种责任。"

由此可见，信守诺言、一诺千金的人向来把承诺当作一种不可推卸的责任，即使在非常艰难的情况下，他们也会排除困难，实现自己的诺言。

信守诺言是一种美德，纵观现代的一些成功企业家，在经营的过程中，他们将信守诺言作为经营理念，以此来赢得客户、开拓市场。

林小姐在美国的时候，遇上这么一件事。她想买部相机，朋友推荐她直接在网站购买，于是，她就挑了一家最大的、据说是信用最好的网站，购买了一部价值 400 美元的相机。这家网站有承诺：如果买家发现比他们价格低的商品，他们将退钱。一个多月后，林小姐在另一家网站上发现同样的机型，只需 300 美元。于是，林小姐抱着试试看的心态给那家网站发了封电子邮件。当时，林小姐并没抱什么希望，她认为，那只是商家的一种宣传自己的方式。没想到，过了一个多礼拜，在没费任何口舌的情况下，那家网站真的退回来 100 美元。林小姐心想，信守诺言是这家网站生意络绎不绝的原因吧。

在这个商业竞争非常激烈的年代，信守诺言会赢得好的声誉，赢得他人的青睐。当然，不守承诺你也能活下去，或者说是暂时活得不错。但是，这个世界没有傻瓜，也许你的花言巧语或者别的什么借口能够敷衍别人一次、两次，然而，从此以往，就绝不会有人再相信你。

我们若对他人许下诺言，就一定要去实现它，这是你在这个社会立足的根本。如果你一再地违背自己的诺言，在别人眼中你就会成为了一个十足的小人。跟你打交道的时候，别人会一直在想："他是一个不信守诺言的人，我会不会被他给骗了呢？还是别搭理他为妙。"这样一来，你就成为一个孤家寡人了。

在社会上行走，人无信不立，一个能以诚信对待承诺的人，一个能把承诺作为责任的人，他的价值已经不能用钱来衡量。多少钱能买来声望、买来口碑、买来人们倾心的信任呢？一言九鼎，这是承诺的分量；一诺千金，这是承诺的价值。一个言而有信的人是值得尊敬的，他即使并不拥有崇高的地位，也是一个高贵的人；即使没有万千的钱财，也是一个富有的人。因此，每一个人在做事情时都应严守承诺，把承诺当作自己的责任。

我们都要抛弃借口，勇于承担责任

抛弃借口是做事的一项最基本的原则，然而，在现实生活中，许多人在做事情的过程中若出现失误，就会不断地寻找借口，以此逃避责任。遇事就寻找借口、逃避责任的人是很难获得他人青睐的，试想一下，谁喜欢一个总爱找借口不负责任的人呢？相反，人们都欣赏那种遇事不寻找借口、敢于承担责任的人。

刘丽佳在一家大型建筑公司工作，身为设计师，她常常要跑工地，看现场，还要为不同的老板修改工程细节，工作自然异常辛苦。虽然她是设计部唯一的女性，但她在做事情时，从来没有逃避强体力活。不管是爬楼梯到 25 层，还是去野外勘测，她从来都是二话不说，主动去做。

有一次，老板要为一名客户安排一个可行性的设计方案，时间只有三天，大家都感到时间太紧，都不愿接受这项工作。当老板最后把这项任务交给刘丽佳时，她毫无推脱之言，而是在接到任务后就去看了现场，并马上投入工作。

为了把事情做好，刘丽佳到处查资料，虚心向别人请教，虽然大家都知道这是一件很难做好的事情，但谁也没有想到，当眼睛布满血丝的刘丽佳准时把设计方案交给老板后，得到了老板充分的肯定。

很快，刘丽佳成为设计部的红人，不久，被提升为设计部主管，工资也翻了几倍。后来，在闲聊时，老板告诉她，他最欣赏刘丽佳这种做事认真、不找借口的精神。

在做事情时，一个人若找借口推卸责任，不仅会影响到自身的形象与信誉度，也会给别人带来损害。因此，利用借口逃避责任，最大的受害方，并不是他人，而恰恰是那些找借口的人。

众所周知，亨利·福特是福特汽车的创始人，他在制造著名的V8汽车时，明确指出要造一个内附8个汽缸的引擎，并指示手下的工程师马上着手设计。然而其中有一个工程师技术有限，但他又不敢在老板面前承认自己在技术方面的缺陷，于是他寻找借口，这样对福特说："这简直是天方夜谭！以我多年的经验来看，这是绝对不可能做到的事。我愿意和您打赌，如果谁能设计出来，我宁愿放弃一年的薪水。"亨利·福特毫不犹豫地答应了他的赌约。

后来，其他工程师通过对世界范围的汽车引擎资料的搜集、整理和精心设计，结果奇迹出现了，不但成功设计出8个汽缸的引擎，而且还正式生产出来了。

那个工程师对福特说："我愿意履行自己的约定，放弃一年的薪水。"这时，福特严肃地对他说："不用了，你可以领走你的薪水，但看来你并不适合在福特公司工作了。"

那个工程师面对老板交代的任务，不坦承自己的技术有限，而是寻找借口，认为这个任务难以完成，结果却丢失了工作，这就是他寻找借口的代价。

在现实生活中，有许多人只想着得过且过，因此，他们在做不好事情、完不成任务时把借口当作敷衍别人、原谅自己的"挡箭牌"。一般来讲，遇事爱寻找借口的人宁愿花费时间、精力找借口来逃避责任，也不愿花费同样的时间、精力去努力做事，他们把借口作为掩饰弱点、推卸责任的"万能器"。

与此相反，那些勇于负责的人知道，要想改变自己的生活境况和人生境遇，就要从负责任的角度入手。在美国卡托尔公司的新员工录用通知单上印有这样一句话:“最优秀的员工是像恺撒一样拒绝任何借口的英雄!”虽然找个借口是一件很简单的事情,但是这样你表面上得到了安慰,实际上你将一事无成。一个人要想获得成功,就需要学会在问题面前、困难面前、错误面前勇于承担自己的责任。

一天下午,东京奥达克余百货公司的售货员彬彬有礼地接待了一位来买唱机的顾客。售货员为她挑了一台“索尼”牌唱机。事后,售货员清理商品却发现,错将一个空心唱机货样卖给了那位美国顾客,于是立即向公司警卫做了报告。警卫四处寻找那位女顾客,但不见其踪影。经理接到报告后,觉得事关顾客利益和公司信誉,非同小可,马上召集有关人员研究。最后经过调查得知那位顾客叫基泰丝,是一位美国记者,她留下了一张“美国快递公司”的名片。据此仅有的信息,奥达克余公司公关部开始一连串近乎大海捞针的寻找:打电话向东京各大宾馆查询,无果。向纽约的“美国快递公司”总部查询,深夜得到基泰丝父母的电话。给她父母致电,得到基泰丝在东京的住址和电话,几个人忙了一夜,总共打了35个紧急电话。

第二天一早,奥达克余公司就给基泰丝打电话道歉。几十分钟后,奥达克余公司的经理和提着东西的公关人员,乘车赶到基泰丝的住所。两人进了客厅,见到基泰丝就深深地鞠躬,并再次表达歉意。除了送来一台新的合格的“索尼”唱机外,又加送唱片一张、蛋糕一盒和毛巾一套。接着经理打开记事簿,向她讲述了及时纠正这一失误的全部过程。

这让基泰丝深受感动。她告诉公关人员她买这台唱机,是准备作为礼物送给东京外婆的。回到住所试用时发现唱机没有装机芯,根本不能使用。当时她很生气,觉得自己上当受骗了,立即写了一篇《笑脸背后的真面目》的批评稿,并准备第二天一早去奥达克余兴师问罪。没想到,奥达克余公司纠错如救火,为了一台唱机,花费了那么多的精力。这些做法,让她敬佩,她又重新写了一篇题为《35次紧急电话》的特写稿。《35次紧急电话》见报后,反响热烈,奥达克余公司因一心为顾客着想而声名鹊起、门庭若市。

这个故事告诉人们,一个人只有及时纠正自己的错误、勇于承担责任才是一个真正伟大的人,也才会获得成功;而问题出现后,推诿责任或者找借口,都不能掩饰一个人责任感的匮乏。因此,在做任何事情时,我们都要抛弃借口,勇于承担责任。

第三章

忠诚的背后,是信任的动力和升华

一个人活在世上,有的时候为了名可以舍利、可以忘生。掌握这一点,对于处理人际关系至关重要,无往不利。只要涉及人的尊严,他便会无比忠心,愿意死心塌地地为你卖命,这就是所谓的“士为知己者死,女为悦己者容”。

懂得信任，士为知己者死

一个人活在世上，有的时候为了名可以舍利、可以忘生。掌握这一点，对于处理人际关系至关重要，无往不利。只要涉及人的尊严，他便会无比忠心，愿意死心塌地地为你卖命，这就是所谓的“士为知己者死，女为悦己者容”。

有一次，齐威王和魏惠王一起到野外打猎。魏惠王问：“齐国有宝贝吗？”齐威王答道：“没有。”魏惠王听后得意地说：“我的国家虽小，尚且有直径一寸大的珍珠，光照车前车后十二辆车。这样的珠子我国共有十颗，难道凭齐国如此大国，竟没有宝贝？”

齐威王别有意味地回答道：“我用以确定宝贝之标准与您不同。我有个大臣叫檀，派他守南城，楚国人就不敢来犯，泗水流域的十二个诸侯都来朝拜我国。我有个大臣叫盼子，派他守高唐，赵国人就不敢东来黄河捕鱼。我有个官吏叫黔夫，派他守徐州，燕国人对着徐州的北门祭拜求福，赵国人对着徐州的西门祭拜求福，迁移而求从归属齐国的有七千多户。我有个大臣叫种首，派他警备盗贼，做到了道不拾遗。这四个大臣，他们的光辉将光照千里，岂止十二辆车呢？”

这段话既是对魏惠王有力的回答，使他羞愧难言，同时，更是对自己臣下极高的赞扬。正是通过诸如此类巧妙得当的赞扬，齐威王在笼络人心方面做得非常出色，使一大批诸如田忌、孙膑、淳于髡等杰出人才心服口服，心甘情愿地为其效劳。于是，齐国大治，出现了“坐朝廷之上，四国朝之”的局面。

在现代社会中，这种做法仍很有实用价值。因为人的社会性决定了人需要得到他人和社会的承认与肯定。你发自肺腑、恰如其分地给予赞扬，是对别人热情的关注、诚挚的友爱、慷慨的给予和由衷的承认，必然会起到鼓励的作用和引发感激的心理效应，甚至他会把你当成知己。

仔细想想，身在高位之人，要安抚下人如此容易，有些人可真是够“贱”的，受到某个大人物的垂青，便自觉脸上很风光，在人前很有面子，似乎如此一来，自己的身价也便跟着提高了。心里对大人物感激涕零，没有不誓死效忠的道理。

我们中国人的尊严，常常就是面子问题，不给面子或没面子，经常会引起愤怒及冲突。许多人为了面子常做些“打肿脸充胖子”的事，结婚时往往一方面发布“一切从简”，一方面却倾家荡产地“敬治喜筵”，唯恐别人不知，更怕人家不来。因为这一切都与面子有关，心中尽管暗暗叫苦，脸上却要一团春风。

但是，若你能够满足对方的面子问题，你就能够轻易获得对方的好感，甚至是心。

树上只有一个果子，叫信任

现代人的友谊，很坚固又很脆弱。它是人间的宝藏，须我们珍爱。友谊的不可传递性，决定了它是一部孤本的书。我们可以和不同的人有不同的友谊，但我们不会和同一个人有不同的友谊。

友谊是一条越掘越深的巷道，没有回头路可以走的，刻骨铭心的友谊也如仇恨一样，没齿难忘。

友情这棵树上只结一个果子，叫作信任。红苹果只留给灌溉果树的人品尝。别的人摘下来尝一口，很可能酸倒了牙。

友谊之链不可继承、不可转让、不可贴上封条保存起来而不腐烂、不可冷冻在冰箱里永远新鲜。友谊需要滋养，有的人用钱、有的人用汗，还有的人用血。友谊是很贪婪的，绝不会满足于餐风饮露。友谊是最简朴同时也是最奢侈的营养，需要用时间去灌溉。友谊必须述说，友谊必须倾听，友谊必须交谈的时刻双目凝视，友谊必须倾听的时分全神贯注。友谊有的时候是那样脆弱，一句不经意的言辞，就会使大厦顷刻倒塌。

友谊有的时候是那样容易变质，一个未经证实的传言，就会让整盆牛奶变酸。在什么都是越现代越好的年代里，唯有友谊，人们保持着古老的准则。朋友就像文物，越老越珍贵。礼物分两种：一种是实用的，一种是象征性的。

我喜欢送实用的礼物，不单是因为它可为朋友提供立等可取的服务功能，更因为我的利己考虑。

此刻我们是朋友，十年以后不一定是朋友。就算你耿耿忠心，对方也许早已淡忘。速朽的礼物，既表达了我此时此刻的善意，又给予朋友可果腹、可悦目、可哈哈一笑或是凝神端详的价值，虽是一次性的，也留下美好的瞬间，我心足矣。象征久远意义的礼物，若是人家不珍惜这份友谊了，留着就是尴尬。或丢或毁，都是物件的悲哀，我的心在远处也会颤抖。

若是给自己的礼物，还是具有象征意义的好。比如一块石子一片树叶，在别人眼里那样普通，其中的美妙含义只有自己知晓。

电话簿是一个储存朋友的魔盒，假如我遇到困难，就要向他们发出求救信号。一种畏惧孤独的潜意识，像冬眠的虫子蛰伏在心灵的旮旯。人生一世，消失的是岁月，收获的是朋友。虽然我有时会几天不同任何朋友联络，但我知道自己牢牢地黏附于友谊网络之中。利害关系这件事，实在是交友的大敌。我不相信有永久的利益，我更珍视患难与共的友谊。长留史册的，不是锱铢必较的利益，而是肝胆相照的情分。和朋友坦诚交往，会使我们留存着对真情的敏感，会使我们的眼睛抹去云翳，心境重新开朗。

信任是将心比心

作为上级，只有和下级搞好关系，赢得下级的拥戴，才能调动起下级的积极性，促使他们尽心尽力地工作。俗话说“将心比心”，你想要别人怎样对待自己，那么自己就要先那样对待别人，只有先付出爱和真情，才能收到一呼百应的效果。

日本著名企业家松下幸之助就是一个注重感情投资的人，他曾说过：“最失败的领导，就是那种员工一看见你，就像鱼一样没命逃开的领导。”他每次看见辛勤工作的员工，都要亲自上前为其沏上一杯茶，并充满感激地说：“太感谢了，你辛苦了，请喝杯茶吧！”正因为在这些小事上，松下幸之助都不忘记表达出对下级的爱和关怀，所以他获得了员工们一致的拥戴，他们都心甘情愿地为他效力。

公元742年，唐玄宗连下三道诏书，征召大名鼎鼎的诗人李白入京。李白这一年31岁，向往着建功立业，以为这一回总可以大展宏图了，于是，意气风发地来到了长安。唐玄宗召见了他。

封建时代，皇帝召见大臣，场面是十分威严的。他端坐御座之上，居高临下，而臣下则要一路小跑至他的膝下，行三跪九叩大礼，俯首称臣。而唐玄宗这一次召见李白，这一切森严的礼仪全都免除，他亲自坐着步辇（一种由人抬的代步工具)前来迎接。当李白到来时，他从步辇上下来，大步迎了上去；迎入大殿之后，又以镶嵌着各种名贵宝石的食案盛了各种珍馐佳肴来招待李白。大约是怕上的一道汤太热，会烫着李白，唐玄宗竟然亲自以汤匙调羹，赐给李白，并对他说：“卿是一个普通读书人，可你的大名居然传到我的耳中，若不是你有着超凡的诗才，怎么能做到这一点？”接着又赐他一匹天马驹，宫中的宴会，銮驾巡游，都让李白陪侍左右。

一个普通的诗人，无官无职，能够得到皇帝的召见、赐宴，已是非常高的礼遇了，而降辇步迎，御手调羹，更是旷古的隆恩。虽然李白这一次来长安，在仕途上并没有多大发展，最后还被客客气气地赶出了长安，但唐玄宗的这一次接见，却在李白心中留下了永不磨灭的印象，使他终身引以为豪，至死都念念不忘。

信任是理解和默契的升华

信任是靠你自己的努力才能够赢得的，你必须付出你的真诚，你必须先学会去信任别人。真诚同样需要种植，你只有播撒了真诚的种子，才会收获真诚的果实。

信任是一种力量，它能够激发人的潜能，使事情发生预想不到的变化。

相传在公元前 4 世纪时，意大利人皮斯触犯了暴君，被判处绞刑。

皮斯想在受刑前回家与老父老母诀别，却得不到暴君的同意。后来，皮斯的朋友达蒙挺身而出为他担保，承诺如果皮斯违约，自己可代其受刑，暴君才勉强应允。由于路途遥远，皮斯未能如期赶回，于是达蒙被带上了绞刑架，准备受刑。就在行刑官要发出行刑命令时，只见皮斯在暴雨中飞奔而来，换下了达蒙，并与之诀别。所有的人都被皮斯和达蒙的友谊和信任感动得热泪盈眶，连暴君也回心转意，免去皮斯死刑。信任，挽救了一个人的生命。

侥幸捡回了生命后，两个人有了这样的对话。

“有没有想到我不会来？”

“没有，你是不可能做出那种事情的！”

“有没有想到我会来晚？”

“可能性也不大，即使来晚，也该有你来晚的理由，那个理由一定值得我替你去死。”

没有必要知道原因和结果了，仅仅是对话，简短的对话，已经足以震撼我们的心灵。是怎样的一种力量支撑着皮斯的朋友达蒙甘愿冒生命的危险去做这件事情？是信任，对朋友绝对的信任！又是什么力量驱使皮斯能够放弃生存的机会按时赶到从容赴死？也是因为信任，只不过这是由于信任的约束。因为朋友的信任对他的良心形成了一种约束。

信任是一种力量，是一种巨大的力量。信任是彼此心灵间的一种心领神会，是用真诚相碰撞迸发的极为炫目的火花，是不需要表白的承诺，是理解和默契的一种升华。

你对他无话不谈，包括你隐藏最深的心事，因为你感到他可以信赖；你可以为他做出牺牲，甚至包括生命，因为感到他值得你付出。即使你的朋友有时做出你认为不该做的事情，你也会明白他会有充足的理由；即使你的爱人和一个异性过往甚密，你仍相信他对你始终不渝的感情，因为你了解对方、理解对方，你信任他。

这种信任的力量有时具有极大的约束力。因为对方的信任，你的良心会始终提醒自己、告诫自己：你要对得起这份信任。你的思维行动也会因此时时在意对方的存在，信任此时就成了一种道德的约束，超越个人感情的道德约束。虽然它本来就来自于个人感情。

可是，我们有时不得不承认，世风日下，人心不古，物欲横流的现实使我们感到信任别人和被别人信任都是一件很不容易的事情。人际间的交往包含了太多的功利目的，人的防范戒备心理使人们甚至开始把相互信任看成是一种奢望，信任在我们身边越发显得弥足珍贵。

可是我们渴望信任别人并且渴望得到别人的信任，不是吗？我始终认为信任是靠你自己的努力才能够赢得的，你必须付出你的真诚，你必须先学会去信任别人。真诚同样需要种植，你只有播撒了真诚的种子，才会收获真诚的果实。信任不等于轻信，这是我在经历了无数次的碰壁后才明白的道理。

我有过一次印象很深的经历：我身边有一个口碑不是很好的朋友，在别人的眼里他是个圆滑世故，为了达到自己的目的可以不择手段的人，可是我很信任他，因为我把他当成朋友。一次聚会，酒后的他对我说：我可以欺骗所有的人，可是每次对你，我不敢，也不忍，因为你太相信我。那一刻，我深深体会到信任的巨大力量。

除夕之夜，你的父母没有催促你回家，因为他们信任子女会在该回去的时候回去，这是亲情间的信任；多少年没有见面的同学，当你拨通了电话告诉他几天后就要去找他，让他安排所有事宜，然后很坦然地放下电话，这是朋友间的信任；你心里深爱的人远在天涯，没有音信，你却知道他在此刻和你一样牵挂思念，并平静地享受相思的幸福和痛，这是爱人之间的信任。当你拥有了这些信任，你是否会感到这个世界还是充满了真善，还是充满温馨，还是有很多美好的让你感动的东西。

我感谢我信任的人，他们给了我太多的依靠和帮助。我感谢信任我的人，他们给了我力量和温情。我感谢信任！

信任是一种感情投资

讲究情义是人性的一大弱点，中国人尤其如此。“生当陨首，死当结草”；“士为知己者死，女为悦己者容”，无一不是“感情效应”的结果。为官者大都深知其中的奥妙，不失时机地付出廉价的感情投资，对于拉拢和控制部下往往能收到异乎寻常的效果。

有许多身居高位的大人物，会记得只见过一两次面的下属的名字，在电梯上或门口遇见时，点头微笑之余，叫出下属的名字，会令下属受宠若惊。

富有人情味的上司必能获得下属的衷心拥戴。

吴起是战国时期著名的军事家，他在担任魏军统帅时，与士卒同甘共苦，深受下层士兵的拥戴。当然，吴起这样做的目的是要让士兵在战场上为他卖命，多打胜仗。

有一次，一个士兵身上长了个脓疮，作为一军统帅的吴起，竟然亲自用嘴为士兵吸吮脓血，全军上下无不感动，而这个士兵的母亲得知这个消息时却哭了。有人奇怪地问道：“你的儿子不过是小小的兵卒，将军亲自为他吸脓疮，你为什么倒哭了呢？你儿子能得到将军的厚爱，这是你家的福分哪！”这位母亲哭诉道：“这哪里是爱我的儿子呀，分明是让我儿子为他卖命。想当初吴将军也曾为孩子的父亲吸脓血，结果打仗时，他父亲格外卖力，冲锋在前，终于战死沙场；现在他又这样对待我的儿子，看来这孩子也活不长了！”

人非草木，孰能无情，有了这样爱兵如子的统帅，部下能不尽心竭力、效命疆场吗?

吴起绝不是一个通人情、重感情的人,他为了谋取功名,背井离乡,母亲死了,他也不还乡安葬。他本来娶了齐国的女子为妻,为了能当上鲁国统帅,竟杀死了自己的妻子,以消除鲁国国君的怀疑。所以史书说他是个残忍之人。可就是这么一个人,对士兵却关怀备至。像吸脓吮血之事,父子之间都很难做到,他却一而再、再而三地去干,难道他真的是独独钟情于士兵、视兵如子吗?自然不是,他这么做的唯一目的是要让士兵在战场上为他卖命。这倒真应了那一句名言:"世界上没有无缘无故的爱。"

信任是人生的财富

学会信任,你会发现另外一片美好的天地,人与人之间的交往并不总是充满了血腥和虚伪,真的不是这样的。学会信任,你会突然感觉天地之间可以很宽很宽。

汕昨天在电话里说他要谢谢我,我问为什么,他说是我让他知道了什么是"信任"。

事情的起因是汕最近通过网上销售订购了一台某品牌笔记本电脑,笔记本电脑的配置都很高,可在使用过程中由于软件安装的因素,存在一些小问题。我介绍北京的一位朋友尼可帮他看看,由于尼可有急事要出差,提出把笔记本电脑拿到他公司交给他同事帮忙看看。汕这就有点矛盾了,1.5万元刚刚买的笔记本电脑,这就要交到一个陌生人手里,拿到另外一个地方去,对方又不会提供任何依据,他迟疑了一下还是把笔记本电脑交给了我的朋友尼可。

汕后来说,按照他从前做事的方法,他肯定不会这样做,认识了我以后好像有些改变,他想既然是我介绍的就说明我是信任这朋友的,既然我信任了他就也选择信任吧。

话是这样说,可汕的心里依然有些忐忑……

毕竟他们是初次打交道。

第二天尼可在青岛的机场就打电话给汕,说电脑已经弄好了,他一回到北京就立即把笔记本电脑给他送回来……

汕突然踏实了。

什么是信任？什么是友情？

汕信任尼可是因为他信任我，而我却是因为几年的交往了解而信任尼可。我想下一次汕会继续选择信任尼可，不是因为我，而是通过他们之间的接触和了解。

写到这里，我想起了另外一件事，5月在丹巴甲居藏寨，我们住在一位藏民家，晚上12点刚过，房东（一位英武的小伙）来到我们住的房间，询问我们是否安全，有什么需要。我说这里接线板不够，无法给手机充电，他说拿到楼下他们的房间去充，我就顺手把手机递过去了。

同行的人诧异地问我：你不怕？

我说怕什么？

你的手机啊！

天，这有什么害怕的？难道他会这样就不给我了吗？

我从来就没思考过这样的问题，出门在外，你要信任他人也要信任自己，信任他人是因为没有人天生故意与你为恶，信任自己是要相信自己的判断能力和为人经验，否则我们将寸步难行。

第二天早上天刚刚亮，房东就把手机给我送来了，并从楼下端了几盆热水上楼供我们梳洗用。我很开心地坐在屋顶的台阶上看美丽的村庄和美丽的云彩。这时．又有同行的人在嘀咕，他（房东）为什么对我们这样好，他这样端水上来是不是要另外收钱呢？

心态，我觉得那是一种心态，如果以怀疑和提防的心理去看待一切，那么最好的办法就是把自己包裹起来放在屋子里哪都不去，要亲近自然就必须学会信任、学会随遇而安。

我相信那些对世界充满怀疑心的人也绝少会为其他人提供帮助，如果他们在路上（无论是人生路还是旅途中）都有关爱之心，都肯乐于帮助他人，那么他们就会信任他人。

信任，是人生的财富，有了信任，生活会更加美好！

孩子仿佛为赏识来到人世间

当我们学会赏识孩子时，孩子的成长会更加健康，包括身体和心灵。因为，孩子，仿佛就是为了得到成人的赏识而来到人世间的。

如何向孩子们表达我们对他们的赏识呢？最主要的就是要让他们感觉到我们认为他们“行”。

“行”这个字为什么起这么大的作用？

“行”这个字为什么有这么大的魅力？

因为这个“行”字满足了心灵深处最强烈的需求，满足了所有人无形生命的需要。

所有孩子的无形生命最强烈的需求是什么？他们心灵深处最强烈的需求和所有成年人一样——渴望得到别人的赏识。

一提到赏识，很多家长本能地把它理解为表扬加鼓励，实际上这完全误解了赏识教育的含义。

赏识的本质，用老百姓的话说，就是被看得起。中国有句古话说得好：“士可杀不可辱。”对方可以消灭我的肉体，但不可消灭我的精神。古代西方骑士因为一句话不合，便与人决斗，即使一个下午分别约三个人，也要捍卫自己的尊严，哪怕牺牲自己的生命也不让对方看不起。

还有一句古话是：“士为知己者死。”为什么愿意为知己者献出最宝贵的生命呢？很简单，两个字：赏识。

成年人需要赏识，从最高领导到一般平民都是如此。

比如说，年轻的女士或小姐，穿一件新衣服或新换一个发型，走在大街上，对周围人的眼光都很敏感。别说当面夸奖，就是一个赏识的目光，她的心里也觉得热乎乎、甜丝丝的。

成人尚且如此，何况孩子？孩子仿佛是为赏识而来到人世间的。

吃饭、穿衣、身体健康只是孩子有形生命的需要，而内心世界的满足和愉悦是所有孩子无形生命的需求，是一种高级需求。

可是，我们有的家长忽视了孩子的无形生命，不知道孩子心灵深处最强烈的需求是什么。他们认为，只要在物质生活上对孩子尽量满足，吃的、穿的、住的、玩的，都是最好的，对孩子来说，就足够了。这也正是他们百思不得其解，为什么自己为孩子做了那么多，孩子却并不领情的原因。

心理学家曾经做过一个调查：孩子最怕什么？研究结果表明，孩子不是怕吃苦，也不是怕物质生活条件差，而是怕丢面子、失面子。

赏识的奥秘是让孩子觉醒。

从生命科学的角度看，每一个孩子都拥有巨大的潜能，但孩子诞生时都很弱小，生活在一个巨人的世界里。在生命成长过程中，他们难免有自卑情结。

德国的心理学家阿德勒说他在念书时，认为自己完全缺乏数学才能，毫无数学学习兴趣，因此考试经常不及格。后来偶尔发生的一件事，让他的潜能迸发出来：他出乎意料地解出了一道连老师也不会做的数学难题，这次成功改变了他对数学的态度，找到了数学天才的感觉，结果他成了学校里的数学尖子。

孩子的潜能需要星星之火来点燃。

赏识教育的奥秘就是让孩子觉醒，推掉压在无形生命上自卑的巨石，于是孩子的潜能像火山一样爆发了，排山倒海，势不可当。所有的学习障碍在孩子巨大的潜能面前，都是微不足道的。

信任是家庭教育的情感基石

在家庭里，父母与子女之间十分需要信任。心理学家认为，追求信任，这是一种积极的心态，是每个正常人的普遍心理，也是一个人奋发进取、积极向上、实现自我价值的内驱力。信任的心理机制对儿童良好心理品质的形成具有积极的鼓励作用。

家庭教育是在父母和子女的共同生活中，通过双方的语言交流和情感交流来进行的。父母与子女的相互信任是成功家教的重要因素。一些教育专家在对众多家庭进行调查时发现，子女对父母有特殊的信赖，他们往往把父母看成是自己学习上的蒙师、德行上的榜样、生活上的参谋、感情上的挚友，还特别希望能得到父母的信任。他们认为，只有父母的信任，才是真实、可靠的。父母的信任意味着理解、重视和鼓励，这是真正触动孩子们心灵的动力。

从教育效果看，信任是一种富有鼓舞作用的教育方式。在家庭教育中，父母的信任可使子女感到他们与父母处于平等的地位，从而对父母更加尊重、敬爱，更加亲近、服从，心里话乐于向父母倾吐。这既增进了父母对子女内心世界的了解，又使父母教育子女更能有的放矢，获得更好的效果。反之，若父母对孩子持不信任或不够信任的态度，就无法了解孩子的愿望和要求，孩子的自尊心和自信心必然会因此受到伤害，他们对父母的信赖也势必减弱。这样，家庭教育的效果也会相应减弱。因此，家长在教育孩子的过程中应该充分信任孩子。

信任打开沟通之窗

每天的生活虽然忙忙碌碌，却不乏令人感动的故事。沉淀日久，有些小事便成为难忘的回忆，温暖着彼此的心。这也正是生活的魅力所在。

这是一个老师和学生的故事。

高考前两个月的一天下午，担任高三毕业班班主任的张老师正在办公室批改作业，他班上的李刚同学突然冲了进来，对他说："老师，我要退学。"张老师感到十分惊讶。追问原因时，他保持沉默。张老师看他不想说，便对他说："你先别急着退学，老师给你两天时间，你再考虑考虑好不好？"

李刚走了，张老师开始陷入沉思。自接手这个班以来，李刚一直是一位遵守纪律、学习刻苦、成绩优秀的学生，他今天的举动实在让张老师无法理解。是什么原因让这位成绩优异的学生在高考前两个月产生退学的念头呢？带着这个巨大的疑问，张老师开始了调查。

据班上同学反映，最近李刚的表现不是很好，脾气变得非常暴躁，很容易发火，学习也不能集中注意力，经常表示自己很烦。至于为什么烦，他从未与别人说起过。张老师再去问其他任课教师，均反映近段时间李刚的表现不如以往，学习成绩也有所下滑。看来问题还比较严重，直觉告诉张老师，肯定有某些事情严重困扰着李刚。

掌握了这些情况，第二天，张老师把李刚叫到操场边的树林里。一开始，张老师对李刚退学的事只字不提，他们谈文学、历史等一些轻松的话题。慢慢地，李刚心态平稳了。张老师便用关切的目光注视着他，说："老师知道你最近有些烦心事，能告诉我吗？"他不语。"请相信不管遇到什么困难，老师都与你在一起，我们一起想办法！""告诉您，您能为我保密吗？"李刚说。张老师爽快地说："当然可以。"李刚终于告诉张教师："我喜欢咱们班的王微，看到她和边上的男生有说有笑，心里就很恼火，无心学习，有时还有想和那个男生打架的冲动，再读下去，我怕我会控制不住自己。"

张老师对李刚说："男女之间产生爱慕之意是人之常情，这表明你已经长大了，这很正常。王微同学知道你喜欢她吗？"李刚不好意思地说："暂时还不知道。"张老师于是说出了自己的想法："老师建议你现在不要向王微同学表白，至少在高考以前，至于什么原因，我想你应该知道。""那我可不可以提个要求？"李刚迫切地问。张老师点头表示同意。李刚于是说道："能不能把王微的座位调到我的旁边？"张老师温和地说："只要你答应不表白，这个当然没问题。"

谈话结束后，张老师把王微调到与李刚相邻的座位上。为了避免其他同学猜疑，她还调整了其他几位同学的座位。此后，李刚同学的学习积极性明显提高。王微经常问他问题，而李刚为了在自己心仪的女孩面前有更佳的表现，学习更加努力。王微在李刚的帮助下学习也有进步。

高考结束后，李刚以 630 分的好成绩被上海某名牌大学录取，原本成绩不太理想的王微也以 578 分的好成绩被江苏某工程学院录取。教师节那天，张老师收到了李刚发来的短信："张老师，您是我最应该感激的人，没有您就不会有我的今天。"

学生谈恋爱并不是洪水猛兽。青春期的男女同学之间产生爱慕之意，属于正常现象，只要正确引导，无须大惊小怪。班主任在处理这类问题时切忌想尽办法加以阻止和打压，这样只能适得其反，当然也不能听之任之，应该在理解与尊重的基础上加以正确引导。

师生间的相互信任是进行有效沟通的前提。李刚之所以开始不愿说出要求退学的真正原因，主要是缺乏对班主任的信任感。第二天，他告诉老师要求退学的原因，并且敢于提出调换座位的要求，都体现了学生对老师的信任。正是这种相互信任，使师生之间的有效沟通得以顺利进行。

信任带来心灵交融

教师的信任，往往会激发学生强烈的责任感和进取心，从而促使学生积极主动地趋同教师所希望的道德标准。在教育过程中，信任是双向的，只有教师信任学生，才能做到心灵的交融。反之，就容易产生学生的对抗情绪。

美国的一所学校，图书馆大门经常被破坏。学校将木门换成了铁门，仍无济于事，过不了多久，铁门仍然被踢坏。学校来了个新校长，他下令将门换成玻璃的，当时大家都很费解，可奇怪的是门再也没被破坏过。有人去问校长，校长笑笑说："装铁门，就预示着对学生说：'看你们能不能踢坏？'充满了挑战的意味，装玻璃门则预示着信任学生，相信他们一定会爱护这道门。播种信任，才能收获信任。"

这个故事向我们昭示了信任的力量。教师的信任,往往会激发学生强烈的责任感和进取心,从而促使学生积极主动地趋同教师所希望的道德标准。在教育过程中,信任是双向的,只有教师信任学生,才能做到心灵的交融。反之,就容易产生学生的对抗情绪。稍稍反思,我们周围不信任的"铁门"随处可见。譬如,在"考不上重点中学,就上不了重点大学,就没有出息"的观念指导下,关注孩子成绩远比关注他们的心理状态重要。事实上,多数考试受挫的学生并非不聪明。爱因斯坦在学生时代就不是一个能考出高分的孩子,甚至有几门功课不及格。直到他成名后,记者在采访中向他请教:"声音的速度是多少?"他说:"我不知道。"面对记者的疑惑,爱因斯坦说:"我不会在脑子里记一些从书本中能查到的知识。"我想,爱因斯坦在我们的考试制度下,恐怕也是落榜生。

信任学生,首先要相信学生是"未完成的,有待发展的人",作为学生必然有缺点,要尊重善待学生的缺点,努力创造适合学生发展的教育。要学会把自己当作学生,站在学生的角度看待问题,走进学生的心灵,与学生共度生命的历程,与学生共创生命的体验,让每一位学生焕发生命的活力。

心理学家验证,人总是希望自己的能力得到肯定。教师的信任,是一份尊重,是一份责任,更是一份温馨,一份幸福,一股能够浸润学生心灵的暖流。爱,被誉为教育的润滑剂,是教育的亮点。因此,在教学中不断探索,在心田上不断耕耘,在新课程环境下,"每一节课就是一次挑战,每一节课就是一次收获!"只有让学生不断品味着创新的快乐,收获的喜悦;只有在学生的心田播种暖流,才会生长出无垠的葱绿。

爱是教师最美的语言。与孩子们朝夕相处,让我们如沐春风,他们那清脆的笑声犹在耳畔。教学中,让我们感受最深的是被学生热爱的那种自豪,那种幸福,以及为学生付出辛勤劳动后所获得的快乐。看着学生们一个个思维敏捷、积极探索,我们从心眼儿里感到作为老师的骄傲和幸福。在这以心换心、以爱博爱的交流中,难道进步的只是孩子吗?不,我们的生命也在这交流中得到了成长,我的灵魂也在交流中得到了升华。我们一起体验创新的快乐,一起畅游知识的海洋,交流中我们一起用爱编织希望,用心装载歌声。我们将迎着课改的春风,去播种期待、播种灵感、播种信任,去塑造明天的主人,托起未来的世纪。

在信任中长大的人充满自信

信任，能使人产生强烈的责任感，充分挖掘潜力，释放能量。当受到信任时，我们会觉得自己的身后有许多人支撑着，当我们有了不负众望之心时，就不会被任何重负压倒。

父母的教诲，将影响孩子的一生；父母的失误，会贻误孩子的前程。

信任，能使人产生强烈的责任感，充分挖掘潜力，释放能量。当受到信任时，我们会觉得自己的身后有许多人支撑着，当我们有了不负众望之心时，就不会被任何重负压倒。

一个人发现自身的价值，往往是通过别人的信任。尤其是未成年的孩子，他们渴望得到大人的信任，希望大人对自己委以重任。为人父母者，最大的责任是重视孩子，满足他们的成就感。

作为父母，要是你们不重视孩子，孩子还是会用种种方式去寻求别人的注意。有的方式是正当的，例如认真读书，为集体做好事；有的方式是不太正当的，例如扰乱课堂秩序，打架闹事，搞恶作剧，等等。为人父母者，我们为什么不能够满足孩子们呢？

信任能激励人，更能教育人。

作为父母，如果我们做到了对孩子信任，可以帮助他们培养这样的习惯：

一、告诉孩子要相信自己，敢于批评自己

任何人都不可能不做错事，特别是小孩子，他们往往是在知错、认错、改错中长大的。聪明的人做了错事，从来不会去赖别人，而是从自己的身上去找原因，结果他们变得越来越聪明；愚蠢的人做了错事，老是找客观原因，怨天尤人，因而变得越来越愚蠢。

有一位聪明人为自己准备了一个本子，上面写的是："我所做过的傻事。"每天晚上，他都要花一点儿时间去进行自我反省，问自己"我犯了什么错误""哪些事我做得不对，怎么样才能改进我的做法"。每周，他都要选一个缺点着力改正，然后把每一天的反省做一个记录。后来，这个人成为一个很成功、很受欢迎的企业家。这个方法你不妨也去试试看。一个人能发现自己不行的一面，也正是"我能行"的一种表现。父母要培养孩子成才，就应该信任孩子，而信任，往往就体现在培养他们的相信自己和敢于批评自己的行为习惯上。

二、告诉孩子要信任他人，愉快地接受批评

长大之后取得很大成功且受人欢迎的人，从小就开始培养这样的习惯：不但能从表扬中获得力量，而且能从批评中获得力量。

批评你的人，都是关注你的人，不管他是好意还是恶意。如果听到有人说你坏话，你若先急着替自己辩解，那你什么事都做不成了。听到批评，你可以做两件事：

一是尽力去做好你应该做的事，用事实证明你是对的，那么人家怎么说，就无关紧要了。如果事情确实做得不好，就是花十倍的力量来为自己辩解，也没有用。

二是去和批评你的人交谈。当面听取意见，也许你会知道自己错在哪儿。如果受到不公正的批评，你也不必生气，只“笑一笑”就行了，这是相信自己也是信任别人的表现。总之，当批评的雨点儿落下来，不必忙着打伞。

三、让孩子切身感受到你对他的信任

在信任中长大的孩子往往充满自信，信任的力量正在于让孩子觉得“我能行”。

假如你每天早上总是不忘提醒孩子带这带那，结果他偏偏丢三落四。孩子本来有能力天天学习、天天长进、天天完善，你的唠叨却使他失去了自信。

梁女士有一个十分可爱的女儿，名叫宝儿，刚上一年级。姥姥说她挺懂事，可她就是有个坏毛病，每天早上不爱起床，得妈妈叫上好几遍。

“爱她不一定要管她。”一位儿童心理专家对宝儿的姥姥说，“有空儿带宝儿去买一个她喜欢的小闹钟，让小闹钟叫她起床就行了。告诉她，早上迟到了她自己负责。”

专家又把宝儿叫到身边：“早上自己起床，你行吗？”

“我想我行。”宝儿说。

“你愿意每天让妈妈叫你起床，还是愿意让闹钟叫你起床？”专家问道。

“闹钟叫好，多有意思呀！”宝儿不假思索地说。

“我相信宝儿能管理好自己。那我们从什么时候开始呢？”专家接着问。

“有了闹钟就开始吧！”宝儿兴高采烈地说。

第二天，姥姥带宝儿买了闹钟。梁女士后来告诉儿童心理专家，宝儿像变了一个人似的，不用大人管了，还说她能自己管好自己。

给孩子一个自由的空间去发挥，孩子反而学会了管理自己。其实，不是孩子不行，而是自己要豁出去，要从心里信任孩子。

管教要有一个充满爱与信任的结尾。如果孩子犯了错误，老师和家长在批评和惩罚之后，施以温情是必要的，这样等于告诉孩子，大人否定的不是孩子本人，而是孩子的错误行为。

信任他就去发现他身上的优点

一位作家说过："人人都是天才。"

学会用发现的眼光看事物，金子就在你身边。

能发现千里马的人是伯乐，能发现孩子长处的父母是称职的父母。

要让孩子的潜力充分发挥出来，就要帮助孩子去发现"我能行""我哪点最行""我哪一点会更行"。让孩子"自我发现"比别人发现更重要。"没有笨孩子，只有潜能尚未发挥出来的孩子"，要使孩子明白这些道理，需要父母和老师共同做工作。

有位班主任老师，每次开家长会，她讲的只是哪些孩子成绩最优秀，哪些孩子进步最快，哪些孩子最有潜力。其实，这些最有潜力的孩子都是考场上还没有发挥好的孩子。老师不以分数论英雄，而真正是"以人为本"，不仅让父母有面子，还让孩子有自信。孩子们主动去发现自己的闪光点，个个都挺自信。后来，那些被夸为很有潜力的学生，终于发现了自己与众不同的方面，就不断展示着他的潜力。

谁会以自己的短处作为生存条件呢？人应当扬长避短，如果经常展示自己的长处，别人就会认为他行，他就向更行的方向努力；如果总是展示自己的短处，大家都认为他不行，自己就可能破罐破摔，进而影响自己一生的发展。

我们要善于发现孩子的长处。有很多父母，总觉得别人的孩子是金子，自己的孩子是沙子；别人的孩子是天才，自己的孩子像个蠢材。当有了这样的心理后，他们永远不会主动地去发现孩子身上闪光的地方。

有位父亲一连几天给张老师打电话谈论他的孩子，每次说的都是孩子的缺点，张老师问他："你的孩子就没有一点儿优点吗？"

他居然回答："我告诉您吧，他一点儿优点都没有！"

张老师生气了，对他说："你不配当爸爸，你想好孩子的优点再找我吧！"

那么，怎样才能发现孩子的优点呢？发现孩子的优点要注意三条：

一、发现不同点

世间没有一模一样的树叶，天下也没有一模一样的孩子。父母的责任就是发现自己孩子的"不同"。

爱迪生之所以能够成为伟大的发明家，正因为他有一位善于发现他优点的伟大母亲。

爱迪生上小学时，学校买来了新教具，他很好奇，全给拆了，又装不回去，气得老师请来了他的妈妈。老师对爱迪生的妈妈说："你的儿子太爱拆东西了，你要让他改改这个毛病！"

"老师，我看是你不对哟！我观察儿子很久了，他跟别人最大的不同就是喜欢拆东西，你叫他改掉这一点，那我儿子不就跟别人一样了吗？"爱迪生的妈妈是那么相信这是儿子最大的优点。

喜欢拆东西，实际上就是好奇心强，是开始努力的动力。正是因受到妈妈的鼓励，爱迪生的动手能力越来越强，最终成为 20 世纪对人类贡献最大的科学家之一。可以说，没有爱迪生的母亲，就没有爱迪生的成功，是她发现了儿子的与众不同之处，发现了儿子的才能，也保护了儿子珍贵的好奇心。

你的孩子有什么才能吗？有什么与众不同的地方吗？如果你还没有发现，你就有可能扼杀一个天才，尽管你是无意的。每个人都有与众不同之处，这个不同点也许就是他最行的地方。当你用行动来证明你对孩子的信任，真正发现孩子身上的与众不同之处时，你就会发现，你的孩子也是一位天才，某个领域里的天才。

二、发现闪光点

有个学习不太好的学生，上课特别爱举手，有时，老师的问题还没有说完，他就把手高高举起。可叫他起来回答，他又答不上来。

下课后，老师找这个学生聊天，问他原因。

"同学总笑我成绩不好，说我笨。我不服气，所以老师提问我总举手，想让大家看看，证明我不笨，可实际上我不会。"学生实话实说。

老师了解了真相后，表扬了他的积极性，并且跟他订下"君子协议"："以后老师再提问的时候，如果真会回答，你举左手；如果不会，你举右手。"

老师心里有了底，以后上课就抓住这名学生举左手的机会，让他回答问题，并经常表扬他。从那以后，这个学生的成绩大有起色。

老师对学生要有足够的信任，如何表现呢？就是要对学生多发现、多肯定、多赞赏、多表扬、多鼓励。要善于发现后进孩子的闪光点，让每个孩子都抬起头来走路。

三、发现动情点

孩子是人类最真诚的群体。孩子的内心是纯洁的，孩子的情感是细腻的。我们要与孩子为友，就要去发现孩子的真诚，倾听他们真挚的声音。

有个孩子对别人说："我妈过生日的时候，我送给她礼物。可我妈说：'花钱买这些干什么？'我当时挺生气的，觉得一份好心白费了。第二天，我发现我妈在仔细看我送她的礼物，我觉得挺高兴的，知道我妈还是喜欢我送的礼物的。她要是不用那种口气说话就好了。"

家庭生活中，我们常常遇到的是细微小事，从中我们不难发现孩子闪烁着真诚和爱的情感，善于发现这些，是使我们走近孩子并与之沟通的法宝，也是我们教育孩子走上成功之路的法宝。

第四章

忠诚的本质与信任密不可分

忠诚的人无论在企业中，还是在社会人际交往中，往往最容易获得信任，被人尊重。

现代职场同样如此，一个人被贴上忠诚的标签，就会成为受欢迎的人；而背上不忠的骂名，就会成为不受欢迎的“过街老鼠”。

忠诚是遵循职业规则

任何职业都有着自己的规则，如果你想在职场中有所作为，就要首先遵循这些规则。而忠诚正在恰如其分地扮演着这个重要的角色。忠诚是一种职业生存方式。如果你选择了为某一个企业服务，那就真诚地、负责地去做吧；如果企业付给你薪水，让你得到温饱，那就用忠诚的心回报企业、感激企业、支持企业，并永远和企业站在一起。有些时候职业规则就像是军队中的军规，不但可以告诉每一位职场人士该如何规范自己的行为，也在为他们指明前进的方向。

根据英国某权威医学杂志公布的对美国军医的一项调查，部署在亚洲某地的美国海军陆战队士兵，90%都曾受到过攻击，大多数人都看到过战友阵亡或受伤。由于经常处于紧张状态和时刻面临危险，海军陆战队员的心理健康受到了严重的损害。该调查表明，有1/6的士兵在完成任务后出现了心理问题。这个比例和“越战”时期不相上下。

尽管如此，有幸加入海军陆战部队仍然被美国士兵视为一种荣誉。有人甚至愿意为维护这种荣誉而去面对残酷的战争。已在军中服役27年、现年45岁的军士长丹尼尔说：“为了跟战友们一起出征，我推迟了退役时间。如果我战前退役，我就不算是一名真正的陆战队员。”

在某些队员看来，加入海军陆战队，有点像皈依某种宗教，带着虔诚和献身的意味。正如38岁的蒂莫西少校所说：“人们出于什么目的加入海军陆战队并不重要，重要的是他们认可我们的价值观，承认我们的历史和我们的传统。”

这些都表明美国海军陆战士兵具有高度的忠诚感。由于忠诚于自己的军队，他们不怕受伤、不怕死亡。难怪有人评价说：“‘至死忠诚’对美国海军陆战部队来说，绝不是一句空的座右铭，而是一种生活方式。”

职场和军队一样，都需要规则，而身在职场中的每个人，都应该把“忠诚”作为一种职场生存之本。在当今这样一个竞争激烈的年代，谋求个人利益，实现自我价值是天经地义的事。但遗憾的，是很多人没有意识到个性解放、自我实现与忠诚并不是对立的，而是相辅相成、缺一不可的。许多年轻人以玩世不恭的态度对待工作。他们频繁跳槽，这山望着那山高，觉得自己工作是在出卖劳动力；他们蔑视敬业精神，嘲讽忠诚，将其视为老板盘剥、愚弄下属的手段。“忠诚”这个最重要的职业道德在他们心中已没有丝毫分量。

这样的想法无疑让一批又一批的职场人士费尽了周折却仍然没有找到中意的栖身之所，依然流浪在职场浪尖而没有归宿。经过这些周折也让他们的身心都感到了疲惫，更让他们的精神受到了严重的打击，以至于在这个过程中失去了最佳的就业机会，也弄垮了自己。这种没有目标，不知道自己的彼岸在何方的奋斗者绝不在少数。他们不仅将自己的职场生涯弄得一团糟，也给曾经停留过的企业造成了极大的创伤。

忠诚是职场中最值得重视的美德，只有所有的员工对企业忠诚，才能发挥出团队的力量，才能拧成一股绳，劲往一处使，力往同处用，推动企业走向成功。企业的生存离不开少数员工的能力和智慧，更需要绝大多数员工的忠诚和勤奋。

企业在用人时不仅仅看重个人能力，更看重个人品质，而品质中最关键的就是忠诚度。在这个世界上，并不缺乏有能力的人，那种既有能力又忠诚的人才是每一个企业渴求的理想人才。企业宁愿信任一个能力一般却忠诚度高、敬业精神强的人，而不愿重用一个朝三暮四、视忠诚为无物的人，哪怕他能力非凡。

如果你忠诚地对待你的企业，企业自然也会真诚地对待你；你的敬业精神增加一分，别人对你的尊敬会增加两分。即使你的能力一般，只要你真正表现出对企业的忠诚，你就能赢得企业的信赖。企业自然也会乐意在你身上投资，给你培训的机会，提高你的技能，因为它认为你是值得企业信赖和培养的。

对企业忠诚并不是口头上的，而是要用努力工作的实际行动来体现的。我们除了做好分内的事情，还应该表现出对企业事业兴旺和成功的兴趣。不管管理者在不在身边，都要像对待自己的东西一样照看好企业的设备和财产。另外，我们要认可企业的运作模式，尊重自己的领导和管理人员，保持一种和公司同命运的事业心。即使出现分歧，也应该树立忠诚的信念，求同存异、化解矛盾。当上司和同事出现错误时，坦诚地向他们提出来。当企业面临危难的时候，和它同舟共济。

绝大多数人都必须在一个社会机构中奠定自己的事业基石。只要你还是某一机构中的一员，你就应当抛开任何借口，投入自己的忠诚和责任心。一荣俱荣，一损俱损。要将身心彻底融入企业，尽职尽责，处处为企业着想，理解管理者的压力并给予体谅。

不要忘了忠诚是一种职业生存方式。如果你选择了为某一个企业工作，那就真诚地、负责地为它干吧；如果它付给你薪水，让你得到温饱，那就称赞它、感激它、支持它，和它站在一起。

某公司有一个部门，专门与数据打交道，一来薪水少，二来工作枯燥，三来工作强度大，四来专业性强，所以这样的人市面上很难找，因此这群人也很牛——估计平时对着电脑多了，对人总是一张扑克脸，冷冰冰的，好像谁都欠他们800万一样。而这个部门的经理，因为也是从基层做起来的，资历最长，所以在部门里说话有点分量。不难想象他会对员工这样说：其他部门的事我们别管，又不会给我们加钱，还劳神，我们就干好自己的事就行了，我罩着你们，我们专业性强，公司拿我们没招。所以现在的情况就是，这个部门自己内部非常团结，关系都很好，还培养了两对情侣出来。但是对外，这拨人也不知道真是沟通能力差呢还是就是不愿意跟别人沟通，总之跟他们打交道非常困难。更别说指望他们帮忙做点其他部门的事了，他们会说我很忙，然后回去打游戏。

每天到晚上6点的时候，他们订的饭就来了，其实每晚他们都还会订夜宵——公司加班到10点以后有这样的待遇，但其实他们根本就没有那么忙。他们每天所谓的加班不过是在玩游戏，还有一些人在电脑上看电影，只有几个人在录数据，当然，也是QQ和MSN跳个不停的那种。其间公司大厅里的灯始终开着，通明透亮，有人开没人关……等到晚上8点左右，他们已经有不少人有说有笑地下班了。手里都拿着作为夜宵的牛奶面包——把这当作明天的早餐吃。

通过上面的例子我们可以看出，对于任何一个员工而言，即使企业为你提供了再好的制度、再好的激励措施、再好的职业生涯规划，如果自己不要求上进，那还是没用的。虽然今天干这份工作，能够胜任，可是如果你在一个岗位上已经干了两年、三年，除了薪水略有上调，其他没有任何变化，干的活和两三年前一样，没有任何变化。他们自己有没有想过，这以后出去了，还能干什么活呢？这样的员工，到头来，耽误的到底是谁呢？

其实，这样的现象很普遍，相信我们周围也或多或少地存在着。我们也都知道这样的员工迟早有一天会受到惩罚的，也许当那个时候到来的时候，他们还不知道自己到底错在了哪里。通过上例我们可以看出，企业给他们的待遇是很好的，而他们在享受着这份待遇的同时却没有付出相应的劳动。这样给企业带来的损失也许在短时间内没有什么，可是当企业发觉的时候，就是他们走人的时候。到那个时候他们已经不再年轻，也不再有骄傲的资本，更没有可以生存的看家本领，可想而知面对他们的会是怎样的结局。

忠诚的员工时刻都会为自己的工作，为自己所在的企业着想。他们会凭借自己的能力给企业创造更多的收益，而不是坐享公司的优待而守株待兔。上例中的员工这种违反职业规则的做法是不可取的，同时他们也给自己的职业生涯埋下了巨大的隐患，时机一到，他们就会最先成为牺牲者。

敬业是忠诚的体现

在现实世界里，到处都能看到有才华的穷人。有些受过良好教育、才华横溢的年轻人，在企业里长期得不到提升，主要是因为他们不愿意自我反省，养成了一种嘲弄、抱怨和批评的恶习。他们根本无法以敬业的精神去做任何事，只有在被迫和受监督的情况下才能工作。

一份职业、一个工作岗位，是一个人赖以生存和发展的基本保障。因此，从事一份职业，要有敬业精神。因为敬业是为职之本。只有敬业才能爱业，才能做好本职工作。敬业的品质可使你从平凡走向优秀，从优秀走向卓越。

所谓敬业，就是对工作的一种敬仰的心态，尊重自己的工作，对自己提出比别人更高的标准，工作时投入自己的全部身心。梁启超认为，任何一种职业都是有无穷的趣味和无尽的快乐的，只要你肯继续做下去，趣味自然会发生，快乐也自然会出现。每一职业之成就，离不了乐观向上之奋斗。人生能从自己职业中领略出趣味，发现快乐，生活才有意义和价值。所以，敬业往往与爱岗联系在一起。

敬业是社会最需要的一种职业道德。在人类历史上，职业道德一贯为人们所重视。在世界发展日新月异的今天，它更是一切想成大业者不可或缺的重要条件。敬业是一种奉献精神。无论是心甘情愿，还是不得已而为之，都要在自己的工作岗位上认真负责，尽心尽力。如果所有的员工都能够做到敬业，那么企业在激烈的竞争中永远立于不败之地就不会是神话，而在这样的企业中工作的员工也一定会得到相应的回报。

在现代社会，市场竞争非常激烈，从某种角度上讲，一个企业员工的敬业程度决定了企业的命运，也决定了员工自身的职业前景。要为顾客提供优质的服务，要创造优秀的产品，就必须具备敬业的职业道德。既然为职，就要对得起这份职业，对得起这份职业在企业中的位置。敬业是每个人都可以做到的，而且是每个人应该做的。遗憾的是，总是有那么一部分人，他们工作时游手好闲、偷工减料，借口满天飞，还一点都不知道悔改。也许，在他们脑海中根本就没有敬业这个词，更不会想到把敬业当作一项神圣的使命。

全身心投入，就像艺术家对他们喜爱的艺术那样投入，你就是敬业的，你的工作成果也就能得到高层的认可。一屋不扫，何以扫天下，这是中国的古训。麦金莱总统则说："比其他事情更重要的是，你们需要尽职尽责地把一件事情做得尽可能完美；与其他有能力做这件事的人相比，如果你能够做得更好，你就永远不会失业。"工作都是重要的，制造飞机的发动机重要，制造机翼上的小螺钉也一样重要，不管你从事的工作是显要还是卑微，你都要尽职尽责。

员工要尊重自己的工作，工作时要投入自己的全部身心，并且能够善始善终。如果一个人能这样对待工作，那么一定有一种神奇的力量在支撑着他的内心，这就是我们现在所说的职业道德。在人类历史上，职业道德一贯为人们所重视，而在世界发展日新月异的今天，它更是一切想成就一番大业者不可或缺的重要条件。

当然，在现实生活中，你的敬业精神可能被老板忽视了，但是，你的同事是清楚的，他们会因此而尊敬你；那些工作马虎，却能靠玩弄各种手段爬上领导岗位的人，虽然可以得到暂时的荣耀，但必将遭到同事的蔑视，也会因此而毁了自己的前程。投机取巧也许会使你一夜暴富，但也会让你付出惨重的代价，使你臭名昭著。而好的名誉是一个人走向成功的加速器，是一笔巨大的无形资产。要赢得人们的尊重，首先要有基本的职业道德，要有敬业精神，否则，即使你有一流的工作能力，也会因为缺乏敬业精神而遭到社会的唾弃。

只有高中文凭的赵纲几年前来到北京，先后做过推销员、送货员、销售代表等工作，但是，由于兴趣的原因，他在这些方面都没能取得什么成绩。一次偶然的机会，在朋友的帮助下，他进了一家广告公司做起了文案策划。

刚得到这个机会的时候，赵纲非常兴奋。因为这些年来他梦寐以求的就是能够从事文字工作，现在有了这样的条件，他终于可以大展宏图了。

他刚来到这家公司，工资并不高，也很辛苦。但赵纲很知足，也很珍惜。为了能学到更多的东西，更多地锻炼自己，在公司里，凡事他都抢着做，就算做完了每天的额定工作量，他也不像其他人那样聊天打发时光，而总是尽量找些事情来做。有的客户只要一个策划方案，可是他却总是争取时间弄出一个备用方案来给人选择，以防万一。这让许多客户都非常意外，也更加满意，对他连连表示称赞。

一次，劳动节休假，一个公司的客户找到公司老板做一份策划，时间非常紧。可是，老板打了好几个员工的电话让他们回来加班，但都被推辞了。无奈之下，他只好拨通了刚刚加了两天班，现正在家休息的赵纲的电话。赵纲接到电话后，二话没说就赶了过来，用一天一夜的时间把策划书做好了。

把客户送走之后，老板就把赵纲叫进了经理室，塞给他一个两千元的红包，说："这次真的太辛苦你了。你知道吗，那是一个很大的客户，我们能接到他们公司的活儿是很不容易的，这次我们给他留下的印象很好，以后肯定会有更多的合作。所以，你给公司带来的不仅仅是一次生意，而是很多次。真的非常谢谢你！你是一个敬业的人，无论从平时工作，还是从这次表现中我都看得出来，这是你应得的奖励。"

这之后没有多久，赵纲就被正式提拔为策划部的负责人，坐进了宽敞明亮的办公室。

上例中，赵纲的敬业精神让企业的管理者看到了他对企业的忠诚，所以管理者给了他更大的发展空间，而那些没有敬业精神的员工却只能停在原地不动。"敬业爱岗"是我们常常听到的一句口号，简单的四个字，虽说听起来总有那么点公式化的感觉，可是，在实际生活中还真的不可忽视。如果一个人连起码的敬业精神都没有，自然不会赢得管理者的信任。

根据全球领先的人力资源管理咨询公司韩威特咨询有限公司在对世界500强企业进行的最佳雇员调查中发现，雇主十分看重员工敬业行为的三个方面表现：

一是积极评价自己的企业，不断向同事、潜在同事，尤其是向客户高度赞扬自己的企业。

二是渴望留任，强烈希望留在企业。

三是竭尽所能，付出额外的努力，并致力于那些能够促使公司获得成功的工作。

有敬业精神的员工除了有以上特点和行为表现外，还具有以下两大特质：

一是对工作有耐心、恒心和决心。任何事情都不是一蹴而就的，因此，在工作中要做到不计较个人得失，勇于吃苦耐劳，踏实肯干。不可只凭一时的热情，三分钟的热度来工作，也不能在情绪低落时，就马马虎虎、应付了事。老板认为有这种表现的员工是靠不住的。当老板吩咐你做一件事的时候，一定要坚持到底，绝不可中途打退堂鼓，再苦再累都要尽心尽力把它完成好，这样，你在老板心中的印象会有一个很大的提高。

二是要学会巧干。做事是要讲求效率的，虽然有时你在工作中踏实苦干，但是，本来需要一个小时就能完成的工作，你却干了三个小时甚至更多，这同样也不会让老板对你有好感。对于工作，老板往往不看重你撒了多少次网，关键是注重你的网中有没有鱼，有多少鱼。因此，对工作不仅要苦干还要学会巧干。有很多人看起来工作很认真，每天都在兢兢业业、埋头苦干，但忙忙碌碌的就是没干出多少成绩。这种员工不仅得不到老板的好感，反而会被老板和同事瞧不起。员工只有时刻将敬业视作一种美德，干一行爱一行，对工作尽心尽力，才能找到通向成功之路的秘诀。

在工作中，如果员工把忠诚单纯理解为从一而终，那就错了。忠诚是一种职业的责任感，是一种职业的忠诚，是你承担某一责任或者从事某一职业所表现出来的敬业精神。然而，不可回避的是，现在绝大多数的人，尤其是职场新人，他们做工作的时候，想到的只是如何能够帮自己得到最大的收获、最高的利益。他们把敬业当成老板监督员工的手段，把忠诚看作管理者愚弄下属的工具，认为向员工灌输忠诚和敬业思想的受益者是公司和老板。其实不然，忠诚并不仅仅有利于企业，其最终最大的受益者还是自己。忠诚铸就信赖，而信赖造就成功。一旦养成对企业高度的责任感和忠诚，发自内心地爱岗敬业，你就能在逆境中勇气倍增，面对引诱不为所动；就能让有限的资源发挥出无限的价值，增加成功的砝码。

忠诚是为自己负责

人如果要靠自己活着，就应该像上文所说，用自己的工作创造生命的价值。而忠诚就是这个为自己负责的重要工具。人不能总是靠别人活着，而应该凭借自己的力量前进。一个人生命的最初阶段，至少有 20 年，是靠父母养活着的。从父母那里获得生命，获得食物、金钱、上学的机会等。但当你踏入社会，就已经成为一个职业人了。在社会中，没有人有义务为你做什么。因此，你不能期望一踏入公司，别人就能给你提供一个总经理的职位；也不能期盼刚工作一年就能拿几十万元的年薪；更不能奢望还是一个小小业务员的时候，公司就为你配备一辆装有电话的高级轿车。一切必须靠你自己的努力来争取。

成功不会自动降临，机会不会主动向你招手。所有的一切，你必须努力、努力，再努力。你要把目标分解，然后一步一个脚印地循序渐进，坚持到底，直到最后的胜利。记住，别人不会为你负责，所以你一定要对自己负责。既然自己要对自己负责，就要对自己所在的岗位、所在的企业保持高度的忠诚，绝对不能像小张这样，否则，你也会有着和他同样的结局。

小张在一家超市做采购工作，总觉得自己是公司里最重要的人。

他总认为：如果不是自己同供应商谈判，超市就不可能进到质量好、价格低的商品；如果不是自己同供应商有很好的关系，供应商不可能总是按时供应产品；如果不是自己能压住供应商，到超市来讨货款的人一定会排着长队。

正因为重要，自己就应该更有价值。可看看那可怜的薪水，小张就觉得生气。收银员每天就是站站收银台，也可以拿到比他少不了多少的工资。小张认为公司贬低了他的价值。

薪水不高，公司的规章制度还很严。公司刚刚出台了一项新的制度，主要是规范采购流程，防止采购中发生腐败行为。小张想：我的工资这么少，在采购过程中再不卡点，自己还有什么油水？这个岗位最多升到采购经理，又没有油水可拿，那还有什么意义？

小张认为自己应该去实现更大的自我价值，可是他却没有办法在这家企业里实现了，因为他在新的制度下没有通过“忠诚”这一规则的检验，已经被劝离职了。

小张总是认为自己已经做得很好了，所以就很放纵地拿油水，这种不忠诚的行为是在思维的指导下进行的，而思维又是以自我价值观念为前提而产生的。因此，可以说行为是在自我价值观念的作用下产生的。自我价值观念是指在社会环境和情绪的影响下，一个人通过自我评价所产生的认知目标和情感能量。正因为如此，行为的背后有一个动机，而这个动机就是平衡认知目标和满足情感能量。

记住这样一句话：“做好自己的工作，就是你获得更大机会的最好方法。”看看你的周围，那些天天嚷着企业不给他机会，总是抱怨自己那么高的学历却做这么简单的工作的，往往就是把自己的本职工作做得一塌糊涂的人。再想一想那些成功的企业家、职业经理人，哪一位不是在自己的本职工作岗位上做出了非凡的成绩？有谁是把工作处理得乱七八糟，而自己却节节荣升的？因此，如果你希望获得更好的职业发展前途，首先就一定要把自己的工作做好，因为你的工作岗位就是你成才的起点。

带领中国足球第一次进入世界杯赛场的教练米卢，除了留给球迷一段世界杯经历以外，更留给中国人一句话："态度决定一切！"态度往往左右着人的意识和行为。如果你希望能够更大程度地发挥作用，就要有一个健康的心态，因为这将带给你正确的人生态度：善念、尽力、自省、责任。没有健康的心态，人们往往会错误地判断形势，更会选择错误的行为。例如：小刘性格孤僻，平时很少与同事交往，但他却认为是其他的同事看不起他；由于自己的工作业绩不好，所以加薪、升职似乎与他无缘，而他却认为这是领导歧视他。为了报复，他经常诋毁上司或同事，结果使得自己更加被动，最后不得不离开公司。

我们经常可以见到这样的员工，他们在谈到自己的公司时，使用的代名词通常都是"他们"而不是"我们"。这是一种缺乏责任感的典型表现，这样的员工至少没有一种"我们就是一体"的认同感。

不管在什么行业，不管在什么地方，我们也总能遇到一些投机取巧、逃避责任的人。他们习惯于等候和按照主管的吩咐做事，似乎这样就可以不负责任，即使出了错也不会受到谴责。责任赋予生活一定的"沉重感"——人们有时更喜欢轻松一些，让别人为自己做出决定。因此，他们会经常说："领导将会关注这件事的。""我只管干活儿。"如果事情进展不顺利，那就全是别人的责任。不过，这样的心态只能让人觉得你目光短浅，不可能获得同事的信任和支持，也不可能获得上司的信赖和尊重。一个没有责任感的员工，将永远不会被列入升迁者的名单。有些人明明能力比他人强，但是，成就却远远落后于他人就是如此。面对这种情况，最好不要乱发牢骚，四处排泄心中的不满。而应该先认真地自我反思，仔细想想自己的工作是否已经到位，是否真正有着不断前进的激情，是否仔细研究过职业领域的每一个细节，是否为了取得成就而在不断充实自己，是否确实已经尽职尽责？

责任感是人走向社会的关键品质，是一个人在社会上立足的重要资本。工作就意味着责任。在这个世界上，没有不需承担责任的工作；相反，你的职位越高、权力越大，你肩负的责任就越重。主动要求承担更多的责任或自动承担责任，是我们成功的必备素质。尽职尽责不仅仅有益于公司、有益于老板，而且，最终受益的是员工自己。

小王是某粮油公司的业务员，他的职责就是每天出去联系新的客户。他的工作方法就是，所谈的客户如果同意与他合作，他就会记下联系方式，然后上报给公司；如果不同意合作，他就不会再去理会他们。所以，他的工作业绩很一般。

小张也是这家公司的业务，他的工作和小王是一样的，都是接触新客户并向他们介绍公司的产品。但是，他的工作方法和小王却不同。对于有意向的客户，他会认真地记下联系方式和需求；而对于没有意向的客户他同样记下联系方式，并向对方询问对公司和产品的看法，然后向公司汇报。不仅如此，他还会在时机恰当的时候重新拜访没有达成意向的客户，并最终取得他们的认可。所以，他的业绩总是高于小王。

从以上例子可以看出，小王没有负责到底，而小张却对结果负责。小张不但完成了本职工作，还保证了工作的质量，这是他的职责。

大多数人自认为是负责任的。然而，不太有责任感的人往往不会为自己的工作承担责任。这种行为的外在表现是工作不积极，有人形象地形容此类行为是“像青蛙一样，碰一下，跳一下”。实质上，这种行为是缺乏主人翁意识，事不关己，只要做了，做得好不好就不关自己的事了。对于此类人，其工作成效与工作质量一定不佳，他们对工作结果不负责任的态度其上司也是头痛不已。

而那些更负责任的人，往往是对结果负责。他们为自己的行为产生的结果负责，即使结果并不令人愉快。比如前例的小张，工作态度积极，把工作当作自己的事来做，做事的前提和标准就是怎样尽善尽美地完成工作，确保工作结果的高质量。像这类员工，上司通常很放心地交办任务，相信其能从头至尾地、负责地把工作完成到底。

通过以上案例，你就可以明白为什么有些员工工作出色，而有些员工工作质量一般了。那就是，成功的职场人士一定是负责任的，他们关注结果，并想尽一切办法去获得最佳结果。因为，决定一次航行是否成功的，不是离港起航，而是完成任务顺利返航。对企业的忠诚度和对工作的责任感就是对工作的结果负责。

职场需要忠诚的品质

关羽和吕布都是数一数二的武将，但关羽可以成为刘备的左膀右臂，坐镇一方，关键就是他的忠诚能让刘备全心信任。并且，这样的忠诚，还为他在其他诸侯那里赢得了好名声。不仅曹操想招揽他，就是关羽走麦城，被吕蒙围住的时候，吕蒙在杀他之前，还想要替孙权招揽他。可见，关羽是当时很受欢迎的“雇员”。

吕布是当时公认的“第一猛将”，但他并不能因为自己的武勇成为当时的雇主（各路诸侯）招揽的目标，反而人人避如蛇蝎。最后，吕布在徐州被曹操带兵困住，曹操招揽的是吕布手下的张辽，对发誓要投靠自己的吕布则是一杀了之。为什么？因为吕布不具备生存的资本，这里说的并非他的功力，而是他缺乏忠诚这道护身符。

职场就像战场，一场战事的开始事关着胜负的结局。无论是已经在职场拼搏多年的老将，还是初出茅庐的新人，都要具备争锋的尖端武器，这样才能有一好的开始，进而有大获全胜的结局。既然职场与战场有着相似之处，我们就要知道职场生存的规则。这个规则不是简单地付出，或者做懒惰的和尚，除了撞钟整日无所事事，而是要具备一种特殊的素质，这种素质就是忠诚。

与世界上所有优秀的组织一样，职场也需要组织成员建立起对其的高度忠诚。没有这种忠诚，作为一个企业，是不可能有效率、不可能有战斗力，也不可能长久生存的。然而，忠诚的建立，却绝不是仅仅为了企业，同时也是为了自己，因为真正的职场争锋是需要忠诚的素质的。为此，我们来看一下孙莉女士的忠诚是如何在职场上发挥作用的：

雀巢中国公司高级经理孙莉女士，是目前（截至 2005 年）雀巢在中国唯一有公司股份的高级经理。她曾是位军人。她说，对我们这些人来讲，在心理上是永不退役的。她甚至说，虽然离开部队二十多年，但每年的“八一”建军节都会不由自主地激动，有位公司总裁曾对我说，人的心灵是需要有一个家园的。对我们这些曾经的军人而言，军队就是我们心灵永远的家园。

解放军把组织成员聚集在了以军旗、军徽、军歌为代表的标志之下，解放军所有组织成员在这些具体的标志之下，“为使命、为荣誉”而不惜流血牺牲，最好地诠释了忠诚的含义。忠诚也就成为了解放军力量之源泉所在。军队生活对孙莉女士的影响是巨大的,这方面的影响正是忠诚。这同时告诉我们,也只有忠诚的人才会在职场中走出属于自己的路。

作为一个依靠企业而生存的员工而言,除了对组织目标忠诚以外,还要在自己的内心深处培育出一种忠诚,就是对于组织本身和对于组织生存与成长的忠诚。因为现在是一个一切以业绩为导向的年代,昔日“听命行事”不再是最优秀的员工模式。要想纵横职场,成为最受欢迎的员工,无须高智商和圆滑的处世技巧,只要做到忠诚于自己的工作,在工作中不找任何借口,对工作充满热情,把敬业变成习惯,崇尚团队合作,有效管理时间,提高工作效率……一句话,只要你打造出无人替代的个人忠诚品牌,你就能成为职场上的常胜将军。我们不妨看这样一则例子:

在一次竞标会议之后,招标方的三位领导拒绝了其他两家供应商的邀请,唯独参加了黄经理的宴会。看得出来黄经理对拿下这个单子非常乐观,因为他为客人点的菜都很高档,其中就有海产“八珍”之一,素称“海味之冠”的鲍鱼。

席间,黄经理悄悄地让下属出去买几盒中华烟。下属并没有喝太多酒,神志还清楚。大约5分钟之后,就买回了几盒高级香烟,并偷偷地塞给了黄经理。黄经理在每个客户领导面前放了一盒,同时自己开了一盒。不一会儿房间里面烟雾弥漫,几位客户领导似乎是越来越清醒。酒过几巡,烟过几圈之后,黄经理说:“刘局长!今天三家供应商,您感觉如何?”黄经理说完凑上前给刘局长点着了烟。

刘局长稍稍动了动肥胖的身子,默默一笑说:“都可以,特别是你们公司和第二家唱标的公司给我的印象深刻。相比之下,你们报价不是最低的,但是咱们之间合作了很长时间,彼此熟悉和了解,可以节省很多隐性的成本,这点我很看重。”

第二家唱标的公司其实与黄经理的公司实力不相上下。

“第二家唱标的公司?”黄经理说,“那个领头的以前是我们公司的员工,刚从我们公司离职不久。”黄经理说完朝下属看了看。

下属立即说:“是的,他以前和我是一个项目组的。黄经理很重用他,也从未亏待过他。后来别的公司稍稍多给了点钱,他就跳槽了。”

“我最讨厌这种见利忘义的人了,不识抬举!”刘局长轻蔑地说,“方处长,陈科长,你们说这样的人能够合作吗?可靠吗?”刘局长说此话有一石三鸟的味道。

“当然不可靠!”方处长和陈科长附和着,“万一在项目实施过程中,他又跳槽了,那我们就很被动,损失就更大了。”

“……所以说报价高点没有关系,关键要有风险保证!就像买保险一样,这样花出去的钱是值得的!”刘局长总结性地说,“而且从前期来看,黄经理的公司是一家讲信用的公司。”

黄经理脸上显露出几分得意之情,站起来举杯说:“各位领导!我们公司用人以诚信和忠诚为先,这是我们招聘人员的先决条件,也是我们站在客户立场上考虑,更是基于为客户负责的角度。来!我敬各位领导一杯……”

这场晚宴效果如同客户决策会议,结论已经很明显。此前,黄经理做了很多基础工作,否则他不会和刘局长如此默契,其实他们的报价比其他两家要高出很多。

从例子中我们可以看出,第二家投标的公司之所以没有取得最后的胜利,是因为领导者曾经的不忠,让人对他心存芥蒂,这不但会影响眼前的一笔生意,恐怕对企业以后的发展也十分不利。

在这个竞争激烈的年代,企业越来越强烈地需要员工的献身精神,而另一方面,员工的献身精神却稀罕得几乎成了神话。职场的大门不是对谁都随时敞开的,更不会敲锣打鼓地欢迎一个庸才的加入。它对任何高昂着头、瞪大眼睛又找不到准入点的人,只会发出嘲笑声并会毫不留情地将其拒之门外。

说到这里也许有人会问:“职场只不过是一个工作的地方,我们无论到了哪个用人单位,只要给人家干活就可以了,和心态又有什么关系呢?”

问得不错,职场就是个给人家干活的地方,这不假。但是,我们也要问,为什么有的人能顺利地找到称心如意的工作,而有的人却待在家里无所事事?为什么同时进入一家公司,又做着同样工作的两个人,最后会有成、败两种结局:一个因被老板重视而扶摇直上,升为主管,而另一个却因被老板厌恶而被炒了鱿鱼?为什么有的人年薪高达几十、上百万,出入名车,身居高档社区,而有的人却腰包瘪瘪的,连与朋友吃顿饭也心里发毛呢?

之所以存在着这样的天壤之别,关键就在于前者有一个积极健康的进取心态,他知道适时地调整自己,把职场当成是发挥一生才能的大舞台,所以尽可能地把所学的知识转化为职场上的资本或技能,从而使自己业绩斐然;而后者的心态则把职场仅仅当作一个干活的场所,这样时间一长就对它失去了热情,甚至还会消极怠工，更不知忠诚为何物了。

这哪里是在工作！分明是硬着头皮当一天和尚撞一天钟。甚至寻个机会就会偷懒，连钟也不撞了。所以他永远没有胜出的机会。至此，我们也可以得出这样一个结论：如何对待职场——是做一个成功者，还是一个失败者，完全取决于是否具有忠诚于职业的心态，是否具有忠诚的素质。很多职场人士总是喜新厌旧，每当新机遇出现的时候，他们就会迫不及待地将“旧”东西扫进箩筐里，让人始料不及。我们经常可以看到，职场之上玩花样“跳水”的大有人在。有的甚至俩月换三种职业，他们是越跳越爱跳，越年轻越爱跳。

按理说，人才流动，天经地义，“树挪死，人挪活”这一民谚也不知道激励了多少跳槽者。公正地说，大多数人跳槽，是为了追求更好、更广阔的发展空间，得到更符合自己的“性价比”的物质空间，这原本没有错。错的是其中不乏一些见异思迁的跟风者，一天到晚不好好工作，整日都在琢磨跳槽，站在这山望着那山高，终于害得自己立足不稳，心绪纷乱。别忘记了，在这么一个竞争激烈的时代，要想不被当成“鱿鱼”这盘菜给炒了，就要用忠诚的素质来捍卫自己的地位，而不是随便地将之抛弃，最终落得一无是处。

忠诚是人生中最厚重的一本书，对员工而言，忠诚就是一种基本素质，员工不忠企业无成，员工也难留。而那些有远见的员工，却会把忠诚写进自己的内心深处，而且会写得实实在在，详详细细，绝不只是当作一个空洞口号，挂在嘴边过瘾。

要把自己的工作当作事业来看待。因为，工作不仅仅是谋生的手段，还是孜孜以求的目标，成功者往往是在某个具体的方向做深做精的人，需要在一个公司，在一个职位上进行刻苦的、不懈的努力和积累。

由此，我们可以发现忠诚是维护自己稳定的职业发展之路必须具备的素质之一。忠诚意味着高度的责任感和令人钦佩的执着精神，往往可以让自己更好地适应压力和获取上级认可。所以，忠诚不仅仅是道德品质，我们还要把它当作一种素质来培养和学习。

忠诚是职场成功的资本

说起三国，关羽的过五关斩六将绝对是让人印象最深刻的情节之一。同是顶尖武将，吕布斩杀的武将从数量到质量都不可能比关羽差，就是虎牢关前吕布大战群雄，也可说是让人热血沸腾的情节。但是，吕布并没有留下“过五关斩六将”这样的名声。为什么？关键就是，关羽的过关斩将，为的是忠义，体现了忠诚的优秀品质。而吕布是为杀而杀，考虑的是自己的利益，杀人反而让他背上不忠的名声。这样的行为不可能被人赞赏称颂。

所以说，能力固然重要，但是，真正让一个人被重用、被尊重的资本是忠诚，或者说，是德才兼备，既有“过关斩将”的能力，更有忠诚的品德。这一点在三国的乱世中表现得淋漓尽致，即使在今天的职场中，同样是企业用人和个人成功的核心要素。

一般来说，忠诚是指对国家、对人民、对事业、对上级、对朋友等真心诚意、尽心尽力，没有二心，代表着诚信、守信和服从。忠诚不但是美德，而且是一个人之所以为人的基本条件，更是一个人可以纵横职场的资本。

然而，有些人总是无视朝夕相处的老板的种种恩惠和工作中的种种机遇，时刻都心怀自私自利之心，寻找自己所谓大有作为的机会。这种心态总是导致他们轻视工作，并把公司、同事对自己的帮助视为理所当然，还时常牢骚满腹、抱怨不止，这样，当然就更谈不上恪守职责了。

作为企业的一员，在工作中不管做任何事，都应将自己的心态回归到零：把位置摆正，抱着学习的态度，将每一次任务都视为一个新的开始，一段新的体验，一次新的挑战。千万不要视工作如鸡肋，食之无味，弃之可惜，结果做得心不甘情不愿，于公于私都没有好处。

每一份工作，每一个工作环境都无法尽善尽美，但每一份工作中都有许多宝贵的经验和资源，如失败的沮丧，自我成长的喜悦，温馨的工作伙伴，值得感谢的客户等，这些都是成功的职场人士必须体验的感受和必须具备的财富。如果你能每天怀着忠诚的心情去工作，在工作中始终牢记“拥有一份工作，就要懂得忠诚”的道理，就一定会有更多的收获。

当然了，忠诚并不是简单地尽忠职守、爱岗敬业，或者现在职场流行的不找借口、责任感、自动自发，而是包含了前面这些品质在内的一个有层次的系统职业道德。

首先，作为一个职业人，在自己的职位上尽力做好本分的事，完成本职工作，这是最基本的忠诚。其次，一个忠诚的员工，需要能够为自己的工作承担责任，热爱自己的岗位，尊重自己的职业。再次，一个忠诚的员工，应该做到与企业同心同德，成为企业志同道合、共同发展的伙伴。最后，如果你还想在职场得到更大的发展空间，可以把自己的忠诚表现为从企业整体利益考虑出发，管理自己的上司与老板，用老板的心态看待为之服务的企业。

以上就是我们所看到的一个忠诚的员工表现出来的忠诚的四个基本层次，不同层次的忠诚决定了一个人在职场的不同前景。

总之，忠诚集忠于职守、爱岗敬业、同心同德和主人翁意识于一身，是人们对自己所从事工作和职业发自内心的尊重、热爱等情感，以及终生愿意为之献身的精神和尽心尽力的行动的有机统一。做一个忠诚的员工，最基本的就是尽忠职守，最高层次的忠诚就是从企业的全局出发服务老板。有了这样的忠诚资本，作为一个员工才能在工作中过五关斩六将。只是，你付出的忠诚的内容不同，你的忠诚资本也就不同。

如果前面的内容还不足以让你完全理解忠诚的含义，那么，下面的内容应该对你有帮助。

有位父亲告诫刚踏入社会的儿子："遇到一位好老板，要忠心为他工作；假如第一份工作就有很好的薪水，那算你的运气好，要努力工作以感恩惜福；万一薪水不理想，就要懂得在工作中磨炼自己的技艺。"

这位父亲是睿智的，所有的年轻人都应将这些话牢牢地记在心底，始终秉持这个原则做事。即使起初位居他人之下，也不要计较。

忠诚就像一种无形的承诺，是一种心理和社会契约。实际上，忠诚作为一种价值取向，其对应的是一种对责任和义务的承诺和履行。其次，忠诚还应该有一种恒心。在忠诚关系中，无论作为一种执着或者契约，都应该具有长期性、永久性，甚至坚忍不拔。

对于个体来讲，忠诚是人际关系的基石，忠诚就是爱心、恒心、责任心，在现代社会中，爱心、恒心、责任心，是一个人的基本素质，一个人如果失去这些基本素质，那就很难取得别人的信任和社会的认可。

亚特兰大奥运会后，熊倪乘势而进，为湖南轻松夺得第八届全国运动会男子跳板金牌。赞誉和鲜花包围着这位奥运冠军。但此时的熊倪已具大将风范，宠辱不惊，处变不乱，在技术上和心理上已经成熟。之后，熊倪宣布，将进入湖南大学深造。但他表示，这次全运会不是他的"告别演出"，"我即将去大学学习工业贸易专业。这不是退役，如果祖国需要，我仍将义无反顾地走上赛场"。

没有日复一日的枯燥训练，没有绷紧每一根神经的赛场搏击，大学生活在熊倪面前展开一个多姿多彩的世界，令他目不暇接。他像一个孩子走进万花丛中，贪婪地吸取着知识的营养。在他退出体坛的这段时间里，国际上的跳水格局正在悄然改变。没有了熊倪这个强劲的对手，俄罗斯的萨乌丁所向披靡，如入无人之境，几乎包揽了所有大赛三米跳板的金牌。消息传来，熊倪有些坐立不安了，他决定再上赛场，为国争光。

复出面临重重压力。在跳水运动员中，20 多岁的熊倪已经是老字辈了，有人笑他“还去凑什么热闹”；有人劝他见好就收，万一比赛砸了，会遭遇“英雄变狗熊”的尴尬。熊倪说：“我顾不了那么多了，只想着早点恢复状态，捍卫中国跳水队的荣誉。如果中国跳水队走了下坡路，那才是我永久的遗憾。”

在准备训练的日子里，央视体育频道做了一个熊倪复出的节目。熊倪无意中看到了自己屏幕上的形象，他惊异地发现，两年时间，身体长胖了，腹部也多了赘肉。最让他吃惊的是，跳水运动员所必有的左右各四块腹肌，竟然一块也没有了！

1999 年春节前，熊倪跟他的启蒙教练马延平一起，悄悄来到省游泳馆。这是他儿时的训练场，熊倪将在这里从头开始。恢复训练的第一跳并不完美，却饱含着一个三湘子弟报效祖国的赤子之情。熊倪的体质不好，身上有多处伤痛。在大运动量训练中，他好几次体力透支，险些晕倒在游泳池里。熊倪说：“我对复出从未后悔。只要我尽力了，就算比赛失败，我也无愧于祖国和家乡人民。”2000 年 4 月，熊倪一路过关斩将，夺得男子三米板单人和双人两张悉尼奥运会入场券。

在这次悉尼奥运会上，老将熊倪遇到了前所未有的挑战，压力远甚于前三届奥运会。对手萨乌丁如日中天，熊倪在技术上不占优势，难度上还略逊于萨乌丁。业内人士都认为，熊倪的男子三米板单人项目夺金机会最小。而让人意外的是，在前面的三项比赛中，跳水的全部 8 块金牌，中国跳水队还一金未得，险些全线崩溃。这支“梦之队”也因此被人讥为“梦游队”。如果“梦之队”溃败，对整个中国代表团可能产生极大的负面影响。紧张气氛笼罩着中国队。比赛前夕，教练一反常态，甚至不再跟熊倪交谈，唯恐影响他的情绪。国家体委主任袁伟民给大家鼓劲：“别人可以从我们的强项中夺金牌，我们为什么不能！”

熊倪，将带给人们什么？奥运会的焦点，又一次聚集在熊倪身上。

萨乌丁踌躇满志，步步进逼，比分高出熊倪 30 多分。胜负似乎已见分晓。有着哲人心智的熊倪，仍是出奇地镇静。他想起那个蛇搏斗的故事。为什么看似弱小的总是胜者？因为其总是以一种哲人似的冷静在搏斗，不惊不躁，沉着应战，瞅准对手的弱点给予致命一击。此时的熊倪，对赛场上的阵阵呼喊声似乎充耳不闻。在这个静谧的世界里，所有的伤痛、焦躁、不快都已消失，他旁若无人，三米跳板上，凌空画过一道道优美的弧线……

比分逐渐拉近。最后一跳，萨乌丁显得有点狂躁，选了一个难度高的动作，以求一剑封喉。不想忙中出错，露出破绽。熊倪则以一个完美的“407C”，给这场世人瞩目的熊萨之争画上了句号。熊倪金牌入囊，成绩仅比对手高出 0.30 分。然而，这微弱优势背后的故事，让世人回味无穷。

熊倪为中国队带来一个历史性的转折。两天后，熊倪与肖海亮合作，轻松夺得男子三米板双人跳金牌。此后，中国跳水队势如破竹，金牌尽入囊中。10 月 3 日上午，党和国家领导人在人民大会堂接见参加悉尼奥运会的中国体育代表团。总书记江泽民和他合影留念，朱镕基总理拉着他的手，用浓重的湘音亲切地说：“谢谢你啊，小老乡！”

熊倪对于这次的付出说出这样的话：“人生几十年，如白驹过隙，我总是想，这辈子能为祖国做点什么。至于结果，也许并不重要，重要的是我参与了，我尽力了。”

对体育精神的忠诚，对祖国荣誉的忠诚，让熊倪重新站在了领奖台上。在现代市场经济高度发达的背景下，忠诚并不是一种奴仆对主子的封建式愚忠，而是建立在平等关系之上的一种对职业的忠诚。忠诚等于兢兢业业，忠诚等于心系企业，忠诚等于恪尽己任，忠诚是企业与员工之间的诚信保证。只有忠诚的人，才能取得事业上的辉煌与发展。在竞争日益激烈的当下社会，如果无法获得周边环境给予的信任与支持，任何竞争者随时都会丧失竞争力。

员工与企业的发展是互动的，员工的忠诚和企业的信任也是相辅相成的。投入的忠诚越多，收获的信任也越高。良性的循环会让我们的事业蒸蒸日上，而恶性循环只能导致我们被淘汰出局。企业与员工的命运是息息相关的。一个发展势头强劲的企业，必然是全员上下心往一处想，劲往一处使，风雨同舟，荣辱与共。只有这样，个人才能进步，企业才能发展。

总之，忠诚是一切人类关系的基石。在本质上忠诚不是一种自我牺牲，相反，忠诚是一个企业或个体获取长远利益的基本途径。只有忠诚，才能使企业经久不衰，使企业拥有更强的核心竞争力，这个企业也才有能力创造出辉煌，以此来回报其员工的忠诚。

满怀热情地去工作

一个人成功的因素很多，而居于这些因素之首的就是热忱。热忱是出自内心的兴奋，散发、充满到整个人的精神世界。英文中的“热忱”这个词是由两个希腊字根组成的，一个是“内”，一个是“神”。事实上一个热忱的人，等于是有神在他的内心里。热忱也就是内心里的光辉——一种炽热的、精神的特质深存于一个人的内心。

如果把热忱比作一种成功的燃料，那么这种燃料主要混合了三种成分：愿景、希望与满足。热忱从获得某种渴望的结果的愿景开始。每次我们开始一项新的计划，我们心里都会有某种希望实现的愿景或梦想。热忱这种燃料总是从愿景开始。

构成热忱的第二个因素是希望。希望并非只是一种“愿望”。它不是一种空洞甜蜜的感觉。希望是诚挚期待某个所预期的结果。对这个期待越有信心，或所预见的结果越有可能，希望就越大。当你把你已经开始的梦想（愿景）化为具体的目标，把具体的目标化为步骤，把步骤再化为任务时，就会提高你对自己能力的信心，以达成你所预见的结果。这个流程把你对那个愿景或梦想的希望注入你的心中。希望这个“爆炸性的”成分可以为一个人的热忱增添真正的动力。

热忱的最后一个成分是，当你要达成目标去完成各种任务以及把梦想转化为事实的时候，你所经历到的满足与喜悦。当你经历过这种满足与喜悦后，它将进一步增加你对更多成就的热忱。这是一种滚雪球效应，更多的成就产生更多的喜悦，更多的喜悦产生更多的热忱，更多的热忱产生更多的成就，更多的成就又产生更多的喜悦。

因此，虽然一开始你的热忱、喜悦与成就可能是一个小雪球，但是在它滚到山底之后，它将变得巨大无比。在工作中我们可以发现，自己的投入感越强烈，工作就会变得越可行，工作信心也会变得越强。

我们发现，那些有成就的人几乎都有一个共同的特征：无论才智高低，也无论从事哪一种行业，他们必然喜爱自己所做的事，并能在自己最热爱的事情上勤奋工作，正是由于对自己工作的热爱，他们才能够不计报酬地数十年如一日地投入到别人看来十分枯燥的工作中去。作为职员，我们应该明白这个道理，我们可以选择一个安静的时候扪心自问，自己所从事的职业到底是不是自己内心所热爱的职业。如果不是，就应该趁早转行，如果是，就应该对职业有发自内心的热爱。

我们经常会看到很多刚刚参加工作的年轻人整天无精打采，毫无工作与生活的乐趣，他们怨叹工作的不幸和人生的无聊。为什么他们会这样悲观呢？主要是因为他们正做着自己不感兴趣的事。还有一些人有不错的学识，但是因为所从事的职业与他们的才能不相配，结果，久而久之竟使原有的工作能力都失掉了。由此可见，一种不称心的职业最容易糟蹋人的精神，使人无法发挥自己的才能。

如果你的职业与你自己的志趣相投，那么你就不会陷于失败的境地。年轻人一旦选择了真正感兴趣的职业，工作起来才能精力充沛、全力以赴，而决不会无精打采、垂头丧气。同时，一份合适的职业还会在各方面发挥你的才能，并使你迅速地进步。

或许你知道画眉鸟的故事，如果没有欣赏自己工作的态度，如果不热爱自己的工作，即使身处天堂，也注定找不到快乐、自由的感觉，更不要说幸福了。故事是这样的：

上帝问一只被囚在笼中的画眉："你愿意到天堂去吗？"

"为什么呢？"

"天堂宽敞明亮，不愁吃喝。"

"可我现在也很好啊。我吃喝拉撒全由主人包办，风不吹头雨不打脸，还天天都能听主人说话唱歌。"

"可是你自由吗？"

听了这样的问话，画眉沉默了。

于是，上帝以胜利者的姿态把画眉带到了天堂。他把画眉安置在翡翠宫里住下，便忙着处理各种事务去了。

一年后，上帝突然想起了画眉，便去翡翠宫看它，他问画眉："啊，我的孩子，你过得还好吗？"

画眉答道："感谢上帝，我活得还好。"

"那么，你能谈谈在天堂里生活的感受吗？"上帝真诚地说。

画眉长叹一声，说："唉，这里什么都好，只是这笼子太大了，怎么飞也飞不

到边。”

说起工作的意义，可能很多人都会满不在乎地说：“没什么啦，有钱赚就好！”然而，金钱并不代表工作的意义，如果你以这样的心情去工作，你很容易就会成为金钱的奴隶，就像上面说的那只画眉鸟一样，到哪里都是牢笼，而且是金条做的牢笼。鸟儿忘了生活中还有飞翔的乐趣，就如同我们忘了在工作中还有成功的乐趣。

因此，为了做好你自己的工作，你应该经常问自己一个问题：我是否热爱我的工作，如果答案是肯定的，那么你就应该对工作树立一种虔敬的心情，并一心一意地投入到工作当中，此时，你的行为就是敬业的表现；如果答案是否定的，那么，你可以调整自己的心态，使自己重新喜欢上自己的职业。

由于一个人能力、经验、经济条件等方面的原因，很多人并不能一开始就找到自己心爱的工作，可能你目前干的就是一件你出于权宜之计的工作，但是，只要你手头上有工作，你就要以虔敬的心态对待这份职业，并以欢快和乐意的态度去接受，以虔敬和认真的姿态完成。这样，当你真正面对自己心仪的工作的时候，你必然会发挥得更加出色，完成由“干一行，爱一行”到“爱一行，干一行”的转变。

所以，一旦你决定要从事某种职业，或者你正在从事某种职业，就要立即打起精神，不断地勉励自己、训练自己、控制自己。在你的工作中要有坚定的意志、凝重的敬畏，不断地向前迈进，这样才会走向自己梦寐以求的成功境地。

格林太太是一家公司的清洁工，她是一个四十多岁、身体有些发福的女人，手脚不是很勤快，但嘴巴却总是闲不住，经常与人搭讪，身边的手提电话也是天天响个不停，好像比公司的经理还要忙。

一天，公司的一些员工们聚在一起聊天，一个叫布鲁斯的职员突然感叹道：“我们连格林太太都不如啊！”见到别人诧异，他又说：“你猜她每个月能赚多少钱？”

一个清洁工，薪水再高能高到哪去？大家七嘴八舌地讨论开了。有说500的，有说800的，但布鲁斯只是摇摇头，伸出了四个指头，于是，有人就“大胆”地预测：“不会是4000吧，挺厉害的呀！”

“什么4000？是4万美元！她每个月至少可以赚4万！”布鲁斯笑着说。

“不会吧？”除了布鲁斯，每个人惊讶得眼珠子都差点掉下来。

“是她自己跟我说的。”布鲁斯笑着说。

“格林太太还说，做清洁工只是一个平台，我觉得他完全可以做一个CEO了！”

原来，格林太太借着到公司做清洁工，打听公司里谁需要找钟点工，谁需要租房子，然后就当起了中介，收取中介费。格林太太还自己买了一套房子，并以一万的月租把这套房子租给了一个韩国公司的总裁。

格林太太借清洁工这个平台延伸出的另一项业务是卖保险。公司里面有不少员工都已经跟着格林太太买了几万元的保险。

清洁工不会是格林太太钟爱的工作，因为，没有人会喜欢和垃圾打交道。但是她整合资源的能力比任何一家公司的CEO都不差——她能够非常敏锐地发现利润来源，寻找适当的客户，选择合理的沟通方法，适时转变经营项目。她这种利用现有优势，做好每一件手头工作的智慧值得我们每一个人学习。

那么，我们如何像格林太太那样有效地利用现有资源，将手头的工作做好呢？首先我们应该做的就是认识自己的公司，找到它每一个值得我们学习的地方，我们可以这样做：

一、了解公司的情况

要找到公司值得学习的地方，光是在公司认真工作是不够的。我们还应该花点时间在网上或图书馆里查阅有关所在公司的情况，尽可能多地了解一些信息，包括它的产品、规模、收入、声誉、形象、管理人才、员工、技能、历史以及所信奉的哲学等。特别是了解公司在整个行业中的位置，以及别人或者别的公司对于自己所在公司的评价。

二、与同事积极合作

公司是一个集体，你就像其中的一只小蚂蚁，是微不足道的。只有你和另外一群蚂蚁联合起来，才能有所作为。因此，你应该不只关心自己的工作，还应该知道同事在哪里工作，观察他们怎样工作。诸如前台接待人员怎样问候陌生人之类的事情也可能对你有所启发，这都是你平时手头上应该做好的事情。

三、寻求强者

强者不一定身居高位，他们在经验、专长、知识、技能等方面比我们略胜一筹，也许是你的同事、同学、朋友、引荐人。他们或物质上给予、或提供机会、或予以思想观念的启迪，或身教言传潜移默化。有了强者的帮助，一来容易脱颖而出，二则缩短成功的时间，三是在危机时能够在第一时间找到强援。

四、背景学习

无论大小，每个公司都有它的背景，每个公司都有它的中心人物和故事，这些都体现着公司的核心价值。这些故事讲了些什么？是巨大的成功？卓越的服务？还是商业策略上的竞争？这些故事本身会告诉我们有关公司的许多事情，值得去思考去学习。

“我为什么要坐在这里？”“我为什么要工作？而且，还是为了这样一个公司？”“如果我离开这里会不会更好？”当这些问题经常出现在脑海里时，说明关于工作上的苦恼已经和你纠缠在一起了。这表明你对于自己所从事的工作已经失去了兴趣和激情，没有了工作的热忱，此时，你的敬业精神就开始接受最大的考验。出现了这样的问题，你不妨提醒自己知足常乐。因为无论公司大小、工作好坏，你已经站在前程的起跑线上了。而你所要做的，就是把自己手头的工作做好，像格林太太那样，充分地利用现有的资源。如果你能这样做的话，那么，成功与卓越就离你不远了。

看起来，这里说的与忠诚无关，但谁可以说一个对自己的工作满怀热情，热忱地为企业服务的员工不忠诚呢？要知道，热情是爱岗敬业的前提，对工作热情的人，才可能保持长久的忠诚。

用忠诚获得成功

北京有一家服装公司的一个采购员到广东订购一批价值 35 万元的面料。当他把样品带回北京后。发现面料有拉丝的现象。没有达到质量的要求，他立即要求取消订货。广东这家公司的销售员立刻找到董事长，说明了此事。他说：“我把不好的面料发给他们，我已经向对方道歉了；而且我已经取消了这次订货。”

董事长听说一下损失 35 万元，非常生气，大骂这个销售员太不负责任。董事长说：“你为什么取消了合同？他已经将面料带回去了，这说明责任在他，我们没有责任，损失 35 万，这不是一个小数目。难道这些钱你能偿还吗？况且，应该和我商量一下，这么大的事情，你自己就做主了？”这个销售员被骂得难受极了，但是他认为他没有做错，于是据理力争：“我作为一个人来说，应该能够讲诚信，我们一直在合作中，虽然对方有责任，但是我更有责任，我不能因为自己的失误就无视对方的损失。我虽然没有那么多的钱，但我可以先赔偿 10 万，其余的在我以后的工资中扣除。同时,我觉得作为一个公司也应该讲诚信,这样才能获得客户的认可。”

董事长听完销售员的话,大受感动:“你真是公司的顶梁柱,有你这样的员工,我还害怕损失35万元吗?为商之道在于诚信啊!”结果广东这家服装公司赔了几十万,但是却为此赢得了信誉。如今,广东这家服装公司生意兴隆,财源广进。

在企业内要以诚信为宗旨,面对企业外的客户,我们最需要的也是诚信。

小池在一个小商店做店员,同时,替一家机器公司做推销员。

一次,他推销机器十分顺利,半个月与33位顾客签订了合同。后来,他发现他卖的机器比其他公司出品的同样性能的机器价格贵。这时,他想到自己所签约的客户如果知道了,一定会感到后悔的。

于是,小池立即带着合同和定金,用了三天时间,逐户进行老老实实的说明,请客户废止合同。这种诚实的做法,使客户很受感动。结果,33位顾客之中没有一人废约。同时,他们加深了对小池的信赖和敬佩。客户像小铁片被磁铁吸引了,纷纷前来与他订货。不久,小池就创建了自己的证券公司。

美国华尔街金融巨头摩根的祖父,也是一位诚实守信的榜样。最初他经营很多行业,后来,老摩根投资参加了一家叫“伊特那火灾”的小型保险公司。当时,保险业刚刚起步,不需要投资一分钱,只要在股东名册上签上姓名即可。投资者在期票上署名后,就能收到投保者交纳的手续费。

然而,在一次续约后,发生了一场特大火灾,投资者个个傻了眼,他们将面临这样巨额的赔偿,于是纷纷表示要放弃他们的股份。老摩根并没有这么做,他认为应该讲信用,于是派人去处理赔偿事务。代理人从纽约回来,不仅处理了赔偿,而且取得了很多投保者的信任,带回来了大笔的现款。于是信用可靠的“伊特那火灾”保险公司在纽约名声大振,新的投保金额提高了一倍以上。

老摩根从这次火灾中净赚了15万美元。在那个时代,15万美元可是份巨大的财产,而这些财产的获得应归结于老摩根取得了投保者的信任。

虽然“不诚实”“欺骗”“诡诈”被有些人推崇,近期也会带来一定的利益,但最终的后果是负面的;诚信,可能亏掉的只是一时的金钱,赚下的却是一生的信誉。信誉就是财富,而重信誉的人,往往会在众人的帮助中站起来,不会陷入孤立的绝境。

三国时代的诸葛亮四出祁山时，所率兵马只有10多万。而司马懿却有精兵30万，蜀、魏在祁山对阵，正在紧急时刻，蜀军有1万人因服役期满，需退役回乡。而离去1万人，会大大影响蜀军的战斗力。服役期满的士兵也忧心忡忡，大战在即，回乡的愿望恐怕要成为泡影。这时，将士们共同向诸葛亮建议：延期服役一个月，待大战结束后，再让老兵们还乡。

诸葛亮果断地说：治国治军必须以信为本。老兵们归心似箭。家中父母妻儿望眼欲穿。我怎能因一时之需要而失信于人呢？说完，诸葛亮下令让服役期满的老兵速速返乡。

诸葛亮的命令一下，老兵们几乎不相信自己的耳朵，随后，一个个热泪盈眶，激动不已，决定不走了。"丞相待我们恩重如山，如今正是用人之际，我们要奋勇杀敌，报答丞相！"老兵们的激情对在役的士兵是莫大的鼓励。蜀军上下群情激奋、士气高昂，在形势不利的情况下击败了魏军。

美国著名的百万富翁、慈善家安德鲁·卡耐基曾经说过：世界上很少有伟大的企业，如果有，那就一定是建立在最严格的诚信标准之上的。

20年前，弗朗西斯开了一家小小的印刷厂。今天。弗朗西斯已经非常富有，并且有一个美满的家庭，还拥有一家很大的印刷公司，他在同行之间很受尊敬，最重要的一点是他恪守诚信。

一个星期六下午，他跟朋友一起去钓鱼，当友人问起他的成功之道时，弗朗西斯很谦虚地说：

"我生长在一个很保守的家庭，每个礼拜天全家都要去做礼拜，然后回家吃饭，听父亲为我们解说《圣经》上的故事。

父亲很通俗地为我们讲解牧师所说的每一个道理，用很多生活上的实例来说明为什么偷窃和说谎是不道德的，从父亲的谈话中，可以得知父亲非常强调守信用的重要性。言行要一致，是父亲最常说的话。

我上大学时家境不好，所以我就到一家印刷厂去打杂，从清扫房间到送货，什么事都干过。6年的大学生活。我都是在半工半读的情况下度过的。毕业时，我决定开一家印刷厂，当时我身边的2000美元足够我开业。虽然我的厂子是在很偏僻的郊外，但是从创业初期，我就一直遵循父亲所给予我的教诲。我将父亲的话应用到实际生活上，对每位顾客都坚守信用——这是忠诚于他们的最根本的方式。

如果成品不够精细，我就免费重做一遭（直至今日，弗朗西斯还信守这个原则）。此外，我交货也很准时。即使有时连续两三天没睡，我还是信守承诺。就这样，我开始赚钱了，并在3年后拓展了我的事业，使我有能力购置更大的厂房和复杂的设备。但就在这时，我遇到了考验：有一个周末，一场大火把我的厂子燃烧殆尽。保险公司只负责一半的损失，此时我负债累累。我的律师、会计师和主办都劝我宣告破产。但是我没有这样做，因为我要勇敢地面对我的问题。那时实在是不容易，但是我还是偿清了所欠的债务，并且重新开始。由于我的信守承诺，赢得了所有债权人和厂商的信赖。

他们简直不敢相信，我真的偿还了所有的债务。从那次火灾以后，我的事业一帆风顺。过去的5年间，我的业务增长率高达25%～35%。言归正传，你问我的成功之道是什么，我的回答是：信守承诺。如果没有父亲昔日的教诲，我是不会有今天的。"

香港著名实业家李嘉诚先生也曾经就自己多年经营长江实业的经验总结道："做事先做人，一个人无论成就多大的事业，人品永远是第一位的，而人品的重要要素就是诚信。"因为诚信是一种"长期投资"。唯有长期遵守诚信的原则，才能建立和维护你的信誉、品牌和忠诚度，也才有可能得到可持续的成功。

在美国，企业非常注重培养员工的"职业道德"。例如，微软在雇用员工的时候，列在第一位的考察标准就是职业道德（professionalism）。与智能水平和经验等因素相比，微软认为职业道德是最为重要的。"只有雇用到值得信任的员工，我们才会给予其充分的自由度。"微软在解释职业道德时，用了这样三个词，诚实（honest）、正直（integrity）、值得信赖（trustworthiness）。将这三个单词的意思整合起来，正是"诚实正直、信守承诺"，也就是我们所谓的"诚信"。

从前，有一个贤明的老国王，他没有子嗣，眼看王位无人可继。他便昭告天下："我要亲自在国内挑选一名孩子做我的义子。"

他拿出许多花的种子，分发给每个孩子，并说："谁用这种子培养出最美丽的花朵，那孩子就是我的继承人。"

所有的孩子都在大人的帮助下，播种、浇水、施肥、松土，照顾得十分细心。其中，有一个叫雄日的男孩，他整天用心培育花种。但是，10天过去了，半个月过去了……花盆里的种子并没有发芽。雄日很纳闷儿，就去问母亲。他母亲说："你把花盆里的土壤换一换，看看行不行？"雄日换了新的土壤，又播下了种子，但仍不见发芽。

国王规定献花的日子到了，其他孩子都捧着盛开鲜花的花盆涌上街头，等待国王的奖赏。只有雄日站在店铺的旁边，双手捧着没有花的花盆，站在一旁流泪。

国王见了，便把他叫到面前，问道："你为什么端着空花盆呢?"雄日诚实地将他如何用心培育，而种子却不发芽的经过告诉了国王。

国王听完拉着雄日的双手说："你就是我忠实的儿子。因为我发给大家的种子都是煮熟了的，根本就发不了芽，开不了花。"

因为诚实，雄日成了国王的继承人。

被人信任的第一要素是诚实。诚实是树木的根，没有根，树木也就没有了生命。

任何一个公司，任何一个老板，都无法容忍不诚实的员工。一旦发现员工不诚实、不正直，他们都会被扫地出门。

诚实是做人之本，是为人处世的最高品格，也是忠诚的重要体现。诚信的重要，就像做正确的事一样。诚实能使人了解你、接纳你、帮助你、支持你，使你的事业获得成功，使你受到人们的尊重和敬仰。

事实上，诚信不仅为企业带来财富和成功，诚信本身就是一笔具有重大价值的宝贵财富。对于真正理解诚信的价值的企业和个人而言，诚信价值观必然会成为他们坚守忠诚的重要保障。

人格至高无上

很多年前，有一位学大提琴的年轻人去向最伟大的大提琴家卡萨尔斯讨教：我怎样才能成为一名优秀的大提琴家?

卡萨尔斯面对雄心勃勃的年轻人，意味深长地回答：先成为优秀而大写的人，然后成为一名优秀和大写的音乐人，再然后就会成为一名优秀的大提琴家。

一个大学教授在上课的时候，他拿出一个玻璃瓶子，把石头装在瓶子里，当不能再装石头的时候，他就问他的学生："满了吗?"而学生几乎异口同声地说："满了。"然后，他又把沙子放在瓶子里，当不能再放沙子的时候，他又问："满了吗?"这次学生就说："还没有。"教授笑了笑，说："对!"接着又把水灌进瓶子里，然后就问："今天，你们从这个实验想到了什么?"有一位学生说："我知道了，无论一个人的时间是多么紧张,他都有空儿去学其他知识。”而另一位学生说:“无论你的知识多么丰富,你都能容下别人的建议。”而教授笑了笑说:“你们说的只是它的一部分意思而已。大家想一想,如果我刚才先放沙子,再放石头,那么,石头还能全部装下去吗?先放石头,还是先放沙子,其中包含了我们人生一个很重要的道理。那么,什么才是人生这块石头呢?”

“地位。”一位学生说。

“学历。”另一位学生说。学生们纷纷发表自己的意见。而教授说:“人格,人格就是这块石头,人格才是人生最高的学位。无论在什么时候,我们都要把别人放在第一位,先人后己,这是我们中华民族的一项美德,也是全世界人民所要继承和发扬的。”

史蒂芬·P.柯维博士,他曾被美国《时代》杂志誉为“人类潜能的导师”,并入选全美25位最有影响力的人物之一。他在《高效能人士的七个习惯》一书开篇就写道:

我潜心研究自1776年以来美国所有讨论成功因素的文献,我阅读或浏览过的论著不下数百。主题遍及自我完善、大众心理学以及自我帮助等,对于爱好自由民主的美国人民所公认的种种成功之论,已算得上了如指掌。

从这200年来的作品中,我注意到一个令人诧异的趋势:那就是过去50年来讨论成功的著作都很肤浅,谈的都是如何运用社会形象的技巧与如何成功的捷径,但往往是头痛医头、脚痛医脚的特效药,治标而不治本。

比较而言,前150年的作品则有很大不同。这些早期论著强调‘品德’为成功之本,诸如像正直、谦虚、诚信、勤勉、朴实、耐心、勇气、公正和一些称得上是金科玉律的品德。富兰克林的自传就是这个时期的代表作,内容主要描述一个人如何努力进行品德修养。

品德成功论强调,圆满的生活与基本品德是不可分的,唯有修养自己具备品德,才能享受真正的成功与恒久的快乐。

完善的人格魅力,其基本点就是忠诚守信,而忠诚对人,恪守信义亦是赢得人心、产生吸引力的必要前提。对人忠诚一点、守信一点,能更多地获得他人的信赖、理解,能得到更多的支持、合作。

1836年,林肯通过考试当上了律师,当律师以后,由于他精通法律,口才很好,在当地很有声望,很多人都来找他帮忙打官司,但是,他为当事人辩护有一个条件,就是当事人必须是正义的一方。许多穷人没有钱付给他劳务费,但是只要告诉林肯:“我是正义的,请你帮我讨回公道。”林肯就会免费为他辩护。

一次,一个很有钱的人请林肯为他辩护。林肯听了那个客户的陈述,发现那个人是在诬陷好人,于是就说:“很抱歉,我不能替您辩护,因为您的行为是非正义的。”那个人说:“林肯先生,我就是想请您帮我打这场不正义的官司,只要我胜诉,您要多少酬劳都可以。”林肯严肃地说:“只要使用一点点法庭辩护的技巧,您的案子很容易胜诉,但是案子本身是不公平的:假如我接了您的案子,当我站在法官面前讲话的时候,我会对自己说‘林肯,你在撒谎’。谎话只有在丢掉良心的时候,才能大声地说出口,我不能丢掉良心,也不可能讲出谎话。所以,请您另请高明,我没有能力为您效劳。”那个人听了,什么也没说,默默地离开了林肯的办公室。

也许,偶尔撒个谎原本是毫无恶意的,但久而久之会成为一种习惯,成为理所当然的事情。可怕的是,小谎言需要大谎言来掩饰,然后,谎言就会愈扯愈大。永远都别尝试去背离忠诚和信义,也别窃占任何不属于自己的东西。只有这样,你才能高枕无忧。

忠诚和信义是没有等级、不分程度的,忠与信就是绝对的忠与信,信守它们不是为交换报酬而来的,忠诚和信义本身就是奖励,它是人类行为最具有成效的一种;忠信的人从不担心向谁撒了什么谎,无须忧虑谎言会被揭穿,所以,他们可以集中心力,做一些更有意义的事情。

何霆翱先生指出,“品格”在英语中的定义是:“一个人生命过程中建立的稳定和特殊的品质,使他无论在什么环境中都有同样的反应。”好品格源自一个人的内心深处。它不受地位、财富、环境等的限制。“没有关系,大家都是这样的”,这就是道德败坏对我们的试探,而想拥有良好品格的人必须战胜这些试探。

一次,一名在德国留学的中国学生回国应聘一家德国的公司,他因为是从德国回国的,德国管理者自然感觉很亲切。于是,就详细地调查了他在德国的一切。毕业时成绩优异,便决定留在德国。他四处求职,拜访过很多家大公司,全都被拒绝,因此,他很是伤心、恼火。不得已回国求职。

让这个留学生没有想到的是:这个德国人同样拒绝了他。留学生忍无可忍,终于拍案而起:“你们这些德国人,种族歧视竟然搞到我的国家来了,我要驱逐你出境……”德国人不慌不忙地,但是却低声告诉他:“先生,请不要大声说话,我们去另外的房间谈谈好吗?”

他们走进无人的房间，德国人请愤怒的留学生坐下，为他送上一杯水，然而从档案袋里抽出一张纸，放在他面前。留学生拿起看了看，是一份记录，记录他在德国乘坐公共汽车曾逃票两次。他很惊讶，也更加气愤：原来就是因为这么点儿鸡毛蒜皮的事，小题大做！德国人仍然一本正经："据统计，逃1万次票才可能被抓住3次。"在作风严谨的德国人看来，这位高才生大概是永远不可饶恕的。

信守承诺才能赢得人心

信守承诺，这样才能得到和赢得人心，踏上事业的第一步台阶。

美国IBM公司发展迅速，正是靠公司服务人员在产品的售后服务中，具有高度的责任心，持之以恒地辛勤工作以及他们信守诺言的作风。

一天，菲尼克斯城的一个用户急需重建多功能数据的计算机配件。公司得知后，立刻派一位女职员送去。谁知，途中遇倾盆大雨，河水猛涨，封闭了沿途的14座桥，交通阻塞，汽车已无法行驶。按常理，遇到这种特殊情况，女职员完全有充分的理由返回，但她并没有被饥饿和中途的艰险吓倒，仍勇往直前，巧妙地利用原来存放在汽车里的一双旱冰鞋，滑向目的地，平时只有二十几分钟的汽车路程，却变成了4个小时的跋涉。女职员到达用户所在地后，不顾旅途的疲劳，及时解决了用户的问题。

IBM公司正是以工作人员认真负责的工作态度和感人的行动，赢得了广大用户的赞誉。其计算机产品成了用户争相购买的俏货，很快，这个公司的用户就遍布世界。

秦朝末年，楚国有一个叫季布的人，他个性耿直，而且非常讲信用，只要他答应的事，就一定会努力做到，因此，他受到许多人的称赞，大家都很尊敬他。

他曾经在项羽的军中当过将领，并率兵多次打败刘邦，所以，当刘邦建立汉朝，当上皇帝的时候，便下令捉拿季布，并且宣布：凡是抓到季布的人，赐黄金千两，藏匿他的人则遭到灭门的惩罚。可是，季布为人正直且行侠仗义，所以，大家都想保护他。起初，季布躲在好友的家中。过了一段时间，捉拿他的风声更紧了，他的朋友就把他的头发剃光，化装成奴隶，和几十个家童一起卖给了鲁国的朱家当劳工。

朱家主人很欣赏季布，于是，专程去洛阳请刘邦的好朋友汝阴侯滕公向刘邦说情，希望能撤销追杀季布的通缉令，后来，刘邦果真赦免了季布，而且还给了他一个官职。在当时，人们流传着这样一句话，“得黄金百，不如得季布一诺”，足以显示季布在人们心中的位置。

遵守承诺是一个人诚信的标准之一，违背承诺就失去了诚信，也就失去了做人的根本。所以古人说：“轻诺者必寡信，与其寡信，不若不诺。”

春秋时期，晋献公听信谗言，杀了太子申生，又派人捉拿申生的弟弟重耳。重耳闻讯，逃出了晋国，在外流亡十几年。经过千辛万苦，重耳来到楚国。楚成王认为重耳日后必有大作为，就以国君之礼相迎，待他如上宾。

一天，楚王设宴招待重耳，两人饮酒叙话，气氛十分融洽。忽然，楚王问重耳：“你若有一天回晋国当上国君，该怎么报答我呢?”重耳略加思索后，说：“美女侍从、珍宝丝绸，大王您多得是；珍禽羽毛、象牙兽皮，更是楚地的盛产。晋国哪有什么珍奇物品献给大王呢?”楚王说：“公子过谦了，话虽然这么说，可总该对我有所表示吧!”重耳笑笑回答道：“要是托您的福，果真能回国当政的话，我愿与贵国友好。假如有一天，晋楚国之间发生战争，我一定命令军队先退避三舍(一舍等于三十里)，如果还不能得到您的原谅，我再与您交战。”四年后，重耳真的回到晋国当了国君，就是历史上有名的晋文公。此后，晋国在他的治理下日益强大。

公元前633年，楚国和晋国的军队在作战时相遇，晋文公为了实现他许下的诺言，下令军队后退九十里，驻扎在城濮。楚军见晋军后退，以为对方害怕了，马上追击。晋军利用楚军骄傲轻敌的弱点，集中兵力，大破楚军，取得了城濮之战的胜利。

遵守承诺为君子，诚信待人显人品。一个信守自己承诺的人，是一个有人格魅力的人；而一个视承诺为儿戏的人，自然不会得到别人的信赖。

曾有一位知名的成功人士，他从小居住在一个小城镇，他的父亲开了一个饭店。有一次，某建筑公司经理出差经过此地，他乘坐的小汽车发生故障，抛锚在路边饭店门前。时值中午，他的爸爸热情招呼，这些人于是一边点菜吃饭，一边在他爸爸的帮助下忙着找人修车。可找遍附近所有维修点，都说这位经理的车是原装进口车，缺少配件，修不了。无奈之下，他们只好把车托付他的爸爸照看，租车回去购买配件。他爸爸告诉他：这位经理将这车托付给他照看，他就应该将车照看好，做人应该信守承诺。他将爸爸的这些话深深地印在脑子里，不但自己不靠近车，还守在车的旁边，也不让那些淘气的小孩子靠近车。一直在旁边静静地守候着，等待建筑公司经理回来。

也许是那个经理很不放心将这么贵重的车放在这里，第二天，那些人就风尘仆仆地赶回来了。当那个经理看到这个守在车边的小孩子护卫着车。不让那些孩子靠近时，大为感动，就要给他看车费。他爸爸连连摆手：“咱这又不是看车的，收什么看车费！谁出门不遇上个难事，你在我这里吃饭，是我的顾客，我帮你看车是应该的，再说了，我已经允诺给你看车，我就会将车保护好，否则我就是失信，你再给我看车费不是小看我了吗?”那个经理感激得不得了。后来，这个经理就决定在他们家乡那里投资1500万元做项目。他的家乡一下子变成一个富裕的城镇。

也许我们都听说过“高山流水”的故事，钟子期和俞伯牙这对旷世难遇的知音，曾约定了见面的时间，但不幸的是，钟子期没能等到俞伯牙就去世了。在他去世之前，他仍然嘱咐自己的父母将自己埋葬在离家二十多里的汉江江口，在他们最初相遇的地方迎接他的知音。他死了也要守约的故事让百姓流传千年。值得一提的是，俞伯牙为了去践约，付出了不做官的代价。在他们的眼里，承诺重于一切，人若不守信用，失去的才是最多的。

孔子说：“言而无信，不知其可也。”言而有信，是做人的最基本的道德要求，对于忠诚的员工，我们一再强调信守承诺的重要。

惠普公司所大力弘扬的“惠普之道”包括：信任员工；提供最高质量的产品和服务；对客户需求富有激情；彼此信任和遵守职业道德；重视团队合作；创建丰富而融洽的组织。

微软公司的核心价值观是：诚实和守信；公开交流，尊重他人，与他人共同进步；勇于面对重大挑战；对客户、合作伙伴和技术充满激情；信守对客户、投资人、合作伙伴和雇员的承诺，对结果负责；善于自我批评和自我改进、永不自满等。

Coogle公司的核心价值观是坚决不做邪恶的事情，无论有多大的商机；专注解决用户问题，赚钱和其他问题以后再说；坚决以网络群体利益为重，无论自身利益如何；坚持“最好还不足够好”的标准，永远提升自己，寻找更好的解决方案。

在现代商业运营中，有人说“无商不奸”，其实，“奸商”的行径是遭人唾弃的，只有诚实守信才能取得真正意义上的成功。

1968 年，日本麦当劳社社长藤田接受了美国油料公司订制餐具刀叉 300 万个的合同，交货日期为同年 8 月 1 日，交货地点在美国的芝加哥。

藤田组织了几家工厂生产这批刀叉，但这些工厂一再误工，到 7 月 27 日才完工。但从东京海运到美国芝加哥，因为路途遥远，8 月 1 日肯定交不了货，到时必然误期；若空运，就会损失一大笔利润。

这时，藤田面对的一边是损失的利润，一边是看不见摸不着的信用。思量再三，藤田毅然租用航空公司的波音 707 货运机空运，花费了 30 万美元的空运费，将货物及时运到。这次藤田的损失很大，但赢得了美国油料公司的信任。

在以后的几年里，美国油料公司不断向日本麦当劳社订制大量的餐具，藤田也因此得到了丰厚的回报。这就是恪守信用带来的财富。

为人处世，信守诺言是非常重要的，那些受欢迎的人，常用各种不同的方式把他们的特点展现在人们面前，其中最显著的特点便是具有任何时候都守信、遵约的美德。

清代顾炎武曾赋诗言志：“生来一诺比黄金，哪肯风尘负此心。”坚守信用的处世态度和内在品格，这样做人才踏踏实实。

诚信是一个人的做人之本。我们应该将诚信贯串在自己的所有行为中。用诚信要求自己，让诚信成为自己的习惯。当这种习惯形成的时候，也就是人格魅力增加的时候，也就是我们的无形资产增多的时候。

诚实是金

小李和朋友阿光前往一家外资公司应聘。那家公司待遇优厚，参与应聘的人不少。面试结束后，主试者说还要试用一下，叫他们 5 天后再来公司。

5 天后，他们早早地到了公司。公司老总亲自为他们安排了当天的工作——给他们每人一大捆宣传单，让他们到指定的街道各自发放。

小李抱着传单，来到了划定的地盘，见人就发一张。有的人接，有的人理都不理，有的接过去就随手扔在地上，他只好捡起来重发。忙碌了一整天，可手上的传单还剩厚厚的一叠。

下午5点，小李拖着满身的疲惫回公司交差。走进公司办公室，看见其他人都已经回来了。阿光一看到他就说，你怎么还留那么多传单在手中？小李一看大家手上都是空的，心里慌了。

老总问小李发了多少，他涨红着脸，把剩下的传单交给了他，难为情地说："我干得不好，请原谅！"在回住地的路上，阿光一个劲儿地怨他憨、骂他傻，并告诉小李自己的传单也没发完，剩下的全都扔进了垃圾桶，其他人想必也是如此。小李这才恍然大悟。

结果却大出意料。在那次招聘中，小李成了唯一的被录用者，让人感到很纳闷儿。

半年后，小李因为业绩突出升任部门经理。在庆典的晚宴上，他询问老总当初为何选择了他。老总说："一个人一天能发放多少传单，我们早就测试过。那天我给你们的传单，用一天时间肯定是发不完的。但其他人都发完了，只有你没有，答案就这么简单！"

小李感慨地对人说："那一次求职经历令我始终不能忘记，它让我明白了一个受用一生的道理：诚实是金，别人对你的信任，首先来自你对别人的诚实。"

在许许多多成就大事的人物当中，诚实守信总是和他们成功的事业交错在一起。要取得成功就必须要得到他人的支持，而要得到他人的支持首先要得到他人的信任，而信任必然来自你自己是否"诚实守信"。诚实是做大事的前提，是你最终获得成功的立业之基。

反过来，从个人择业求职的角度讲，优秀的、诚信的人会选择把自己的才华和汗水贡献给拥有诚信价值观的公司，因为一个正直的人在充满欺骗和撒谎的公司环境中是难以生存的。

老锁匠一生修锁无数，技艺高超，收费合理，深受人们敬重。更主要的是，老锁匠为人正直，每修一把锁他都告诉别人他的姓名和地址，说："如果你家发生了盗窃，只要是用钥匙打开家门的，你就来找我！"

老锁匠老了，为了不让他的技艺失传，人们帮他物色徒弟。最后，老锁匠挑中了两个年轻人，准备将一身技艺传给他们。

一段时间以后，两个年轻人都学会了不少技术，但两个人当中只能有一个得到真传，老锁匠决定对他们进行一次考试。

老锁匠准备了两个保险柜，分别放在两个房间，让两个徒弟去打开，谁花的时间短，谁就是胜者。

结果大徒弟不到10分钟就打开了保险柜，而二徒弟却用了半个小时，众人都以为大徒弟必胜无疑。

老锁匠问大徒弟："保险柜里有什么？"大徒弟眼中放出了光亮："师傅，里面有很多钱，全是百元大钞。"问二徒弟同样的问题，二徒弟支吾了半天说："师傅，我没看里面有什么，您只让我打开锁，我就打开了锁。"

老锁匠十分高兴，郑重宣布二徒弟为他的正式接班人。大徒弟不服，众人不解。

老锁匠微微一笑说："不管干什么行业都要讲一个'信'字，尤其是我们这一行，要有更高的职业道德。我收徒弟是要把他培养成一个高超的锁匠，他必须做到心中只有锁而无其他，对钱财视而不见，否则，心有私念，稍有贪心，登门入室或打开保险柜取钱易如反掌，最终只能害人害己。我们修锁的人，每个人心上都要有一把不能打开的锁。"

不论在生活上还是工作上，一个人的信用越好，就越能成功地打开局面。

英国一个名叫哈尔顿的作家为了编写《英国科学家的性格和修养》而采访了达尔文。达尔文的坦率是尽人皆知的，为此，哈尔顿不客气地直接问达尔文：

"您的主要缺点是什么？"达尔文答："不懂数学和新的语言，缺乏理解力，不擅长合乎逻辑的思维。"哈尔顿又问："您的治学态度是什么？"达尔文又答："很用功，但没有掌握学习方法。"听过这些话的人无不为达尔文的真诚与坦率而鼓掌。

小蒙是一家桶装水公司的销售员。一日，一位老妇前来咨询桶装水的水价和开户办理手续，说要多走几家看看。小蒙告诉她水价和开户方法，并拿了一张电话卡给她，让她考虑清楚后直接打电话来，他们就可以把水送到家里，并上门办理手续。

没过几天，老妇又来了，一进门就笑眯眯地说："还是来你们家开户，走了几家，只有你不吹牛，实实在在地做生意。"小蒙一问才知道，原来老妇曾去过一家矿泉水公司，对方告诉她，他们的水如何好，价格又便宜，而且还能治病。老妇对那个销售员的这番鼓动很反感，她气愤地说："如果水能治病那我们都不需要医院了。"

"要实实在在地做生意！"老妇的一句话充分肯定了小蒙的做法：老老实实

做人，实实在在做事。

人无信不立，良好的信誉能给自己的生活和事业带来意想不到的好处。诚实、守信是形成强大亲和力的基础——诚实守信会使人产生与你交往的愿望，在某种程度上，会消除不利因素带来的障碍，使困境变为坦途。

山东潍坊御华包装公司的员工始终不渝地坚持诚信原则，甚至让他们的客户震惊。一次，御华公司印制完一个大客户的产品后发现了错误，但这个错误责任在客户身上，因为他们早已在样品上签字认可了。当他们通报客户后，客户不以为然，认为这个错误终端消费者几乎不会投诉，不需要重印。经过讨论，公司的经理层在没有告知梁总的情况下，自觉决定重新给客户印制，而且所有费用自己承担。当好产品送到客户手中后，客户大为惊讶，问："你们还是不是一个企业，你们赚不赚钱呢？"客户的老板后来带着感激和敬佩之情亲自来到御华包装公司考察，而且带来了数量更加巨大的订单。

一个诚实正直的员工，他会完全站在公司的角度无私考虑问题，他们的一切行为都是为了一个公司的前途发展，而不是为自己的一点私利，而事实上，公司的利益与员工自身的利益并不冲突。

伊莉莎白是一家大型公司的资深人事主管，在谈到员工录用与晋升方面的尺度时，她说："我不知道别的公司在录用及晋升方面的标准是什么，我只能说，我们公司很注重应征者对金钱的态度。一旦你在金钱上有了不良的记录，我们公司就不会雇用你。很多公司也跟我们一样，很注重一个人的品行，并且以此作为晋升任用的标准。如果品行有污点，即使应聘者工作经验丰富、条件优越，我们也不会聘用的。"这样做的理由有四点：

第一，我们认为一个人除了对家庭要有责任感外，对雇主守信是最重要的。你在金钱上毁约背信，就表示你在人格上有缺陷。

第二，如果一个人在金钱上不守诺言，他对任何事都不会守信用。

第三，一个没有诚意信守诺言的人，他在工作岗位上必定也会玩忽职守。

第四，一个连本身的财务问题都无法解决的人，我们是不任用的。因为频繁的财务困难容易导致一个人去偷窃和挪用公款，在金钱方面有不良记录的人，犯罪率是普通人的10倍。当我们支出金钱时，要诚实守信，这一点也同样适用于我们为人处世。

利益最大化是所有公司的追求目标。公司要求员工诚信，不只是为了追求道德上的完美，更是为了满足自身利益的最大化。因为一个成功的公司总希望雇用最好的人，并且完全信任他们，让他们把握公司未来的方向。在这样的企业里，公司会放权给员工，让他们最大限度地发挥自己的才能，帮助公司获利。也就是说，一个优秀的公司一定会把自己的“钥匙”交给每一个员工（例如在微软，公司内的员工可以看到许多源代码，接触到很多技术或商业方面的机密），也正因为得到了公司的信任，员工才有更强的责任心和更高的工作热情。

阿瑟·项伯拉托里是一家大型航运公司的董事长，他10岁的那年夏天，正值经济大萧条的1935年，他跟着一辆密封式运货小卡车，每天向100多家商店送特制食品。在炎热的天气里，干几个小时的报酬只是一块腊肉三明治，一瓶饮料和50美分的现金，但由于这是他的第一份工作，所以他认为辛苦一些也是正常的。

在不送货的日子里，他便到一家偏僻的糖果店干活。一次扫地时，他看见桌子下面有15美分硬币，便捡起来交给店主。店主拍拍他的肩膀说，他是有意将钱扔在那儿，要试试他是否诚实。阿瑟·项伯拉托里在整个经济大萧条阶段都为这位老板干活，他决不会忘记，是诚实让他保住了当时非常难找的那份工作，也正是诚实成为他后来创办事业且兴旺发达的关键。

微软公司前副总裁李开复曾面试过一位求职者，这个人在技术、管理方面都相当出色，但是，在谈论之余，他表示如果李开复录用他，他甚至可以把在原来公司工作时的一项发明带过来。随后，他似乎觉察到这样说有些不妥，特别声明：那些工作是他在下班之后做的，他的老板并不知道。这一番谈话之后，李开复就再也不肯录用他。

事后，李开复说：“不论他的能力和工作水平怎样，我都不会录用他，这种人缺乏最起码的职业道德。如果雇用这种不讲信用的人，谁能保证他不会在这里工作一段时间后，把在这里的成果也当作所谓‘业余之作’而变成向其他公司讨好的‘贡品’呢？”

1933年的美国，经济危机在蔓延的时候，哈理逊纺织公司因一场大火几乎化为灰烬。公司里的3000名员工绝望地等待董事长宣布破产和失业风暴的来临，但是，同样经受这场灭顶之灾打击的董事长亚伦·傅斯却告诉员工，他仍然暂时支付员工的薪水，直到员工们找到工作。不久，员工们收到董事会支付的一个月薪水。正是全国经济萧条的时候，找不到工作的员工遇到这种事，真是欣喜万分。一个月后，员工们又收到了董事会支付的一个月薪水。在这样的情况下，受到这种待遇的员工们无不对董事长亚伦·傅斯肃然起敬。于是他们倡议：全国经济萧条，找工作很难，不如我们齐心合力振兴自己的公司，所有的员工盟誓：以振兴公司为己任。第二天，员工们纷纷涌向公司，自发地清理废墟、擦洗机器，还有一些人主动去南方一些州，联络被中断的货源。终于，在三个月后，哈理逊公司又奇迹般地运转了起来。

哈理逊纺织公司之所以能够起死回生，靠的是董事长的诚信，员工的诚信。正因为亚伦·傅斯的诚信，才推动大家齐心协力重新来建设这个公司。现在，哈理逊公司已成为美国最大的纺织公司，分公司遍布在五大洲60多个国家。因此，诚人而已信，对人诚恳，别人会来信任你。

由于董事长所倡导的诚信理念深入人心，公司员工诚信办事的自觉性大大增强，也深深地融入工作之中。诚信是支撑他们的信念，是他们克服困难的动力。在哈理逊纺织公司，这些员工自觉树立信用理念，在经营活动中恪守诚实守信，认真操作每一项业务，严格履行每一份合同，树立了良好的公司形象。

信誉是无价的财富

有一对夫妻，下岗后开了家烧酒店，自己烧酒自己卖，也算有条活路。

丈夫是个老实人，为人真诚、热情，烧制的酒也好，人称“小茅台”。有道是“酒香不怕巷子深”，一传十、十传百，酒店生意兴隆，常常是供不应求。

看到生意如此之好，夫妻俩便决定把挣来的钱投进去，再添置一台烧酒设备，扩大生产规模，增加酒的产量。这样，一可满足顾客需求；二可增加收入，早日致富。

这天，丈夫外出购买设备，临行之前，把酒店的事都交给了妻子，叮嘱妻子一定要善待每一位顾客，诚实经营，不要与顾客发生争吵……

一个月以后，丈夫外出归来。妻子一见丈夫，便按捺不住内心的激动，神秘兮兮地说：“这几天，我可知道了做生意的秘诀，像你那样永远发不了财。”丈夫一脸愕然，不解地说：“做生意靠的是信誉，咱家烧的酒好，卖的量足、价钱合理，所以大伙才愿意买咱家的酒，除此还能有什么秘诀。”

妻子听后，用手指着丈夫的头，自作聪明地说：“你这榆木脑袋，现在谁还像你这样做生意。你知道吗？这几天我赚的钱比过去一个月挣的还多，秘诀就是，我给酒里兑了水。”

丈夫一听，肺都要气炸了，他没想到，妻子竟然会往酒里兑水。他给了妻子重重一记耳光。他知道妻子这种坑害顾客的行为，将他们苦心经营的酒店牌子砸了。

从那以后，尽管丈夫想了许多办法，竭力挽回妻子给酒店信誉所带来的损害，可“酒里兑水”这件事还是被顾客发现了。酒店的生意日渐冷清，后来就不得不关门停业了。

其实，做生意也是经营人生。给酒兑水，表面上看是坏了产品，影响的是生意，但折射出的实质是低劣的人品——弄虚作假、不诚实，失去了人们的信任，失去了酒店的信誉，也就自己砸了牌子。

富兰克林在《对一个年轻商人的忠告》信中说过两句至理名言：“时间就是金钱”“信誉也是金钱”。如今熟知前一句的人不少，对后一句有人则不以为然。其实，在人与人之间的交往和共处过程中，规定和秩序往往是靠守信来坚守的。守信更是市场经济的必要条件和内在要求，市场经济从某种意义上说也是契约经济。在市场经济的运转链条中，无论是生产、交换，还是分配、消费，哪一个环节都离不开信用。

有一个年轻人，大学毕业之后和几个同学开办了一家电脑耗材公司。经过两年多的拼打，他成为一个拥有 80 余万元资产的小老板，有了一定的事业基础。

可是天有不测风云，就在他事业蒸蒸日上的时候，一个皮包公司利用一份假合同骗走他们公司很大一笔钱。由于资金周转困难，他们的公司在坚持了不到半年之后，便被迫宣布破产了。当他和那几个合伙人商量以后的出路时，他们纷纷表示要到外地发展，离开这个让他们伤心的地方，但是，他却选择留下来，为此，他要承担公司 30 万元的债务。

尽管在这个艰难时刻，那些债权人并没有找上门来逼债，但是几天后，十几位债权人都惊讶地接到他打来的电话，他诚恳地表示：在半个月之内，会把所有的债务偿清。

然后，他毅然决定将自己一处位于黄金地段且极具升值潜力的房产低价卖了出去。果然，在不到半个月的时间里，他偿清了 30 万元的债务。他讲究信用、一言九鼎的行动，深深打动了那些债权人，他们都把他视为真诚可交的朋友。在那一段阴霾的日子里，他几乎每天都能接到那些朋友给他打来的电话，有找他吃饭散心的，也有人给他介绍一些生意朋友，并为他以后的创业出谋划策。

第二年，国内一家有名的企业管理软件公司的主管人，听到他卖房还债的事情后，非常感动，找到他，要求他代理自己的产品，但前提是需要 60 万元的启动资金，而在当时，他全部财产加起来还不到 8 万元。

当他那些朋友得知此消息之后，在不到两天的时间里，竟凑齐了 70 万元，全力支援他。很快，他的事业开始有了转机，并一步步获得了成功。他始终坚持诚信的原则，为公司带来了更大的收益。

为什么诚信有这么大的魅力呢？因为诚信能使商品和公司人格化，征服人心。一个公司或一个信得过的商品长久让消费者“质量放心”“斤两不缺”“童叟无欺”等，就会慢慢使这个公司或商品树立起良好形象，甚至会使之人格化，当成偶像。海尔形象、麦当劳大叔形象、万宝路牛仔形象等都是靠诚信和品牌树立起来的。产品质量是一种“死”物，而诚信是一种活的有灵魂、有文化的“神”物，有诚信的公司就会使效益裂变式增长，为此，精明的商人信奉“利润诚可贵，诚信价更高”这样的经商之道。

最著名的交易网站 eBay 在网络商务领域取得了惊人的成功。作为最大的 B2B 网上交易社区，eBaY 从成立到销售额超过 5 亿美元，只用了 5 年时间。接下来，eBay 又以销售额每年增加 5 亿美元的速度增长，并在创业的第八个年头突破了 20 亿美元。

eBay 的成功在很大程度上依赖于它的电子信誉制度，eBay 要求每一个买家对卖家做一个信誉评分，每一个卖家也对买家做出信誉评分。eBay 上的每一个卖家都特别重视自己的信誉，如果其他人对他的评价不好，例如有 2%以上的买家不满意，就会影响他未来的生意。如果不满意率达到 5%以上，就不会有什么人愿意和他做生意了。

eBay 的首席执行官梅格·惠特曼认为，网上购物公司的成功，最基本的原因是：交换和买卖商品的人必须坚持诚信的原则，他们往往在交易完成后仍然在网上交流心得体会，形成了一个强大的、相互监督的信誉网。eBay 的所有战略都围绕这一点展开，无论业务扩展到多大，都始终强调对用户的诚信，强调用户的参与和交流，并通过制定规则和用户参与，建立起“虚拟社区的诚信体系”。

信誉是珍贵的，但又是易损的。正应了中国的那句古话：从善如登，从恶如崩。获得和维持信誉需要长期不懈的努力，但是毁坏信誉，却只需要犯一次错误。正因如此，很多公司都将诚信视为宝贵的财富，不但将其列在价值观的第一位，同时也付出百分之百的努力去捍卫它。

经济学家赵晓在一篇谈诚信的文章中写道：

"事实上，中国改革走到今天，已经显示出某种尴尬。我们引入了市场经济，并且承认人的自利的合理性与合法性，但是，到现在却出现了'诚信'问题。在市场上，各种各样的坑蒙拐骗无所不在，从毒大米、毒酒、毒辣椒到毒药，从股份公司的做假账到基金黑幕，从私企老板对打工仔、打工妹赖账到部门经理带领部下员工集体'辞职'。为追逐金钱不择手段的原罪已在很大程度上玷污了市场经济的声誉。如果这就是市场经济，那么它绝不是一个好的市场经济，也绝不会是一个结出硕果的市场经济，只能是一个你骗我、我骗你，你害我、我害你的市场经济，其运行效率不可能是很高的。"

美国加州的"克帕尔饮料开发有限公司"需要招聘员工。有一个叫马布里的年轻人到这个公司去面试，他在一间大会议室忐忑不安地等待着。不一会儿，有一个相貌平平、衣着朴素的老者走了进来。那位老者眼睛一眨也不眨盯着马布里看了半天，一把抓住马布里的手："我可找到你了，太感谢你了！上次要不是你，我女儿可能早就没命了。"

马布里丈二和尚摸不着头脑。

"上次，在中央公园里，就是你，就是你把我失足落水的女儿从湖里救上来的！"老人肯定地说道。

马布里这才明白了事情的原委，原来他把马布里错当成他女儿的救命恩人了："先生，您肯定认错人了！不是我救了您女儿！"

"是你，就是你，不会错的！我记得那个年轻人脸上有一颗痣的。"老人又一次肯定地回答。

马布里面对这个感激不已的老人只能做些无谓的解释："先生，我脸上这个位置确实也有一颗痣，但真的不是我！您说的那个公园我至今还没有去过呢！"

听了这句话，老人松开了手，失望地望着马布里："难道我认错人了？"

马布里安慰他："先生，别着急，慢慢找，一定可以找到救您女儿的恩人的！"

后来，马布里在这个公司里开始上班了。有一天，他又遇见了那个老人。马布里与他打招呼，并询问他："您女儿的恩人找到了吗？"

"没有。我一直没找到他！"老人默默地走开了。

马布里心情很沉重，对旁边的一位司机师傅说起了这件事。不料那司机听了哈哈大笑："他可怜吗？他是我们公司的总裁，他女儿落水的故事讲了好多遍了，事实上，他根本没有女儿！"

"噢？"马布里大惑不解。那位司机接着说："我们总裁就是通过这件事来选人才的，他说过'有德之才才是可塑之才！'"

马布里被录用后，兢兢业业，不久就脱颖而出，成为公司市场开发部经理，一年为公司赢得了3500万美元的利润。当总裁退休的时候，马布里继承了总裁的位置，成为美国家喻户晓的财富巨人。后来，他在谈到自己的成功经验时说："一个人一辈子做诚实有德之人，绝对会赢得别人永久的信任！"

本杰明·鲁迪亚德曾说："没有谁必须要成为富人或成为伟人，也没有谁必须要成为一个聪明的人，但是每一个人必须要做一个诚实守信的人，这是为人之道。"

从字面上看，诚信无疑就是诚实和信用的合称。在生活、工作中，人首先要讲诚信，如果你是一个诚信的人，那么会有更多的老板青睐你，会有更多的机遇等着你。无论你现在或将来从事的职业是什么，要有诚信这一点切切不可忘记，你一定要做到诚实守信、恪守职德。

美西战争爆发后，美国军方需要立即跟西班牙的反抗军首领加西亚取得联系。加西亚在古巴的丛林里，没有人知道确切的地点，所以无法带信给他，然而，美国总统必须尽快获得他的合作。

于是，有人向总统建议："有一个叫罗文的人，有办法把信送给加西亚，也只有他才能够做到。"最终，罗文的确不辱使命，把信送给了加西亚。

忠诚来源于信任。信任是资本，也是一种生产力。信任也是金钱所换不到的。在市场经济中，企业内外都需要信任。企业内员工要对公司和老板信任，老板也要信任员工；企业外员工要与客户建立信任关系，企业与企业之间也要建立信任关系，一种全社会的信任才能促进经济的发展和社会的进步。

一家装修公司，论名气没多大；论实力，也没有多少经济基础，但在施工中确保质量的精神让客户感动。有一个客户的电视背景墙，已经由木工制作完毕，在外行看来，并未发现瑕疵，可是公司的监理来了一看，就命令拆除。

人们都不理解，因为拆除了这面用了大量木料的装饰墙，起码要损失近千元。但监理说："整个工艺不对头，用钉子钉进去，现在看起来没问题，等到暖气来了，会鼓包变形，我们不能糊弄客户。"

一个人不仅要诚实，还要讲究信用。信用不仅是一块个人品德的“金字招牌”，而且，还蕴含着巨大的经济价值和社会价值。因为在市场经济的大潮下，明争暗斗、尔虞我诈在商场上已是司空见惯，“人心不古”也成为挂在大多数人嘴上的无奈和感叹。此时此刻，诚信便显得尤其重要。

一个禀赋诚实有信用的员工，能给他人以可信赖感，让人乐于接纳。在赢得老板信任的同时，更为自己的职业生涯带来莫大的益处。

信用是人们交往中能够履行约定而取得的信任，它是衡量一个人人格、品质的尺度。一个人信用度如何，影响到他在交际中的地位、形象和威望。一般说来，对惜守信用的人，人们会格外推崇、依赖和亲近；而对不守信用的人，则轻蔑、贬斥和远离。从这个意义上说，守信是通往成功之门的钥匙。

李嘉诚是香港的首富，他的成功也离不开守信。他在谈到自己的成功时说：一生之中，最重要的就是守信，我现在就算有再多 10 倍的资金也不足以应付那么多的生意，而且很多是别人主动找自己的，这些都是为人守信的结果。

在 15 世纪，水手探险已经成为一个潮流。荷兰的几个水手为了寻找一条属于自己的通往中国和东印度群岛的航线，组织了一次探险航行。探险队起航前，荷兰的商人把一些准备和中国进行贸易交换的商品装上船。水手们肩负着重任，出发探险了。

水手们抵达北冰洋后，夏季已经结束。探险船被冻结在冰水中，全体水手被迫登陆，他们在新的岛上修建了木屋，等待着春天的来临。在饥寒交迫的十分恶劣的环境中，有些水手因饥饿而患病，不幸死去；而其他水手，没有一个去动那批货物，那批货物全是舒适的服装、好吃的食物。

由于船长期受冰块挤压，造成了船破损。冰雪融化后，水手们只得站在齐腰深的冰水中修船。在这与死神搏斗后逃出的绝望时刻，水手们仍带着商人托付的货物。水手们上岸后，首先把货物打开来晾干，因为他们想在好的状况下将货物带回荷兰。

在剩下的日子里，水手们饥寒交迫，但是没有任何人去动货物。

一年多过去了，历尽艰险的水手终于回到了荷兰。水手们早已一无所有，但货物却完璧归赵。荷兰商人们看到这批完好无损的货物，都啧啧称赞，这些水手也受之无愧，他们身上所体现的使命感、诚信的光辉，这种道德的约束，良心的承诺，就是信誉的力量。他们把诚信看得比生命还重要，在生命受到威胁的时候，他们仍然不以丧失诚信来挽救生命。

我们能够明确地将员工是否违反企业商业标准等问题与员工的"诚信"挂钩,但是在这些类似企业资源的节约等方面,似乎提不到员工诚信这样的高度。然而,一个真正"诚信"的员工必然时刻以企业利益为重,珍惜企业的公共资源,就如同珍惜自己私人的财产一样。

陈凯高考落榜后,到南方的一个城市去打工,然而,几乎所有的招聘单位不是要求应聘人有大中专文凭,就是要求有专业职称,而他什么都没有。正当他一筹莫展时,朋友给他出了一个主意:"搞张假大学文凭",并给了他办假"大学毕业证"的地址。在好奇心的驱使下,他决定去看看。第二天,他途经一家工厂,看见厂门前围着一群人,原来这家工厂正在招聘仓库管理员。他看自己的条件都符合招聘栏上的要求,于是强压住内心的激动,挤上前去高高举起自己的证件——身份证和已经起皱的高中毕业证书。负责招聘的小姐把所有应聘人的证件都收了进去。过了一会儿,她又退出一叠证件来,原来,那些毕业证书全是假的,结果,他被选中面试了。

陈凯无疑是靠自己的诚实谋得了一份工作,假如他也弄一个假大学文凭,注定是要失去这一机会的。

可见,不诚实的代价是昂贵的。一次不诚实的行为将导致一次灾祸的发生;一次撒谎,必然为了圆上一个谎而撇下一个谎。如此一来,就形成了一个邪恶的循环。不诚实让我们都变成了伪君子,而我国传统教育中,一向把青少年撒谎视为生活中的大忌,不说真话,没人可信,也就失去了与人交往的基础。

有一位来微软亚洲研究院实习的学生,在研究结束后,出乎意料地报告了一个令所有同行震惊的具有突破意义的研究结果。但是,人们很快发现,他所报告的研究结果在别人的实验中无法重复,人们逐渐对他的论文产生了怀疑。

后来,他的老板发现,这个学生对实验数据进行了挑选,只留下了那些合乎最佳结果的数据,而舍弃了那些看起来"不太好"的数据。显然,这样的研究结果是人为捏造出来的,不可能为学术界贡献任何有价值的东西。

真诚的人会赢得更多的机遇,机遇总是去寻找不弄虚作假的人,人的天性不会善待不公正的待遇。如果你讨厌正直诚实,那么能给予你机会的老板和对你信任的顾客同样也会讨厌你。如果一开始你就让别人觉到你很狡猾,他们就会自然而然设立一道防护的屏障,来抵御潜在的威胁。即使你不小心犯了某种事实上的错,那么最好的办法就是坦率地承认和检讨,并且在最短的时间内,尽可能快地对事情进行补救,只要处理得当,你一样可以立于不败之地。

因此，一个公司要想取得胜利，就必须非常注重员工的诚信。做事先做人，一个不讲诚信的员工肯定不是一个敬业的员工，即使平时工作积极主动。一旦受到外界的诱惑，缺乏自律的特点注定了他将抛弃原则，于是，背叛就成为一种必然，老板永远也不会信任这样的员工，更不要说欣赏甚至重用了。

与做人一样，职业道德与个人修养有许多相通之处。一个存在人格缺陷或道德缺陷的员工很难成为一个优秀的员工；同样，一个没有诚信的员工肯定不是一个忠诚的员工。讲诚信是做人的根本，也是忠诚的根本，是人生的一笔宝贵财富。

忠诚的基本准则

诚信不仅仅是一个品行的证明，也是衡量一个员工是否忠诚的尺子。在工作和生活中，只有诚实守信的人才会赢得别人的信赖，为自己创造更多的机会。

忠诚不是不择手段地为公司创造效益，那样做的结果可能是对公司利益的伤害；忠诚也不能违背社会准则，更不能越过基本的道德底线。

每一个人都有面对职业道德危机的时刻，尤其当老板不在，个人完全失去了监督与控制的时候，此时，一个优秀的、忠诚的员工会一如既往地坚守原则，因为他知道诚信对他来说，具有多么重要的意义。

原则总是在诱惑或胁迫之下失去的，面对一点小小的诱惑，也许你会很自然地选择不违背你的道德观的做法，但当体面的工作、家庭的幸福、自己的价值观都处在危险之中的时候，你能保证你会做什么吗？

杰克大学毕业时，到了一家软件开发公司工作，和他一起的还有他的同学及好友希尔。他和希尔两个人都被分配到程序编辑组，有机会接触到公司最核心的技术秘密。

他们所面临的社会，是一个充满陷阱和诱惑的社会，加上软件企业当前的争战相当激烈，自从他们进入程序编辑组那天起，就有竞争对手想从他们那里套取技术秘密。

刚开始的时候，杰克和希尔都顶住了诱惑，但是，时间一长，希尔开始动摇了。有一天晚上，两个人还在单身公寓里为此吵了起来。

“我想不明白，对方开出那么好的价钱，顶得上我们两个人一年的工资，为什么不可以答应?”希尔说。他指的是某竞争企业出资10万美元购买他们俩参与的一项软件的数据库。

“那违背了我们的做人原则,背叛公司是可耻的。”杰克说。

“我知道你很正直,可正直值几个钱呢?”希尔说。

正直值几个钱呢?杰克说不出来,但他显然已经生气了。

“再说,我们卖出去,公司也未必能够发觉;即使发觉,也未必知道是我们干的,我们小组可有二十几个人哩。”希尔还在说。

“别说了,反正我不同意!”杰克终于吼起来了。

希尔看到杰克生气了,便表示放弃,但他心中并没有放弃,他决定瞒着杰克碰下运气。

10万美元很快进入了希尔的腰包,谁也没有发现,包括杰克在内。但是,两个月后,竞争对手抢先一步推出相似软件,迅速占领市场,让杰克所在公司为此损失了数百万美元时,公司终于知道有人出卖了技术秘密。

杰克首先想到的是希尔。

希尔向杰克承认了出卖数据库的事。

“我知道你不同意那么做,所以我瞒着你做了;我知道你是我的好朋友,不会揭发我,所以我坦然地向你承认了。”希尔说,“我们利用这笔钱去做点大事情吧,比如开家公司,别在这儿打工了。”

“不,希尔,我是你的好朋友,但是你做错事了,我一定要揭发你!”

希尔非常震惊,难道友谊一下子就没有了?他抬起头来,想阻止杰克去揭发他,但当他看到杰克眼中含着泪花时,又低下了头。他明显感受到了杰克心中的痛苦。

两天后,杰克和希尔一同走进了总裁办公室,希尔还带着那张10万美元的支票。

总裁要奖励杰克,杰克拒绝了,因为他说他出卖了朋友,虽然朋友做错了,但毕竟是朋友。

希尔交出10万美元的支票,并主动要求承担法律责任,因为10万美元远远不能弥补公司的损失。

面对两个年轻人的决定和态度,总裁愣了足足5分钟。最后,他终于开心地笑了,他走过去,拥着两个年轻人的肩膀:“我太高兴了,公司虽然损失了数百万美元,可我拥有了两个诚信的员工,你们的价值,绝对不止百万美元!这件事就当没有发生过，就我们3个人知道就是了，至于那10万美元，你们自己处理吧。”

那10万美元，最后捐给了一所小学。

公司停止了泄密调查，除3个人知道以外，其余人都不知道泄密的原因。两个年轻人继续在公司开发软件。6年后，两个人分别担任了技术开发部总经理和市场推广部总经理。他们的公司，已经成为世界顶级的软件开发企业。在你使用的电脑中，也许就渗透着两个年轻人的汗水。

两个年轻人的故事向我们证明了忠诚的另一个原则：对诚信的基本道德的遵守。如果简单地把忠诚理解为简单地完成任务或创造收益，而不管其手段与过程是否合乎基本的道德标准，那么，作为公司，会因失去公信力最终陷入困境；作为员工，则很容易沦为赚钱的机器，完全丧失做人的准则，更别提什么敬业精神了。

戴尔是一家大型跨国集团公司的人事主管，他在谈到员工录用与晋升方面的尺度时说：“在我们公司，录用一名员工时，很注重他在工作和生活中的诚信程度，假如一个人在这方面有不良记录，我们公司是不会录用他的。其实，很多公司也跟我们一样，也很注重一个人在这方面的表现，并以此作为晋升和任用的标准。假如他在这一方面出现了污点，即使他工作经验丰富，条件优越，大部分公司也不会聘用他的。通常情况下，我们之所以这样做，有以下几个理由：首先，一个人在工作和生活上失去了诚信，毁约背信，说明他人格上有缺陷，是一个品质不健全的人，不值得录用。其次，一个人一旦不守诺言，毁约背信，会让公司遭受重大的名誉损失。再次，一个人失去了诚信，不能信守诺言，就会打乱工作中的秩序，为公司的管理带来隐患。最后一点，也是很重要的，就是一个人一旦失去了诚信，就会在工作岗位上玩忽职守，从而影响了公司的健康发展。”

戴尔所说的用人标准，让我们懂得：诚信是做人的准则，所以，我们不要忘了把它落实到自己的日常行为之中。

有一次，一位著名的美国企业家到英国一所有名的高等学府参加演讲。一位普通的商人通过演讲会的主办者约他见面谈一谈。这位企业家答应演讲完了与他见面，时间大约是两点半，那位小商人在这所大学礼堂外面等候。

演讲的时间到了，这位企业家兴致勃勃地走上讲台，为大学生们进行演讲，讲他的创业史，讲商业成功必须遵循的原则。不知不觉，时间已超过了与那位小商人约定的见面时间，显然，他已经忘记了与别人的约定。

正当他情绪高昂地演讲时，他的秘书悄悄走上了讲台，递给他一张纸条，上面写着：“先生，您下午两点半有约。”

企业家一下子想起了与小商人的约会，但他又立即陷入矛盾之中，一边是需要他启发并且向他们表达自己企业思想的大学生们；而另一边，则是一位名不见经传向他请教的小商人，但是他们事先已经约好。这位企业家没有犹豫，他对大学生们说：“谢谢大家来听我的演讲！本来我还想和大家继续探讨一些问题，但是，我还有一个约会，现在已经迟到了。迟到已经是对别人的不礼貌，我不能失约，所以请大家原谅，并祝大家好运。”

在雷鸣般的掌声中，这位企业家走出了礼堂，在外面找到了那位小商人，向他表示了歉意。他们之间的谈话非常成功，本来约定谈半个小时，他们竟然一直谈了两个多小时。后来，这位小商人也成了一名大商人，经过他的牵线，促成了许多企业主与那位企业家的合作。

人们都喜欢和诚信的人来往，一个人具备了诚信的品质后，就为自己奠定了强大的亲和力基础，在工作和事业上会吸引一大批朋友和支持者。即使在某些时刻会遭遇一些困境，也会有人为他消除障碍，帮他走出困境，踏上坦途，所以，在工作和生活中，我们要把“诚信”一词落实到自己的行动之中。

第五章

忠诚能创造卓越，信任是保障

忠诚是一种对事业执着追求的责任心和使命感。具有职业忠诚品德的人始终视事业为神圣，视职业为生命的一部分。职业职责是人们在一定职业活动中所承担的特定的责任，它包含了人们应该做的工作以及应该承担的义务等。“说得好不如干得好”，喊口号不如做好自己的本职工作更重要。

忠诚就是脚踏实地

员工的职业道德首先表现在忠诚。忠诚是一种精益求精的职业品质和刻苦钻研的精神。忠诚不是一般的道德宣教，它必须落实到具体的职业活动中，落实到对所从事的职业和技术的钻研和精通中。只有在业务上精益求精，始终做到学而不厌、习而不倦、勤奋钻研的人才能在本职岗位上有所建树。

在当今时代谈忠诚似乎不合时宜，尤其是谈对单位的忠诚，别人会以为是别有用心。这是一种非常流行也非常可怕的思想。市场经济时代企业与劳动者有双向的选择权，但这并不意味企业需要经常更换员工，员工需要频繁跳槽。这就像成年男女有离婚的自由，但却不能随便离婚一样。道理很简单，离婚对夫妻双方都是极大的伤害。每个人的精力都非常有限，集中精力做一件事情或一类事情更容易成功，精力分散必然失败。不同的企业文化不同，技能要求也不尽相同，频繁的跳槽对个人成长是一种障碍。

但是，员工的忠诚并不能以待在企业的时间长短来计算。员工的忠诚不仅体现在勇于承担责任、自觉维护企业利益、自觉践行企业文化上，还体现在忠诚于领导上，服从领导，主动、创新完成工作，为领导思考问题、排忧解难，以及对顾客的诚心服务上。

没责任感、混日子的人是最愚蠢的人，有的人每天就是这样度过的：每天能少干就少干，能不干就不干，刚上班就盼着下班，总觉得时间过得太慢，似乎恨不得眨眼之间日落西山，这样的状态就是混日子。混日子的人总是以“混”为荣、以“混”为乐，总爱跟别人吹嘘他是多么会“混”，并且还喜欢嘲笑那些工作认真的同事是傻瓜。混日子，就是偷窃，是将他人创造的财富窃为己有的可耻行为。混日子者以占了企业和老板的便宜而窃喜。混日子，看似吃亏的是企业、是老板，其实损失最大的是混日子者自己。如果说企业和老板因你混日子而白给你发了一些工资的话，那么你损失的则是你的青春和宝贵的时间。没有比浪费生命更大的损失了。如果你对企业和老板不满，你最好的选择不是混日子，而是另寻高就。要么不干，要干就干好。否则，误人误己，得不偿失。光阴似箭，人生苦短，虚度光阴混日子，等于混吃等死。混日子是最愚蠢的生活。你今天的混日子，必然成为明天的痛苦。人生应该努力让每一天都是有意义、有价值的，成为将来美好的回忆。有一天，当你回忆人生，自问你的美好年华是怎样度过的时候，你将怎样回答？是“混日子”吗？

有一种现象，有些应届毕业生就业后不久就会开始跳槽，他们可能会抱怨待遇不好，工作没有意义，他们不忠诚的理由很多。但是，我们通过细致的分析不难看出，他们遇到更多的不是工作本身的苦恼，更多的是自己成长中的苦恼，比如他们进入社会后的适应问题，理想期许和现实待遇的反差问题，人际交往的方法问题，总而言之，更多遇到的是心理困惑。当他们再遇到困难，不选择跳槽这种回避成长困惑的，非常消极的办法的时候，你会发现他们成长了，他们会在一个职位长期地做下去，认真地、负责任地，并且忠诚于自己的理想和抱负，忠诚于自己的雇主。正所谓“莫道昆明池水浅，观鱼胜过富春江”。

当然，一个对自己员工不忠诚的企业也是不值得员工对其忠诚的。企业对员工的忠诚体现在：是否对员工的工作和生活负责；是否保护了员工的就业稳定；是否付给了员工合理的薪水和福利，提供了个人成长的机会，并帮助和促进了员工个人的发展？如果没有，那么它的员工肯定会毫不犹豫地离开这样一个缺乏人文关怀的企业，社会也不会提倡对这样的企业敬业忠诚。

不过，仍然需要记住的是，不管供职于任何企业，也不管企业处于强盛时期还是岌岌可危，只要你决定在这个企业中工作，就要忠诚于企业。如果你认为不适合在这个企业工作，那么就不要在这个企业得过且过，懒懒散散，做一天和尚撞一天钟地混日子。你可以选择离开，但要真诚地离开并为企业保守一切秘密，这对企业和自己的成长都会有好处；也只有这样，你也才有可能成为另一个企业所欢迎的人。

所谓最受企业欢迎的人，就是把自己完完全全当作企业的主人翁，不轻视企业也不轻视自己的工作，不管任何时候都把企业的利益摆在第一位：对工作敬业负责，对企业忠诚坚贞，遇事积极主动，拥有良好的人际关系，拥有团队协作精神，融入团队，增强协作，自动自发地工作。懂得在工作中注重细节，明白工作中无小事，想着把工作做得更好，甚至做到最好。从不找借口推卸责任，能够贯彻执行上级交代的任务，工作上遇到困难会自己想办法去解决，没有依赖思想，时刻不忘为企业提供好的建议，时刻维护着企业的形象，与企业共命运。这样的人才会取得更大的成功和获得更大的发展；只有这样的人才是企业里的优秀员工；只有这样的人才是最受企业欢迎的人。

熬年头的员工自然是不受企业欢迎的人，他们是没有丝毫危机感，对企业充满抱怨，抱怨工资待遇太低、工作环境不好的人；是不思进取，胡乱混日子，不管工作效率和效果，只想着拿薪水的人；是随波逐流、循规蹈矩、倦怠工作的人；是自以为是，没有工作激情的人；是真要离开，马上就会背叛的人。这种人不但得不到所在企业的器重，一旦跳槽，别的企业也会视他为不受欢迎的人。

把自己打造成最受企业欢迎的人，是实现个人理想和价值的唯一途径。使自己由浮躁变为脚踏实地，由随波逐流、循规蹈矩变为积极主动地工作，真正把热爱企业、热爱岗位、全心全意履行岗位职责落到实处。

而如何把自己打造成最受企业欢迎的人，关键在于进一步找到自己在工作意识、工作方法、业务能力、协调水平等方面的差距和不足，找到实现自己个人价值和实现公司目标的最佳结合点，找到使自己和公司共同成长和发展的最有效的途径。这就应该做到：要进一步加强学习，准确理解把握公司的思路和决策，明确企业的现状、发展方向和发展目标；进一步提高素质，转变工作作风，自觉为公司改革发展营造环境、创造条件、献计献策、勤奋工作。在学习中不断提高、增强干好本职工作的自觉性和主动性，努力把自己打造成企业需要的人，打造成为改革发展建功立业的人，打造成企业最受企业欢迎的人，真正成为企业的一名优秀员工。

最后，需要强调一点，最受企业欢迎的人德才兼备，能用忠诚促使自己为企业尽量发挥能力，用自己的能力为企业承担责任。一个忠诚的人，必定是乐于承担责任的人，而不是熬年头混日子，摆老资格。这是因为，忠诚就意味着承担责任。

一个公司就如同一艘驶往成功码头的大型蒸汽船，操作这艘船需要大量的人力物力。为了保证这艘船能够正常地前进，船长（也就是你的老板）需要无数的人来充当他的助手（你就是其中一位），而这些人必须只有一个共同的任务和目的：把自己分内的工作做到最好、最正确，并且尽力帮助同伴，共同协助船长，努力将这艘船安全平稳地驶向目的地。如果你对工作不负责任，这艘船也许就会因为你的失职而沉入大海，所有的人都将因为你而葬身鱼腹。因此，任何时候，你都应该和船上的每个人同舟共济，无论遇到什么情况，你都应该负起责任来，与公司共命运，全心全意做好你的工作。

承担责任在不同的工作状态下有不同的形式，但一个总的原则是要熟悉自己的岗位职责，明了自己的权限。自己工作职责内的任何事情要主动去做，除非出现信息不对称的情况，否则，等领导来安排你去工作时，就是你的失职。如一个花匠，定期浇水、修剪，花草出现枯萎等情况要及时救治或搬离现场，这些工作统统都是不用安排的。不管什么理由，你做不到，就是失职，就是没有承担责任，因为你的工作让你的领导费了心。

承担责任还有一个最本质的要求就是工作出了问题时要勇于承认，不能推诿塞责。

企业里面再没有比面临上司追究责任更尴尬的时候了，这时更要表现出自己的风骨。这个问题处理不好，在上司、同事、下属身上都会产生很严重的负面影响。是自己的，就是自己的，只要有一点错误，就去承认，不进行任何辩解，不去找客观理由。如果其中多少也有其他人的责任，除非他的失误更严重，没有必要去计较，要相信事久见人心的道理。更不必一定要把别人拉来垫背，不要产生背了黑锅的想法，这丝毫解决不了你的问题，只会赔了夫人又折兵，连良好的同事关系也搭进去了。

埃维里曾讲过这样一件事：以前他有一个做市场策划的同事，在给公司设计印刷品时出现了文稿排版错误，公司决定对他进行处罚，让埃维里负责调查处理这件事情。调查中，那个同事一再申诉说是技术人员提供的文字稿有问题，技术人员要对文字稿负责。埃维里问他，作为对广告公司的稿件最终确认人，他应该负哪些责任呢？同事就答不上话了。但他最后依然坚持，这个稿子设计好后让技术中心把关过，也给总经理审批过，必须对他们一并处理，而且他们至少应该负担80%的责任，否则他不服。

这样的人是不适合在企业里面工作的，很明显的事实是，技术人员是没有能力，也没有责任给他校对错别字的，他们关心的是技术上的内容可行不可行。他把技术人员提供的稿子编辑好再反馈给技术人员本来就没多少必要，还谈什么责任呢？至于总经理应该负责的观点就更滑稽了，总经理一天要过目多少材料呀，他如果对校对这样的事情都要负责，谁还敢做总经理呢？这个员工在面对责任时就缺乏一个理性的态度，这样对认识自己的缺陷、提高自己的能力是不会有帮助的。

不敢承担责任的人不具有大将风度，权力与责任是成正比的，如果你还没有锻造出一颗勇于承担责任的心，最好也不要对权力、事业产生过多的企求。

行动演绎一切

忠诚不是用来说的。这就好比恋人之间，你会仅仅因为对方说会忠诚于你，就相信他永远不会背叛你吗？当然不会。你会对其忠诚进行考量，看其是否非常在意你，是否记得每个重要的日子，是否非常了解你的喜好，是否对其他的诱惑不为所动。如果他做不到这些，你可能会相信他是忠诚的吗？

在工作中，经常会有这么一种现象：员工虽然口头上说自己忠诚于企业，但实际行动上却并非如此。这种不忠诚最直接的一个表现就是对本职工作的不负责任。正是这种责任感的缺失，让你无法实现自己对企业的忠诚，这对获取信任和更大的舞台将是十分不利的。

有家企业的运营非常困难，甚至连工资都无法按时发放。企业的员工表现出明显的精神离职，上班时间正常工作的没有几个，大多是做自己的事情，有的甚至在互相讨论自己的退路。当时企业的老总希望能够裁员，以节省开支，但是每个员工都对老板说要与企业共进退，都是一样的满腔热血，老总无法决策该裁哪些人。

要解决这样的问题就要把企业的问题放大，把企业的现状描绘为无法再挽救了，而且目前资金非常短缺，所以留下来的员工可能要承担领不到薪水的风险。结果马上就有一大批人，尤其是那些精神离职的人提出辞职申请。而那些依然认真做着自己本职工作的人，没有一个提出辞职。由此可以看出，一个缺乏责任感的人，是不可能对组织忠诚的，无论他怎样表明自己的忠心。

忠诚不是小孩嘴上的玩笑话，说说笑笑就算了，而是需要接受考验的。只会说空话的人肯定经受不住时间与实践的考验，因为忠诚不是体现在嘴上，而是必须落实在行动上的。

嘴上说忠诚的人，一般都是比较滑头的人，他们最擅长的不是认真工作，而是投机取巧，蒙混过关。他们从不将精力放在自己的本职工作上，而是花心思哄得老板开心，从情感上骗取老板的信任。聪明的老板一眼就可以识破，有时候他们不揭穿你，并不代表他们就接受你这种"忠诚"的方式，而是留时间给你改正。但是，很多人并不珍惜这样的机会，最后只好落得卷铺盖走人的下场。

现在企业里并不缺少只会在嘴上表达忠诚的人，他们平时跟老板走得很近，什么端茶倒水、开车门等小事都为老板服务得非常周到，可是一干起正事来，就找来各种各样的借口推脱和逃避。

忠诚是必须落实在行动上的。平时吹嘘得再厉害，但是经受不起实践工作的检验，在老板眼里仍然不是忠诚。老板最终会将眼光投向那些有实干精神，实实在在为企业创造效益的员工。因为，他知道这些员工的行动才真正体现了对企业的忠诚。实干家才是老板最贴心的帮手，是最能为企业带来利益的人，老板不可能不器重、不信任他们。

卡恩现任杜兰特先生下属一家企业的总裁，是杜兰特先生难得的好帮手。其实，他最初为杜兰特先生工作时，职务也很低。卡恩之所以能快速地获得升迁，原因就在于他是一个用行动履行自己忠诚的人。

卡恩在为杜兰特先生工作之初，就注意到，每天下班后，所有人都回家了，杜兰特先生仍然会留在办公室里面继续工作到很晚。因此，他就决定下班后也留在办公室里。没有人要求卡恩这样做，但是他认为自己应该留下来，在需要时可以为杜兰特先生提供一些帮助。

杜兰特先生经常找文件、打印材料，最初这些工作都是他亲自来做。很快，他就发现卡恩随时都在等待他的召唤，并且逐渐养成了召唤卡恩的习惯……

杜兰特先生为什么会养成召唤道卡恩的习惯呢？因为卡恩自动留在办公室，使杜兰特先生随时可以看到他，并且诚心诚意为他服务。这样做获得了报酬吗？没有，但是获得了更多发展的机会，使自己赢得了老板的关注和信赖，最终获得了提拔。

卡恩用自己的行动演绎着忠诚，他的忠诚最终被企业所看重，从而也为自己赢得了更好的机会。真心诚意、实实在在地为老板工作，这是最能够体现忠诚的工作方式，不需要你向老板说太多的忠诚之言，只需要你在老板需要的时候实实在在地行动就可以了。口头上的东西毕竟是虚的，看不见摸不着，聪明的老板还是会相信眼见为实的东西。因此，要表达对企业的忠诚，实实在在地行动是最好的方式。

多干一些实事，少说一些空话，用实实在在的行动向你的企业、你的老板、你的同事证明你的忠诚。实干胜于空言，优秀的员工，应该实实在在地为企业工作，这是你的职责，体现着你对企业的忠诚。

麦克是一家大型企业的保管员。有一次，他看见企业的一位宣传员正在为企业编写一本宣传手册。但由于这个人平时老说空话，文笔又不好，编写出来的材料实在难以引起别人的兴趣。麦克自己平时喜欢读书，也写过不少文章，心想不如也编一个试试看。因此，麦克便主动编了一本几万字的宣传材料，送到了那位宣传员手中。

看完麦克写的材料，那位宣传员如获至宝，因为他发现这些材料不仅内容翔实、材料精练，而且文笔出众，远远超出了自己的水平。最后，他决定不用自己编写的那份而改用麦克编写的宣传材料。所以，他交到总经理手中的材料就是麦克写的那份。

总经理把宣传材料仔细地看了一遍之后，很快意识到材料不可能是那位宣传员自己写的，因此便把宣传员叫到自己的办公室。

"这应该不是你编写的吧！"总经理问。

"不……是……"宣传员用颤抖的声音回答。

"那么，这又是谁编写的呢？"总经理继续问。

"企业的一位保管员。"宣传员答道。

"你叫他到我的办公室来一趟。"

"小伙子，你怎么会想到把宣传材料编写成这种样子呢？"总经理打量了一下麦克后问道。

"我觉得这样做，不但有利于对员工进行宣传、灌输我们的企业文化、理念和管理制度，而且有利于对外提高我们的企业声誉，树立我们的企业形象，更有利于产品的销售。"麦克说。

总经理笑了笑说："很好！我很欣赏你这样的实干家，你用自己的行动实践了你对企业的忠诚，比说大话、唱高调的人要强百倍！以后，你就专门负责这个工作吧。"

几天后，麦克被调到了宣传科任科长，负责对外宣传企业形象。一年后，因为工作出色，他又被调到了总经理办公室任助理。

麦克一例告诉我们，大唱高调而不善于行动的人，最终会被淘汰、弃用。而具有真才实学又善于行动的人，最终会得到老板的信任和重用。用行动展现对企业、对老板的忠诚，远比那些空洞的承诺要可靠得多，令人信服得多，老板对于你的行动也会给予相应的回报。

表面上"绝对忠诚"于老板的人，实质上是一些无能之人，他们干不出什么业绩来，只好伪装出忠诚的面孔来讨好老板。他们似乎在说："老板，我如此忠诚，我应该得到回报。"这样的忠诚有什么意义呢？企业的利润要靠行动去创造，并不是员工表表忠心就能得到的。忠诚，不应该成为掩盖自己无能的借口。

行动是实现员工对企业、对老板忠诚的最好方式，老板们也是根据这一点来考验员工的忠诚的。因此，要想使自己的忠诚经受住考验，你就应该努力培养自己，时刻提醒自己，不要只说不做，要将忠诚体现到实践中去，不做“说话的巨人，行动的矮子”。

员工用行动证明自己对企业的忠诚，这是老板们最感欣慰的事情。老板的事业离不开员工的忠诚，离不开员工的实际工作。因此，“忠诚要落实到行动上”也体现了老板们的心声。员工要想得到老板的信任与重用就需要牢记：用行动来展现自己的忠诚。

忠诚是行动和完成任务的最大动力，这个理念在企业以及其他任何组织里，都是适用的。忠诚是一种美德，是一种责任，忠诚的员工做任何事情都是出于自发自愿的，他们对自己的工作任务会不折不扣地执行。

很多企业都为员工制定了严格的工作制度，期望企业制度能够成为执行的最大动力和保障。对于忠诚的员工，没有制度的规范，执行力也是不成问题的；但是，对于不够忠诚的员工，即使在你的严格要求下，他们也会找出各种各样的借口，来拖延工作，逃避责任。因此，忠诚始终是执行的最大动力，也是任务得到执行的最佳保障。

任何企业，任何时候都会出现资源紧缺的时候，即使沃尔玛、可口可乐这一类大企业，也不能保证应有尽有，在这样的企业里完成任务，也不是像你想象得那么容易。那些处于成长期的中小企业，就更不用说了。

很多时候，员工往往在条件不具备且资源又非常有限的情况下执行经营任务。成功的管理者都知道运用员工的忠诚来弥补条件和资源的不足。忠诚的员工能够积极工作，他们会自发地在执行中创造条件，在执行中积累资源；相反，缺乏忠诚的员工只会寻找借口，比如“条件不具备，不能责怪我”等。要想提高企业决策的执行力，就需要雇用或重用忠诚的且把自己的忠诚落实到行动上的员工。

有很多员工会认为，自己之所以不能在本职工作中取得好成绩，关键不是自己没能力，对工作不上心，对企业不忠诚，而是自己的工作太简单，太无足轻重，因此，才会因为事情的琐碎和卑微而不愿意去做。你可能会说：“像这样的工作，让一个小学毕业的人来做就能够做得很好，太小儿科了，我应该去做一些大事。”或许你所指的大事就是一些高薪高难度的职位，但这样的职位是需要高能力的人才能胜任的，所以，你就需要在日常工作的琐事中成长自己的本领。当你的能力达到一定的水平时，你就可以去做你的“大事”了。所以，从某种意义上来说，每一件事都值得我们用心去做。

法国的罗浮宫收藏着莫奈的一幅画，描绘的是女修道院厨房里的情景。画面上正在工作的不是普通的人，而是天使。一个正在架水壶烧水，一个正优雅地提起水桶，另外一个穿着厨衣，伸手去拿盘子——即使日常生活中最平凡的事，也值得天使们全神贯注地去做。这说明，行为本身并不能说明自身的性质，而是取决于我们行动时的精神状态。每一件事都值得我们去做，而且应该用心地去做。

人们看待问题的方法是有局限的，我们必须从内部去观察才能看到事物真正的本质。有些工作只从表象看也许索然无味，只有深入其中，才可能认识到其意义所在。因此，无论幸运与否，每个人都必须从工作本身去理解工作，将它看作是人生的权利和荣耀——只有这样，才能保持个性的独立。

每一件事都值得我们去做。不要小看自己所做的每一件事，即便是最普通的事，也应该全力以赴、尽职尽责地去完成。小任务顺利完成，有利于你对大任务的成功把握。一步一个脚印地向上攀登，便不会轻易跌落。通过工作获得真正的力量的秘诀就蕴藏在其中。

总之，无论如何，你只有行动了，才能完成本职工作，才能由此表现自己对职业、对企业的忠诚，才可能借此得到合理的回报，凭此获得进一步的发展。

拍马屁不如干好工作

我们经常会发现，那些忠心耿耿，为企业实干，为老板分忧的忠诚员工，往往不如那些善于溜须拍马、奉承迎合的人更受老板重视。很多人用历史经验告诉我们，干好工作的不如会拍马屁的。事实是否真的如此？

从表面上看，那些善于拍马屁的人确实更容易被老板亲近，获得高于自己能力的地位和报酬，比实干的忠臣更讨老板欢心。往深层次分析，很多老板认为支了酬金给下属，就算不要求下属鞠躬尽瘁，也会尽量让下属的回报物有所值。而且，老板要求的服务质量永远都不会有底线——多多益善。如果下属只会向老板点头，不管老板的要求是否合理，一律唯命是从，老板就会被惯坏，变得贪得无厌。

对于过于注重和老板的私人关系的情况，最严重的一种，是在事实上变成了老板的保姆或用人。一些善于钻营的人想得到升职，他采取的方法是讨好老板。怎么讨好老板呢？他总是要无限制地去为老板的生活服务。例如，经常为老板端茶倒水，替老板清理办公桌等，老板往往对这种人表示好感，常常在外出的时候带上他——他能够提供用人一样的服务，这为老板带来很多方便。结果呢？老板真的把他当成了用人，让他做任何事都认为理所应当。你要知道，你越是亲近老板，老板的要求便越多。直到有一天，你无法满足老板的胃口，你就失宠了，也就是说，即使是这种表面的亲密关系也不会维持太久。

但是在职场中，每个人都会遇到这样的难题：上司突然开口让你帮他做一份职责范围外的很麻烦的工作。答应吧，这个工作可能要你连续加几天班才能完成，而且这也违反公司的制度；拒绝吧，实在是忐忑不安，上司的一点不快都可能影响到自己的前途。这真让人左右为难。那么，你到底应不应该拒绝上司不合理的请求呢？

这时候，拍马屁还管用吗？不要忘了，现在不是封建社会，你的老板不是皇帝，老板的无理要求是有人可以制约惩处的，你为了拍马屁，帮老板违规违法，就不可能逃脱自己的责任。

明智一点，答案是该说“不”时就说“不”，不要犹豫，更不要推脱。对上司的不合理要求，如果你只是一味推脱，不给他一个明确的答复，这无疑给他一个“得寸进尺”的机会。最后，无论你答应还是拒绝他，他对你总会心存芥蒂。因此，你的意思如果是说“不”，就应该毫不含糊地说出来。当然，如果你想在拒绝的同时，仍能维持原来的关系，那就需要你“有话好好说”。你可以尽量使你的拒绝温和而婉转，但同时也要坚决而不留通融的余地，让他明白你的个性是极其坚决、毫不游移的。温和而婉转的拒绝更容易让人接受，而坚定的态度则会让他打消幻想。这就好比同样是药丸，外面裹上糖衣的药，一定比较让人容易入口。

上面就是很多拍马屁的人最终必然面临的境况，最后如果不想陷入泥潭，就必须凭真本事吃饭，靠实干提高，用忠诚护身。

也许有人说，上面的情况只是一种极端，情况不会如此恶化，老板不会那么傻。那么，我们来看不傻的老板。

拍马屁的下属对于上司的命令，甚至是工作之外的不合理要求来者不拒，在更多的时候，他就像一个跟班。他等待着某一天老板对他说："你是一个好人，你想不想做一个管理者？"但是，这一天一直没有到来。在老板心里，他的形象就是保姆、用人，这种人只配做用人。若你想用这种办法打动老板的心，那就错了。

一旦助长了老板的傲气，往往是不可收拾的。人和人之间的和睦相处，要建立在彼此尊重的基础之上，尊重的比例有轻重之分，例如伙计尊重老板多一些，是合情合理的，但是不能一面倒。若惯坏了老板，就会被老板瞧不起。有了这种心理，就难以成为老板的心腹。更不能忘了，人情是淡薄的，对稳握在手的人和事，往往是不会太珍惜的。

若老板经常让你办理一些和工作无关，只对他私人方便的事情，表明你在公司中的业务很少，这是你不被老板重视的信号。在老板的心目中，你只不过是个可怜虫，没有太大的利用价值。其实，若老板有私人的事情让你办，你应该通过工作拒绝他。例如"有一位客户打电话说立刻要过来，能不能明天再办理您的私事"等理由，表示你也很忙。

不可否认，上司喜欢下属对他尊重，可是，忠诚实干才是老板最看重的。而忠诚的、勤勤恳恳干好工作的人，也就因此可以在忠诚中获得自己的收益。

忠诚于工作表面上看起来有益于公司和老板，但最终的受益者却是我们自己。当我们将忠诚变成一种习惯时，就能从中学到更多的知识，积累更多的经验，能从全身心投入工作的过程中找到快乐。

任何时代都有拍马屁的人，因为拍者和被拍者能够相互满足各自的需要。作为领导人，总需要有一些唯马首是瞻的追随者，但一般来说，老板的心里应该是很清楚的：企业的生存和发展还是得依靠那些踏踏实实干实事的人，假若指望那些只会拍马屁的人，他非破产跳楼不可。任何一个明智的老板都很清楚，谁是真正能帮他干事的人，谁是在关键时刻能独当一面的人，谁是唯利是图的投机分子，谁是难堪大用的蠢材。如果你很不幸遇到一位昏庸无能的老板，他有眼无珠重用小人，而你又不屑拍马屁，那么报复老板最好的办法就是做一名优秀的员工。失去一个拍马屁的人，还会有层出不穷的马屁精排队恭候，老板绝不会痛惜，但失去一名优秀的员工，却能让老板睡不好觉、吃不好饭。假若你是一名优秀的员工，那么优秀就是你最大的资本，那些马屁精根本无法与你同日而语。

实干胜于空言

有一次某企业的董事长到北京来开会，请一位经济学教授吃饭。因为这位董事长有要事不能亲自作陪，就让自己最信任的财务经理陪教授继续吃饭。这位财务经理是董事长的亲信，平时，在公司里，时刻都把董事长挂在嘴边，每次发言都要求全体员工像自己一样忠诚于公司、忠诚于董事长，为公司的发展尽心尽力、忠诚奉献。为此，经常被董事长表扬，并有意把他提拔为公司总经理。

请教授的这顿饭一共花了 3600 元，趁教授上洗手间，财务经理买单时，告诉那个服务员："给我开 8500 元。"为什么开 8500 元呢？因为有空子可钻——董事长请客吃饭，财务经理花了钱写上请谁吃饭了，董事长也不会问吃了多少钱。

后来，碰巧教授又到这个酒店吃饭，听服务员说起这件事。再遇到那位董事长，教授就告诉他企业有问题，财务经理损公肥私，建议将财务经理撤掉。教授的话激起这位董事长的极大愤怒，本来口口声声高喊忠诚，让自己信任无比的人却在这样的小处损害公司利益。由小见大，这是一个危险的信号。

回到公司，董事长并没有立即发作，而是认真全面地考察了财务经理的日常工作。发现财务经理虽然能力不错，但善于空言，惰于实干。

于是，董事长下定决心，警告财务经理，加强对财务部门的监管，重用务实的财务部副经理。而总经理的人选，也变成了能力强、多做事少说话的营销经理。因为，营销经理虽然平时没有开口忠诚，闭口奉献，但他的工作业绩却是实实在在的。虽然他因为平时说得少容易被忽略，但优秀的工作业绩却是他忠诚的最好证明。

可见，真正的忠诚，是实实在在的行动，而不是仅仅停留在空洞的语言上；是站在企业的立场上，创造性地工作，尽心尽力地实现企业的利益。理性地对待忠诚，准确地理解忠诚，全面地践行忠诚，全方位地塑造忠诚，让忠诚成为我们自身的习惯与品质。

这里，我们先给各位讲一个历史故事。这个故事也许大家都很熟悉，因为它本身有很多东西值得我们去借鉴和思考。

田横是出生于战国齐国的王族。他和兄长田儋、田荣，都是狄县（今山东省高青县东南)的豪族,借秦末大乱之际复兴故国,田儋、田荣曾相继自立为王。田氏三兄弟有很高的威望,秉承战国养士之遗风,史称“齐人贤者多附焉”。后来田儋死于秦将章邯之手,田荣也被项羽击败后被杀。田横聚集了数万齐国逃兵,继续与楚战斗。项羽进不能胜,退又不甘心,兵力被陷在齐。后来田横趁项羽与刘邦征战之际,夺回了齐国的众多城邑,立田荣之子田广为齐王,自己为相,独揽国政,既不朝楚,也不附汉。刘邦派著名的儒生郦食其去游说齐归汉。郦食其凭借三寸不烂之舌,列举了天下大势和各种利害得失。郦食其的游说很成功,田广和田横同意归顺刘邦,并撤去了守备。这时韩信听说郦食其不费一兵一卒便为刘邦得到了齐国的七十多座城池,非常不满,立即出动大军攻打已经准备投降的齐国。

齐国君臣大怒,田横以为刘邦不讲信义,欺骗了自己,便烹杀了郦食其。兵败于韩信后,田横率众向东逃到了梁国,投靠了彭越。西汉统一后,田横由于杀了刘邦的重臣郦食其,十分害怕刘邦的报复,就跑到了海州东海县(今山东省青岛市即墨区东北)一岛上据守,跟从者有五百余人。刘邦知道田横三兄弟早年起兵定齐,他们在齐人中的威信很高,齐贤能者多有归附。刘邦担心这些人长期留在海岛中,会生后患,对汉不利,于是便下诏免去田横之罪,召他回朝。田横不肯,他说:“我烹煮了陛下的使臣郦食其,现在听说郦食其的兄弟郦商为汉将,我很恐惧他会报复,所以不敢奉诏。”他表示愿为庶人,与众人在海岛上度过一生。刘邦并没有善罢甘休,他一面命令郦商不得为乃兄复仇,并下诏天下,如果有伤害田横和他的从人的,夷族;一面又派使者继续前往海岛赦免招降,说:“田横来,分封可以大至封王,小至封侯。不来,就派大兵诛灭!”也许是为了让部下免遭屠戮,田横带两名从客随同汉使西行去见刘邦。走到邻近都城的驿站,洗沐完毕,他找了个机会对门客说:“我当初与汉王一起称王道孤,如今他为天子,我成亡命之虏,还有比这更耻辱的吗!天子现在要见我,不过想看一看我的面貌罢了。这里离天子所居的洛阳仅三十里,你们赶快拿着我的头去见天子,脸色还不会变,尚可一看。”说完就拔剑自刎了。

刘邦见到田横的首级后,流下了眼泪,他说:“田横自布衣起兵,兄弟三人相继为王,都是大贤啊!”随后派了两千兵卒,以诸侯的规格安葬了田横,又拜田横从客两人为都尉。不想两个从客将田横墓侧凿开,自刎在墓里。刘邦闻之大惊,十分感慨,并由此认定田横的门客都是不可多得的贤士,便再派使者前去招抚留居海岛的五百人。五百壮士从汉使那里得知田横的死讯,也都相继“蹈海”

自杀了。这个海岛后来就叫作田横岛。

这就是中国历史上著名的田横五百壮士的故事。我想大家通过这个故事首先想到的是什么？“忠诚”！也许所有的人都会这样回答，不错，也就是因为忠诚，这个故事才流传至今。这里既有田横对自己国家、事业和尊严的忠诚，也有部属对自己国家、国君之事业的忠诚。因为忠诚使田横和他的勇士们紧紧地团结在一起，荣辱与共、生死与共。君即臣之头脑，臣即君之臂膀，君臣在一起即国家、事业和尊严。他们的忠诚体现在伟大的壮举中，也正是因为这样，他们的故事才格外让人震撼。

当然，在这里并不是要大家学习五百壮士那种铁血忠诚和田横那冲天般的豪气，而是通过这个故事诠释忠诚和我们的关系。作为员工要用对企业的感恩之心，无比忠诚地投入到企业的事业中去。

行动在企业中的表现即为忠诚。忠诚不是说出来的，而是做出来的。忠诚不是惊天动地的口号，而是脚踏实地一步一个脚印；忠诚不是天马行空似的空谈，而是洒在自己工作岗位上的每一滴汗水汇成的业绩；忠诚不是大鸣大放地表决心，而是一心一意为企业甘做螺丝钉；忠诚不是当面奉承、实际无所作为甚至投机取巧，而是当面敢说真话、能做实事，经得起时间的检验。

什么样的团队才是战无不胜、攻无不克的团队？什么样的团队是经得起时间考验、不为名利所累的团队？什么样的团队是让对手畏惧而又尊敬的团队？问题很多，其实答案很简单，那就是忠诚的团队。没有什么样的团队能比忠诚的团队更称得起伟大团队的光荣称号。也没有什么样的团队能比忠诚的团队更有奉献精神，视团队的事业为生命！

不需多说什么大道理，不需多说什么豪言壮语，只要胸中存有忠诚之心，那么心里必有行动之心。这样的人不需要任何人提醒就能为企业无私付出，视企业为家，为了企业的利益可以牺牲自己的利益。

口号可以包装一时的美丽外表，但它遮掩不住长久的行为；行为也许默默无闻，但忠诚必将因为长久行为的磨砺而闪闪发光。脆弱的终究会被打破，谎言终究会被识破。但是那烙印着忠诚的点点滴滴的工作和业绩，还有那渗入到心底对企业的忠诚是可以被时间检验的，也是会长久发光的。这一切真的、永恒的和假的、破碎的表现都根源于是否将忠诚践行于行动。

忠诚在任何情况之下都不存在犹豫和借口，忠诚在什么情势之下都分得清小我和大我，忠诚在什么情况之下都懂得什么该舍弃和什么该争取，忠诚在任何功过面前都懂得名与利的关系、责任和承担的勇气。

如果说忠诚是植根于人心底的一棵树，树上枝叶的繁茂并不能代表它的真实，只有树上果实的多少才是检验一个人内与外是否一致的标准。而繁茂的枝叶下面没有任何的果实或者果实寥寥无几，那只能说明这个人的虚伪。

忠诚是什么？忠诚不是华丽的口号，忠诚不是美丽的谎言，忠诚是认同、是融入、是体验、是奉献。忠诚能给人无穷无尽的智慧与勤奋，它能让人敢于承担责任、敢于大步向前。一个人只有对企业忠诚，才能与企业同呼吸、共命运，才能更好地为企业奋斗、拼搏，实现企业发展与个人理想的高度融合。

一次，公司将A客户订购的500箱货物，错发给B客户。交货期过去半个多月了，A客户仍未收到货物，便向公司打了几次催货电话，仍不见货物踪影。而公司这边却说货物早已发出，结果令A客户极为不满，认为该公司有欺骗之嫌。尽管后来查明了货物延迟的原因，但却影响了A客户的正常运营，致使A客户一气之下，断绝了与该公司的所有生意往来。B客户则因收到这么多并非其订购的货物，而备感困惑和头疼，对该公司这种不负责任的行为，B公司自然也表示了极大的不满……一个员工因不忠诚自己的工作职责而造成的错误，导致了两家客户的不满，甚至断交；一个工作上的疏忽，引发了公司不必要的麻烦和损失，像这样的过失能原谅吗？这样的错误能允许再度发生吗？

这样不负责任的员工能不受到批评责难吗？答案是不言自明的。正视错误，才能纠正错误，才能避免错误再度发生，才能对当事者和后来者予以警示。

忠诚是中华民族优良的伦理道德规范。忠诚就是忠心诚信，即竭尽全力，言行一致，表里如一地做好事情。忠诚，是职业人应遵循的一种基本准则，是指对组织或个人真实无欺、遵守承诺和契约的品德及行为。这种内在品德及其行为，是各种经营活动得以正常进行的重要保证。像上述例子中该公司员工不负责任的做法，不仅损坏了公司的名誉，也损坏了公司对他的信任。对企业的忠诚不能仅停留在口头上。连自己的工作职责都履行不了，又怎样谈什么对企业的忠诚呢？

忠诚是对企业负责的动力。忠诚的态度是敬业的土壤，有了对企业的忠诚，就会自觉地、热情地、全身心地投入到工作中去。不忠诚的人会厌恶自己的工作，或者是为了生计而工作，或者是表里不一、装腔作势，只是做样子给领导看。对工作本身并没有融入太多的情感和信念，因而在工作中总也体会不到温暖和快乐，他们的生命也在周而复始的工作中慢慢消磨。而忠诚的人才能在自己的职业生涯中一直保持着满腔热情。忠诚的人不管自己是否总在一家公司供职，不管自己将来是否要调换部门，他们都对现有的工作保持着高度的责任感。他们能坦然地善待自己的工作，把工作中的每段时光都作为自己毕生事业的一部分。

因而，作为企业的一名员工，在思想品德上，首先要以忠诚为坚定的基石，本着对企业，对其他员工负责的态度去工作和学习，从而使得企业形成良好的工作氛围，上下一心共同为实现公司短期和长远的工作目标而努力奋斗，这样，才能真正把忠诚落实在行动上而不是口头上。

忠诚为你赢得荣誉

荣誉来自忠诚，当一个人听从内心职责的召唤并付诸行动时，才会发挥出他自己最大的效率，而且也能更迅速、更容易地获得成功。

忠诚是人类崇高的美德之一，它推动了人类一次又一次前进的步伐。因此忠诚的人，得到人们的尊重和衷心的喜爱。忠诚是一种特质，能带来自我满足、自我尊重，是一天 24 小时都伴随我们的精神力量。忠诚是一种信仰，它可以引导无形的自我，在不断地付出中获得财富、名声和荣誉。

在美国西点军校，荣誉教育始终处于首要位置。西点人将荣誉看得至高无上。在西点，要求每一位学员都必须了解所有的军队、徽章、肩章、奖章的样式和彼此之间的区别，记住它们代表的是何种意义和奖励，同时还必须记住皮革等军用物资的定义，甚至西点会议厅有多少盏灯，校园蓄水池的蓄水量有多大等诸如此类的内容。这样的训练和要求，目的就是要在无形中培养学员的这种荣誉感。这种方法似乎很值得企业去借鉴，因为作为一个企业的员工必须对自己的工作、对自己所效力的企业有一个全面清楚的了解。

军人视荣誉为生命，为荣誉而拼搏而战斗，并由此焕发出高昂的斗志与热情。作为一名员工，当你不再仅仅为金钱，也为荣誉而工作时，其内心的感受和你的行动都将会产生巨大的变化。有没有荣誉感，荣誉感的大小，直接决定了工作的执行效果和最终结果。努力工作，忠诚于企业，在捍卫企业荣誉的同时，也树立了你自己的荣誉。你会受到人们的尊敬，人们会把最高的荣誉给你。下面这个故事正说明了这个道理。

在日本,有一项极高的荣誉——“终生成就奖”,是许多社会精英终生梦寐以求的奖项,有无数的博学俊彦,一辈子努力的最大目标,就是为了能够获得这项大奖。

有一年,“终生成就奖”在全国殷切的瞩目当中,颁给了一个极为平凡的人物,他的名字叫作清水龟之助。

清水龟之助是一名邮差,他每天的工作,就是将各式各样的邮件,分送到每一个家庭。这样的工作平淡无奇,比起许多从事对于人类生活及生命改善,有着深入研究的学者专家们,清水龟之助的工作,真可说是微不足道。

而清水龟之助之所以获得“终生成就奖”,主要的原因在于,他从事邮差工作前后 25 年的这一段期间内,从未有过请假、迟到、早退等任何缺勤状况。

在 25 年当中,清水龟之助的工作态度,始终和他第一天到职时的做法一致。不管狂风暴雨、天寒地冻,甚至在数次日本大地震灾难当中,清水龟之助总是能够准确及时地将信件交到收件人的手上。

是什么样的力量让清水龟之助不屈不挠、持之以恒地将一件极为平凡的工作,变成无比的成就?我们从清水龟之助受奖时的感言中,可以看出一些端倪。

他在得奖感言中用极简单的陈述告诉了所有人:他之所以能够 25 年如一日地做好邮差的工作,主要是他喜欢看到人们收到远方亲友的来信时,脸上那种喜悦无比的表情。

清水龟之助说:“只要一想起那种令他感动的神情,即使再恶劣的天气、再危险的状况,也无法阻止我一定要将信件送达的强大决心。”这正是清水龟之助完成这项伟大成就的真正动力。

世上邮差成千上万,对于大多数人来说,它只是“一份工作”;对于少数人来说,它可能是一个让人喜欢的职业;但对于像清水龟之助这样的人来说,送信是一件使命,更是一种荣誉,这种荣誉,来自对工作的责任感。

商场如战场,企业就如同一个部队。人们喜欢从自身所在的组织中获得荣誉感,而荣誉感正是从公司的发展、规模、利润、领导者、产品、服务等方面获得的。要在商场上取得胜利,要让企业生存下去,就需要每一个员工来捍卫企业的荣誉。

荣誉感和自豪感是一个团队战斗力的真正来源,一个没有荣誉感的团队是一支没有希望的团队,一个没有荣誉感的员工也不会成为一名优秀的员工。荣誉感是团队的灵魂,对企业的意义非比寻常。

如果一个员工对自己的工作有足够的荣誉感，对自己的工作引以为荣，对自己的公司引以为荣，他必定会焕发出积极的工作热情。每一个企业都应该对自己的员工进行荣誉感教育，每一个员工都应该唤起对自己的岗位和公司的荣誉感。

有这样一个故事，说一个工人在饭店吃饭时，听到旁边的人在议论他所在的公司，说三道四。为此他很生气，站起来和那些人理论，直到争得脸红脖子粗，最后竟动起手来。势单力薄的他自然不是那些人的对手，最后被打伤后送到医院。其所在公司经理知道后非常生气，要对他在外打架这件事进行处理。老板得知事情的原委后，对经理说："这样的员工不但不能处罚，反而应该给予奖赏，他打架固然不对，可是在公司中又有几人像他这样为维护公司的荣誉而战呢？你不觉得他这样做应该表扬吗？"

讲这个故事的目的当然不是让我们学这位员工以打架的方式去解决争端，但是他热爱企业，努力维护公司荣誉的精神确实是值得我们学习的。只有最优秀的企业，才有存在的价值；只有服务于社会，才会获得社会给予的荣誉。荣誉来自忠诚，就是在平凡的工作岗位上做出最出色的成绩，让企业优秀起来，让企业更好地为社会服务。

只有服务于社会，才能获得社会给予的荣誉。为荣誉而工作，我们不再将工作仅仅看作是一种谋生的工具，看作被动无奈地从事某种职业，挣一点辛苦钱，我们将满怀激情地过一种负责尽职的生活，在自己的工作中找到乐趣与幸福。

为荣誉而工作，是我们精神世界的最高境界。当我们达到这一境界时，我们每天上班就不会感到只是为老板打工而变得无精打采，会感到在过一种自己选择的生活而情绪饱满；我们生产一个产品时不会感到这与我无关而敷衍了事，会感到将一个产品做得最好是自己的责任、智慧、才能和毅力的见证，从而全心全意地投入。

在争取荣誉、创造荣誉、捍卫荣誉、保持荣誉的过程中，我们个人也不知不觉地融入集体之中，获得更好的发展。

西点军校的《荣誉准则》："每个学员不说谎、欺骗或者偷窃，也绝不容许其他人这样做。"西点军校赋予西点人的荣誉意识，让西点人在任何一个团队中都大受欢迎。正是荣誉感，让西点人与那些没有做出什么成绩的人迅速区别开来。

如果一个员工没有这种荣誉感,即便有千万种规章制度或要求强行他这么做,他可能也不会把自己的工作做到完美,他可能会对某些要求不理解,甚至认为是多余的,从而产生抵触情绪。

日本东京贸易公司的一位专门负责为客商订票的小姐,给德国一家公司的商务经理购买往来于东京、大阪之间的火车票。不久,这位经理发现了一件趣事:每次去大阪时,他的座位总是在列车右边的窗口;返回东京时又总是靠左边的窗口。经理问小姐其中缘故,小姐笑答:"车去大阪时,富士山在你右边,返回东京时,山又出现在你的左边。我想,外国人都喜欢日本富士山的景色,所以我替你买了不同位置的车票。"就这么一桩不起眼的小事使这位德国经理深受感动,促使他把与这家公司的贸易额由400万马克提高到1200万马克。

"一叶绿而知春",一些看起来是很小的事情,却体现出很深刻的道理。如果一个员工没有以企业为荣的荣誉感,他能表现得这样尽职尽责吗?成绩可以创造荣誉,荣誉可以让你获得更大的成绩。一个没有荣誉感的员工,能成为一个积极进取、自动自发的员工吗?如果不能认识到荣誉的积极性,不能认识到荣誉对你自己、对你的工作、对你的公司意味着什么,又怎么能指望这样的员工去争取荣誉、创造荣誉呢?

荣誉来自忠诚。当一个人听从内心中职责的召唤并付诸行动时,才会发挥出他自己最大的效率,而且也能更迅速、更容易地获得成功。

只要你能时刻把职责视为一种天赋的使命,时刻在工作中尽心尽责,你就能在工作中忘记辛劳,得到欢愉,就能获得企业回报的最高荣誉。

忠诚让你与团队共赢

忠诚于团队,最大的受益者还是你自己。为团队作奉献,也是为自己作奉献,为团队付出,即是得到。

当你在一个企业或团队中工作时,这个企业或团队就已经和你的人生紧紧地联系在一起了。团队的成功,就意味着你个人的成功;团队的失败,自然也就是你个人的失败。在一个成功的团队中,即使你不是那个万人瞩目的英雄,也会是个成功者。在失败的团队中,没有成功者,更谈不上有什么英雄。

团队和个人有着共同的利益。员工必须了解公司的发展目标,能够为公司实现这个宏伟的目标去努力；同时，公司应该把职工的各种权益，包括民主权益和他们应该得到的各种利益维护好。这样公司才会兴旺发达，职工利益也能够得到保障。这就叫作“双爱、双赢”，公司与员工相互关爱，相互得益。

这也就告诉我们：没有团队的赢，就没有员工的自我价值的实现；没有团队的赢，也就没有员工的发展。但是如果没有双赢，企业的长盛不衰也只是空想而已。员工成长是团队发展的动力，团队发展是员工的成长的根基，只有两者共同成长才能实现双赢。

作为企业的一分子，一个优秀的员工应该能自觉地找到自己在团体中的位置，能自觉地服从团体运作的需要，他应该把团体的成功看作发挥个人才能的目标。他应该不是一个自以为是、好出风头的孤胆英雄，而是一个充满合作激情，能够克制自我，与同事共创辉煌的人。因为他明白离开了团队，他将一事无成，而有了团队合作，他可以与别人一起创造奇迹。

我们生活在一个崇尚个人创业的时代，但是，并不是所有的人都能够成为老板或者是大企业家，大多数人的成功都要建立在团队成功的基础之上。对公司职员来说，只有公司发达，你才能够发达；只有公司赢利，你的工资才能得到提高，你个人才能有更大的发展空间。如果没有公司的快速发展和利润的增加，你又怎么会得到丰厚的薪酬呢？

这就要求员工在工作中，善于与每个团体成员进行有效的沟通，并保持密切的合作。这样，才能够保证团队工作的精神不被破坏，也不会对自己的职业生涯造成致命的伤害，从而让你得到更多的物质及精神奖励；否则，将会给团队和个人带来不可估量的损失。

彼特是一家营销公司优秀的营销员。他所在的部门，曾经因为团队工作的精神十分出众，而使每一个人的业务成绩都特别突出。后来，这种和谐而又融洽的合作氛围被彼特破坏了。前一段时间，公司的高层把一项重要的项目安排给彼特所在的部门。彼特的主管反复斟酌考虑，犹豫不决，最终没有拿出一个可行的工作方案，而彼特则认为自己对这个项目有了十分周详而又容易操作的方案。为了表现自己，他没有与主管磋商，更没有向他说出自己的方案，而是越过他，直接向总经理说明自己愿意承担这项任务，并提出了可行性方案。他的这种做法，严重地伤害了主管的感情，破坏了团队精神。结果，当总经理安排他与主管共同操作这个项目时，两个人在工作上不能达成一致意见，产生了重大的分歧，导致团队内部出现了分裂。团队精神涣散了，项目最终也在他们手中流产了。

所以说，一个人只有从团队的角度出发考虑问题，才能获得团队与个人的双赢结果。

有一个著名的希腊神话，讲一位英雄安泰的故事，这个英雄力大无比，无人能敌，甚至天神也惧他三分。为了战胜他，很多人绞尽了脑汁，但都不能奏效。直到后来，有人发现了他的秘密，他才被打败。原来他的力量来自大地，一旦离开大地，他就会失去力量，因此，有人趁他熟睡的时候将他举了起来，使他脱离大地，然后将他摔死。

一个人如果脱离了团体，就像安泰脱离了大地，等待他的将是失败的命运。

一个由相互联系、相互制约的若干部分组成的协作整体，经过优化设计后，整体功能能够大于部分之和，产生“1＋1＞2”的效果，这已成了人们的共识。这个道理不仅被很多企业的管理者所重视，也被每一位优秀的员工所认同。

你为谁忠诚

忠诚的人无论走到哪里都会得到别人的信赖，无论从事什么样的工作，都会有成功的机会。

一位成功学家说：“在这个世界上，有一样东西比金子还珍贵，那就是忠诚。”忠诚并不是从一而终，也不是媚上，而是一种职业的责任感，是承担某一责任或从事某一职业所表现出来的敬业精神。生活中我们为人父母，为人子女，为人朋友，需要忠诚；工作中为人下属，为人上司，为人同事，也需要忠诚。李嘉诚先生曾经说过：“做事先做人，一个人无论成就多大的事业，人品永远是第一位的，而人品的第一要素就是忠诚。”

的确，忠诚是每个人在自己的职业生涯中最值得培养的美德之一，因为每个公司的发展壮大，都是靠员工的忠诚和敬业来维持的。作为企业的员工，我们需要依靠公司的业务平台才能发挥自己的才智。对公司忠诚，实际上是对自己职业的忠诚，是个人前途的保证，也是对自己负责。

如果没有忠诚，那么我们的社会将变得非常可怕：你纵有再多委屈也不敢跟自己的好朋友倾诉，因为你的朋友就等着听完你的话再去四处传播你的隐私；你再想努力学习也没有谁和你配合，因为老师总是在打麻将；你工作再努力也没有任何保障，因为你的周围都是皮包公司；你会发现你无论怎么提防你的同事都没有用，他还是拿你的成果去老板那里邀功；你会发现你的实验总结刚才还在你的桌子上，过一会儿就被别人交到领导那里，并说那是他的新成果……

人们如果不再对自己、对他人忠诚，那么这个世界将变得一塌糊涂、暗无天日；世界将变得没有了秩序，没有了规则，也没有了保障。如果我们不想深受其害，那么我们就应该唤起内心的良知，用理性的力量把这种珍贵的品质支撑起来。亲爱的读者，尽管我们要付出一定的代价，但我们还是要把目光放长远些。

对于老板而言，公司的发展需要员工的忠诚和奉献；对于员工来说，需要的是职位的升迁和丰厚的回报。从表面上看起来，彼此之间存在着对立性，但从更高的层面看，两者实际上又是统一的——老板需要忠诚和有能力的员工，业务才能进行，目标才能达到；员工必须依赖公司这个平台才能发挥自己的才智，最终获得成功。

因此，作为一名员工，你应该认识到员工与老板之间统一的一面——为老板的目标去努力，常常也是在为自己的目标而努力。有了这样的心态，消除了对老板的敌意，工作起来就会更努力。这样，你迟早能脱颖而出，受到重用。

如果员工对企业不忠诚，不仅对企业的负面影响是相当大的，同时也会影响到他个人的道德信誉，没有哪个公司的老板会用一个对自己公司不忠诚的人。有的企业老板可能会用一些利益诱惑一些人背叛自己的企业来进行非正常的竞争，然而，当你对他的价值实现了之后，他对待你肯定不会像当初许诺的那样，因为他永远都怀疑你是否也会为了更多的利益出卖自己的公司。你以为你会得到很多，其实你失去的会比你得到的更多，而且你失去的将永远找不回来。

在一次用地招标会上，西蒙代表公司进行投标。在会议的休息时间，西蒙被另外一家公司的负责人拉去喝咖啡。席间，那位负责人对西蒙说："贵公司实力雄厚，这次中标的很有可能是你们，但我非常希望得到这块地皮。如果明着竞争，我们公司肯定会失败，但只要你能告诉我贵公司的标底，我就能想出策略，转败为胜。"

"什么？你的意思是让我泄露公司的机密？"西蒙冷冷地说。

"是的，就是这样，但我绝不会让你吃亏的。再说这事只有我们两人知道。退一万步说，即使将来贵公司出了问题，你也可以到我的公司来任职，我们公司正需要你这样技术全面的人才。"说完,那位负责人塞给了西蒙一张10万美元的支票。

面对那张巨额支票,西蒙动心了,他偷偷地给了对方自己公司的一份标书。

在后来的招标大会上,西蒙的公司理所当然败北了。但纸包不住火,西蒙出卖公司的行为,很快被老板调查出来了。老板辞退了西蒙,同时那10万美元也被公司追回以赔偿损失。对此,西蒙并不在乎,因为他想到自己还有一条退路。

被公司炒了鱿鱼后的西蒙找到了当初许诺的那位负责人,表达了自己愿意去他公司工作的意愿。然而,出乎西蒙意料的是,那位负责人轻蔑地对他说:"先生,很对不起,尽管我们公司非常需要你这样技术全面的人才,但我们不能录用一个曾出卖自己公司,背叛自己老板的人,因为一个不忠诚于自己公司的人,是不值得信任的。"

西蒙失业了,他为自己的背叛行为付出了惨重的代价。

"我们需要忠诚的员工。"这是老板们共同的心声。因为老板知道,员工的不忠诚会给企业带来什么。

面对种种诱惑,忠诚在今天显得更加可贵。这种自下而上的忠诚,做到了,就可以壮大一个企业;做不到,就可能毁了一个企业。

做企业志同道合的伙伴

沃尔玛公司的员工对工作充满激情,可以说已经当成了乐趣。是什么力量让沃尔玛人如此热爱自己的工作,让沃尔玛这个名字在他们心目中占有如此重要的位置呢?这主要得益于沃尔玛将员工看作合伙人的理念。沃尔玛的响亮口号之一是:零售企业大同小异,所不同的是沃尔玛的员工。尽管沃尔玛雇员成千上万,遍布世界,企业也造就了多位亿万富翁,但时至今日,企业内各级员工间的关系仍犹如兄弟姐妹。雇员大多都被称为"合伙人",因他们几乎都拥有公司的股份,年底根据股份分红,既是雇员,又是雇主。

"雇员""合伙人"这两个词之间有很大的区别,"雇员"是指为别人工作的人,"合伙人"则是指像盟友一样结成伙伴关系。仅仅是称呼的改变,就足以让员工用不同的心态来看待自己在企业中的位置。

在公司中生存，有些人总想自己一个人打拼，以为只要自己一个人做出成绩来，老板就不会小看自己，而且老板也会宽容他的错误，因此常常把老板放在一边，去展现个人英雄主义。而事实上，在商海中冒险，与老板和同事合作，总比员工一个人闯荡要好。很少有人能是自己创意的裁判者，独行侠往往会成为他们自己的牺牲品。忠诚者与其他人最大的不同就是他考虑的首先是企业的利益，能够为老板着想，与企业志同道合。

当欧哈瑞还在一家牧场做工时，有一次，他同他的老板麦利菲德在培德兰打猎，麦利菲德也是一个很棒的猎手。他们看见一群野鸡，欧哈瑞便追着去打。

“不要打。”麦利菲德喊着。

欧哈瑞对于这个命令毫不理会。当他的眼睛正盯着野鸡的时候，忽然从树丛中跑出了一只狮子，从欧哈瑞眼前掠过。麦利菲德想拿出他的手枪，但是已经太迟了。

老板麦利菲德红着眼珠，责骂欧哈瑞是头等的傻子，并以命令的口吻说道：“我每次举起手的时候，你就要站着不动，懂吗？”

欧哈瑞安然地忍受着，因为他明白老板是对的，日后他非常服从老板的命令。而他之所以服从，不仅仅因为那个人是他的老板，也因为那个老板对于打猎表现出了高超的知识和经验。

相信你从上例中会得到一些启示。

如果能跳出为自己考虑的泥潭，从企业角度思考问题，与企业利益和目标一致，员工就会明白自己并非全能者，更不可能在商海中单打独斗，而这样想就已经表现出了你的忠诚。

换一个角度，忠诚者为企业考虑，让企业受益，其实在根本上也是为自己考虑。与企业志同道合的同时，员工就不再简单地是企业的员工，而是进一步成为老板的合作者，能够从合作中获得和增大自己的利益。

记住，为老板工作应该意味着与老板更好地合作。

忠诚者用自己的忠诚与老板合作，他的忠诚不是被雇用的，而是他投资在共同合作的事业上的资本。这时候，员工与老板是共生的关系，互相借助对方的资源发展自己，更推动共同事业的发展。

自然界中也有许多可供类比的共生现象，比如说豆科植物的根瘤菌，它本身具有固氮的功能，为豆科植物提供了丰富的营养；同时，它又可以借助豆科植物获得生存的空间。再比如非洲热带雨林中的大象、犀牛等，它们的身体表面往往会有一些寄生虫，一些鸟类等小动物也栖息在它们身体表面，以这些小寄生虫为食；同时，大象、犀牛也避免了寄生虫对它们的侵害，可谓是互惠互利。这种现象在自然界不胜枚举，在生物学中统称为共生现象。

我们还可以从社会学的角度看，没有老板，员工就失去了赖以生存的就业机会；而没有了员工，老板想追求利润最大化也只能是镜中花、水中月。

在一个有着卓越企业文化和完善激励机制的企业中，员工在享受着老板提供的优厚待遇的同时，也会为老板着想，积极为企业未来的发展出谋献策，积极工作。即使企业一时遇到困难，也会与老板同舟共济，渡过难关。每个人都知道，只有上下齐心协力，才能使企业在激烈的竞争中立于不败之地；在老板赚取利润的同时，员工的利益才能得到持久的保障。

现在有些企业越来越小型化，竞争越来越激烈，如果雇员和老板之间彼此针锋相对，互不谅解，自然无暇抗拒来自外部的竞争。"皮之不存，毛将焉附?"只有愚蠢的员工才会耗费大量的精力去和老板争斗，聪明优秀的员工会不断调整自己的思路，与老板保持一致。因为他们已经开始意识到以下的变化趋势：

1. 个人的利益与公司利益、老板利益正紧密地结合在一起，只有企业发展壮大了，员工的个人利益才能得到可靠的保证。

2. 员工个人才华的有效发挥越来越离不开老板，只有在企业中找到自己合适的工作平台，才能尽可能地施展出所学与专长。

3. 员工个人的事业发展也离不开老板，员工如果处处从老板的角度为其着想，在工作上竭尽所能，也就有可能在个人的事业发展上有所建树，有所成就。

所以，真正意义上的员工与老板的关系，绝不是天生的一对冤家，而应是互惠互利、创造双赢的合作者。其实，大多数的雇主都要比雇员更完美，原因很简单，只有更完美的人才能从雇员成长为雇主。

既然这样，忠诚的人就必须遵循一个最基本的职业道德原则：替老板着想。这是一种动力，可以推动整个工作环境的改善。当员工试着待人如己，多替老板着想时，员工身上就会散发出一种善意，影响和感染包括老板在内的周围的人。这种善意最终会回馈到员工自己身上，今天员工从老板那里得到一份关怀和理解，很可能就是以前员工在与人相处时遵守这条黄金定律所产生的连锁反应。

要知道老板也是普通人，有自己的喜怒哀乐，有自己的缺陷。他之所以成为老板，并不是因为有某种他人所不具备的天赋和才能。

老板确实有很大的权力和自主的余地，但是，应该了解，他还有很多难处。我们经常看到，有些人自己单独工作干得很好，当了老板却一筹莫展。如果遇上有才能、有事业心的部下还好，倘若不是这样，就难以带领这些部下奔向共同的目标。

老板的工作并不好干，常常会为部下不努力工作而着急，而且，绝大多数老板都有他的上级。这些人夹在上级和部下之间，必须满足各种不同的要求，因此，非常苦恼。作为老板还负有很大的责任，一旦工作失误，既给工作造成损失，又要承受上级的谴责，在他的身上背负着种种沉重的压力。因此，作为部下，要充分理解你老板的难处，主动为他分忧解难。

而员工能为老板干得最好的事就是做好自己的工作，独立地排除自己面临的困难，不仅培养有效工作的能力，发展有效工作所需要的门路，而且能够减轻老板的负担，提高自己在老板眼中的价值，这是给予老板的最大支持。

对于员工而言，与老板合作，替老板着想，忠诚于自己的企业，所得到的将不仅是企业对你更大的信任，你的所作所为还会让企图诱惑你的人感到人格的力量。如果背叛了企业，你的身上将背负着一辈子都擦拭不掉的污点，这会导致没有企业敢录用你的结局。因为．没有人敢用一个曾经背叛企业的人。不去做企业志同道合的伙伴，甚至背叛忠诚的代价就是给自己的人格和尊严抹上污点。

要做到与企业志同道合，与老板合作，替老板着想，就必须做到以下两个方面：

一、用行动满足老板的期望

老板都希望员工能够了解自己对他们的期望，并且能够在实际工作中满足自己的期望。在老板的眼中，一位员工如果能够正确抓住老板对他的期望并予以满足，那么这位员工就是一位“有用而可靠的人”，这样的员工理所当然是老板的“至爱”。

能够做到成功地把握老板的期望不是十分容易，它需要一定的时间和一定的悟性。要想成功把握老板对员工的期望，我们就必须彻底了解老板对员工的期望有哪些。

通常情况下，老板对员工的期望根据员工本人的实际情况不同而有所差异。虽然老板对员工的期望反映了老板对员工的普遍要求，但是由于每位员工的主客观情况不同，老板对他们的期望也会有所不同。一般说来，老板对员工的一般期望表现如下：

某人大学毕业后应聘到一个公司上班。他进入公司的第一年中，如果能够有条不紊地完成老板布置的工作，工作完成后，老板又没有交办其他的事情给他，在这种时候，老板往往期望他能积极主动地提出工作要求。经过两三年后，这个人已经完全熟悉公司的情况，能够顺利处理本职的业务工作。这时，老板就会期望他能够在自己的工作中有一些创意，或向前辈、老板提出一些改进工作的方案，等等。一句话，希望他更深入地投入工作。

到了第四年，这个人已具有足够的业务经验，老板就会希望他能够按照指示的目标和方针去思考实施的步骤，进而具有筹划方案并将其付诸实施的工作能力。

如果这个人进入单位已超过 10 年，并已升任某个部门的主管，那么，老板就会希望他能够站在更高层次的立场去思考问题，并有能力把眼光放远，带动周围的人去实现自己的想法。他的职位负有代理老板的职责，所以必须要体会老板的意图，主动协助老板工作。

可见，一个老板对员工的期望是根据员工工作时间的长短，工作经验是否丰富，以及员工自身的业务能力水平来确定的。当然了，我们的分析和论述还很笼统，还是比较抽象的。每一个人在了解老板对员工一般的期望时，应当根据自己单位的客观情况以及自身的条件而定，一定要正确理解老板对其员工的期望是什么，这是成功把握老板期望的基础。

及时并且在恰当的时机询问老板对你的期望，这是你正确理解和把握老板期望时必须注意的一点，它可以帮助你更好地完成老板布置的任务，更加顺利地获得老板的赏识。

总之，把握和满足老板对员工的期望是你成功获得老板信任的关键环节，这样才能不断地加强和老板之间的交流，使老板对你逐步产生信赖。

二、与老板同步

老板对你的信任来自你解决问题的能力，所以你必须从不同的角度去思考：什么是让你的老板感到最头痛的问题？是无法依照原订计划完成，还是无法掌控情况，对于未来感到不确定？是希望员工能够做得更多，以降低成本？等等。

而且，不要只强调你的单位或是部门的需求，例如，你争取预算的目的是为了帮助老板解决问题，达成目标。所以，你的重点在于老板所担心的问题，而不是预算的数字。你要做的只有以下两件事情:至少每个月询问你的老板:“我做得如何?”尽量提出具体的问题,例如:“老板对于我所排定的进度是否有什么意见?”“我想会议流程非常顺畅,您认为还有地方要改进的吗?”

员工应该随时和老板沟通自己的工作表现,而不是只依靠每年一次的业绩评量,这样你可以事先知道自己的缺点在哪里,及时进行改正,同时也可以了解老板的期望。至少每个月询问:“原先的工作安排有没有必要调整?”也许你的目标是在年初,甚至是前一年年底所定下的,然而外在的环境有所改变,先前所设定的目标势必做出调整,所以应该随时确认最优先的目标是哪些。

用更通俗的话概括一下,我们可以说,忠诚于自己的企业表现在两个方面:

一、永远维护企业的形象

个人作为企业中最基本的个体单位,永远都代表着企业的形象;反之,企业作为个体的组合,永远都能反映出个体员工的素质。举一个大家可能都曾有过的切身感受为例:如果自己来自一个品质卓越的公司,每当和别人谈论起自己的职业,那种自豪之情溢于言表;反之,如果自己的公司声名不佳,每当与人谈及自己的工作,就会避之唯恐不及。这两种截然不同的感受同样反映出了一个道理,那就是企业形象的树立至关重要,身为企业的员工,不但为企业更要为自己坚持维护企业的形象。

二、与企业同呼吸、共命运

企业与员工息息相关:企业的形象好、效益好,作为员工都会感到信心倍增、干劲十足;然而在市场竞争中,企业同样也承担着巨大的风险,这时候对企业忠诚的人会与企业同甘苦、共命运,那么最终将开创企业与员工互爱双赢的和谐局面。所以,作为员工,每时每刻都把自己当作企业志同道合的伙伴,就是你忠诚品格的最好体现。

忠诚是一种义务

忠诚不是讨价还价,忠诚本身就是一种与生俱来的义务。

拿破仑说:“不想当元帅的士兵就不是好士兵。”他还说过,“不忠诚于统帅的士兵就没有资格当士兵”。

“士兵必须忠诚于统帅,这是义务。”

同样，一个不忠诚于公司的员工也不是一个好员工。当然，我们倡导员工的忠诚和士兵的忠诚是有区别的，士兵的忠诚是绝对的，士兵必须忠诚于统帅，因为统帅代表着国家。员工的忠诚对于企业来讲是必需的，但并不是无条件的、绝对的和盲目的。员工忠诚更多的是一种职业的忠诚，是对自己所从事的职业的一种责任感，也就是对所承担的某一责任或某一职业所表现出来的敬业精神。

忠诚是对一个人的最深度的评价。恋人对于爱情，需要忠诚；朋友对于友谊，需要忠诚；员工对于企业，需要忠诚；甚至自己对自己也需要忠诚。对于一个职场中的人来说，忠诚对象有这样几个：企业、上司、同事、工作。

对企业忠诚，是你在企业中获得位置的一个基本条件。如果你不对企业忠诚，那么企业根本就不会给你进入企业或在企业里继续发展的机会。

对老板忠诚，体现在按照他的意愿去做事，以保证工作目标的实现，这也是确保整个企业能够正常运行、健康发展的重要因素，但前提是领导者必须是值得忠诚的，如果企业的领导者自私自利，利用企业为自己牟取私利，这样的领导者没有必要对他忠诚，也不值得让你忠诚。

对同事忠诚，是因为大家处于同一阶层，彼此之间是合作关系。合作的前提是信任，而信任的基础就是忠诚。为了获得彼此之间的信任，你就必须对他们忠诚。

对工作忠诚，是具有工作责任感的表现。忠诚是人的本分，缺少忠诚，你就不可能做出工作成绩，而没有优异的工作业绩，你又怎么去实现自我价值？

人类最憎恶的就是背叛，所以人们就愈加珍惜忠诚。面对利益，脆弱的人性经不住诱惑，就会断裂、扭曲。忠诚却是无声的宣言，尽管它有时表现得极为隐蔽，所以有人说："忠诚是血液里流出来的秉性。"忠诚是对自己所坚守的信念的忠实和虔诚。对一些人来说，它是终生不变的信条，是一种职业良心，或是处世为人的原则；但对有些人来说，忠诚则是浅薄的游戏，是在脚底下任意蹂躏的人性之花。

忠诚是一种义务。忠诚不讲条件，更不求回报，它是一种发自内心的情感。诚然，忠诚的表现对一个学能俱优的人，可能是一种沉重的负担，常常无法做到，但为求多福，仍需努力表现，则你的行为必定会有所回报。忠诚是有持续性的，更需要一定的时间与表现，方可为人所知，才能被人认同。相信只要用心学习并耐心接受考验，不但不觉辛苦，反而会感到愉悦自然。研究那些成功的、被人信赖和敬仰的人，我们可以发现：他们都具有忠诚的美德。

朱丽叶大学毕业后，来到纽约。她在一家房地产公司获得了电脑打字员的工作。打字室与老板的办公室之间隔着一块大玻璃，老板的举止她只要愿意就可以看得清清楚楚。但她很少向那边多看一眼，每天都埋头工作，只为了挣够一日三餐……她每天都有打不完的材料。工作认真刻苦或许是她唯一可以和别人一争短长的资本了。而且，在公司里，她也处处为公司打算，打印纸从来都不舍得浪费。如果不是要紧的文件，一张打印纸都是两面用。

一年之后，受大气候影响，纽约的房地产市场大滑坡，在全纽约都很难找到一家生意红火的房地产公司。员工的工资开始告急，许多职员纷纷跳槽。到第二年5月底，公司总经理办公室的工作人员就剩下朱丽叶一个。人少了，她的工作量也陡然加大，除了打字，还要做些接听电话，为老板整理文件等杂活儿。朱丽叶却没有一丝怨言，这缘于她身上那种忠诚的性格特点。公司还没有彻底垮掉，那些人就纷纷背叛，朱丽叶从心里鄙视这种不忠诚的人。

有一天，朱丽叶直截了当地问老板："您认为您的公司已经垮了吗?"老板很惊讶，说："没有!""既然没有，您就不应该这样消沉。现在的情况确实不好，可许多公司都面临着同样的问题，并非只是我们一家。在芝加哥，我们不是还有一个公寓项目吗？只要好好做，这个项目就可以成为公司重整旗鼓的开始。"

说完，她拿出关于芝加哥项目的策划文案。老板低头看了好一会儿，然后，抬起头，满脸都是惊讶："对不起，我真是没有想到，以前，我太有眼无珠了!"

几天之后，朱丽叶被派往芝加哥。在芝加哥，她整整干了两个月。结果，那片位置并不算好的公寓全部先期售出。她带着3800万美元的现金支票，飞回了纽约。

公司终于有了起色。

在以后的几年时间里，朱丽叶被提升到公司副总，帮着老板做成了好几个大项目。这种业绩，甚至让许多高手都大为吃惊，问朱丽叶是如何成功的。

"一是要用心，但是不能有私心，也就是说必须绝对忠诚于你所服务的公司。有些人一面在为公司做事，一面却在打着个人的小算盘，怎么能不出事呢?"朱丽叶淡淡地回答。

不久，公司扩大规模，老板当了董事长，朱丽叶则成了新公司的第一任总经理。朱丽叶为公司员工讲了几句话。她说："世上有些道理本是相通的。比如，夫妻双方应该彼此忠诚，公司和员工也应该彼此忠诚。只有这样，家庭才能和顺，公司才能发达。我们在任何时候都不能失去忠诚，因为它是我们做人最根本的道理……”

从朱丽叶身上，我们可以看到忠诚的魅力，一个员工的优势和财富，它能换取老板的信任与坦诚。如果员工有了忠诚的美德，总有一天，这些美德会成为巨大的财富。

任何人都有责任去信守和维护忠诚，这是对自己所爱的人和所坚持的信念最大的保护。丧失忠诚，就是对责任最大的伤害，也是对自己品行和操守最大的亵渎。

为坚守忠诚所付出的代价，得到的是荣誉。

为丧失忠诚所付出的代价，得到的是耻辱。

莎士比亚说：“忠诚你的所爱，你就会得到忠诚的爱。”

恺撒大帝说：“我忠诚我的臣民，因为我的臣民对我忠诚。”

杰克·韦尔奇说：“我忠诚我的员工，这是我对他们负有的责任。”

忠诚是相互的。如果缺乏对别人的忠诚，就别指望得到别人对你的忠诚。

忠诚的可贵就在于坚守你所珍惜的东西。

忠诚是一种责任，忠诚是一种义务，忠诚是一种操守，忠诚还是一种品格。

做到忠诚还必须要有所坚持，有所放弃。你所坚持的东西应该是你认为值得你珍惜的东西，而你所放弃的可能是对你诱惑最大的东西。并不是所有的人都能禁得起诱惑，也并不是所有的人都能分清哪些东西是值得自己珍惜的，哪些东西只是一种诱惑；但是至少在现在，大部分人都希望获得那些给自己诱惑的东西。

所以，做到忠诚就不是件容易的事，很少有人愿意放弃丰厚的诱惑，也很少有人对忠诚还能做到如此的坚持，尽管那是人性的光辉和亮点。所以，忠诚在今天显得更为弥足珍贵。不过，正如我们前面所说，忠诚更多意味的是对正确和真理或者是信念的一种坚持，这样的忠诚才是真正意义上的忠诚。

所以，任何人的忠诚都是可贵的、重要的。坚持自己的忠诚不容易，但是坚持住了忠诚，就是坚持住了你所认为人生最宝贵最值得珍惜的东西。

忠诚之人会把全部热情投入工作

拿破仑·希尔所说：“要想获得这个世界上最大的奖赏，你必须像最伟大的开拓者一样，将所拥有的梦想转化为为实现梦想而献身的热情，以此来发展和销售自己的才能。”

一名忠诚的员工，会在工作中投入全部的热情。无论做何事，我们须竭尽全力，因为它决定我们日后事业上的成败。一个人一旦领悟了全力以赴的工作能消除工作辛劳这一秘诀，他就掌握了打开成功之门的钥匙了，能处处以主动热情的态度工作，即使从事最平庸的职业也能增添个人的荣耀。

拿破仑发动一场战役只需要两周的准备时间，换成别人或许需要一年。

之所以会有如此大的差别，正是因为他那无与伦比的热情。战败的奥地利人被拿破仑创造的战争奇迹惊呆了，发出了“他们不是人，是会飞行的动物”的感慨。

拿破仑在第一次远征意大利的行动中，只用了15天时间就打了6场胜仗，缴获了21面军旗、55门大炮俘虏了1.5万人，并占领了皮德蒙德。

拿破仑与他的士兵正是以这么一种根本不知道失败为何物的热情，从一个胜利走向另一个胜利。

忠诚和热情是融为一体的，忠诚是生命的润滑剂。忠诚的人没有苦恼，也不会因情绪的波动而困惑。他坚守着生命的航船，即使船就要沉没，也会像英雄一样，在歌声中随着桅杆顶上的旗帜一起沉没。

著名人寿保险推销员法兰克·派特正是凭着热情，创造了一个又一个奇迹。

下面是他给我们讲述的关于自己的故事：

“当时我刚转入职业棒球界不久，遭到有生以来最大的打击，因为我被开除了。我的动作无力，因此球队的经理有意要我走人。他对我说：‘你这样慢吞吞的，哪像是在球场混了20年？法兰克，离开这里之后，无论你到哪里做任何事。若不提起精神来，你将永远不会有出路。’

我参加了亚特兰斯克球队，月薪只有25美元，我做事当然没有热情，但我决心努力试一试。待了大约10天之后，一位名叫丁尼·密亭的老队员把我介绍到新凡去。在新凡的第一天，我的一生有了一个重大的转变，我想成为英格兰最具热情的球员，并且做到了。

我一上场，就好像全身带电一样，我强力地击出高球，使接球的人双手都麻木了。记得有一次，我以强烈的气势冲入三垒，那位三垒手吓呆了，球漏接了，我就盗垒成功了。当时气温非常高，我在球场上奔来跑去，极有可能中暑而倒下去。

这种热情所带来的结果让我吃惊,我的球技出乎意料地好,同时,由于我的热情,其他的队员也跟着热情高涨起来。由于对工作和事业的热情,我的月薪由25美元提高到185美元,多了7倍。在后来的两年里,我一直担任三垒手,薪水加到当初的30倍之多。为什么呢?就是因为一股热情,没有别的原因。”

后来,由于手臂受伤,派特不得不放弃打棒球。他来到了菲特列人寿保险公司当保险员,但整整一年都没有成绩,他因此非常苦恼。经过调整心态,他像当年打棒球一样,又找到了曾经的热情,并把它带到新的工作中来。最后,凭着他的执着和热情,终于成为一名出色的推销员。

一个忠于使命的人,不论是在挖土,或者经营大公司,都会认为自己的工作是一项神圣的天职,并怀着深切的兴趣。对自己的工作忠诚而充满热情的人,不论工作有多么困难,始终会用不急不躁的态度去进行。只要抱着热切的态度,就一定会成功,一定会达成目标,就像爱默生说的那样:“有史有来,没有任何一件伟大的事业不是因为热诚而成功的。”

忠诚显于平凡岗位

忠诚是员工的立身之本。一个禀赋忠诚的员工,在任何岗位上都会努力工作,发挥自己的优势,让老板乐于接纳,在赢得老板信任的同时也为自己的发展带来益处。

美国第二代移民安松尼·阿司特,年轻时曾在纽约街上,靠着为行人擦皮鞋为生。那时候,还不会说流利的英语的他,擦鞋功夫既高明又迅速。虽然他一贫如洗,却从不妄自菲薄,始终以自己的工作为荣。

即使三餐不继,他也不以贫穷为苦;虽然个性内向羞怯,有时不免自怨自艾,然而,从未听到他喊穷而怨天尤人。

以擦鞋工作为荣的他,凭着无比的毅力,奇迹般地以鞋油开创了自己的事业,至今他所出品的“克丽斯汀”牌鞋油,仍然畅销全球。

即使是一个平凡的岗位,也可以做出骄人的成绩,所以,不要蔑视自己的工作,蔑视工作也就等于否定了自己的劳动和自己的人生价值。

美国黑人华盛顿·卜克年轻的时候,到一所学校请求入学。会见他的是一位校中的女职员，因为看见他的衣服褴褛，不肯收他。他独自坐在那里几个小时之久。那位女职员看见感到很稀奇，便告诉他说校中有一间屋子，需要人洗刷，问他能否做这件事，卜克喜欢极了。

他殷勤洗濯地板，擦拭桌椅，把那间屋子清理得没有一点尘垢，过了一会儿，那位职员来到这间屋子里，拿出雪白的手帕擦拭桌椅，白手帕上竟没有一点污秽，便允许卜克入校读书。那个女职员就是要借着这件微小的工作试验一下华盛顿·卜克的人品，看看他是否谦卑，是否殷勤，是否能做好这件小事。如果他以"能否被收留还没有把握，谁甘心先做这种义务的苦工呢？"这种想法而因此不肯打扫这间屋子，或是虽然打扫，却是草草了事，并不打扫得干干净净，那么，女职员能否收留他呢？

卜克后来果真成就了大事，兴办黑人的教育事业，不仅受到千万黑人的爱戴，而且受到千万白人的尊敬。

一个缺乏忠诚度的员工，相应的工作态度就会很差。只要老板一不注意，他们就懈怠下来，一遇到问题就推诿塞责，找出种种借口来为自己辩护。员工对企业的忠诚度降低，是企业面临生存危机的重要表现。如果每一位员工都能忠诚于自己的企业，在工作中担起责任，那么这家企业就一定能发展壮大起来。

"忠诚是人们心目中最神圣的美德。"这是塞内加的名句。即使是在最平凡的工作岗位上，我们要依然怀着忠诚的心。忠诚，让我们无意去计较所从事工作的优与劣，也不会无聊地去在乎岗位的高与低。忠诚员工的眼中，没有优劣高低的区别，只有是"尽心尽职"还是"敷衍怠慢"的区别。

约翰的事业一直很顺利，在某食品公司工作两年后，就从一名普通职员升迁到了产品开发部，当了一名业务经理。公司看重约翰的工作能力，希望他能在产品开发上有所作为。

约翰很快就做出了一套新产品开发方案，提交上司。他一心希望这套方案能被认可。但出乎意外，在刚刚开过的新产品研讨会上，他的计划被否定了。而且，更让约翰感到沮丧的是，公司采纳了另一项开发计划，决定让约翰具体负责这个项目的开发。

新的职位似乎打碎了约翰的计划——他要到离家很远的某地农业区去从事实际的开发，而一旦离开公司，在约翰看来，他根本无法实现自己在公司发展的计划。

虽然心怀不满，约翰还是按时就任新职。呼吸着新鲜的空气，听着在大都市很难听到的鸟鸣；约翰还发现，公司交给他的是一项非常有价值的任务——开发纯绿色天然食物，不仅能改善民众的健康．也同时能为公司带了新的发展机遇。

约翰愉快地投身工作，每天工作之余，就在所在的区域长时间地散步、慢跑，他发现这里的环境非常有益于自己的健康。

过了不久，约翰又发现了一种自己在中学时代就向往的运动——潜水。他一直没有机会和时间学习潜水，如今，他终于如愿以偿。他加入了当地的潜水队，不仅学会了潜水，还建立了很好的人际关系，约翰在当地交了不少新朋友。

这样身心愉快地工作了两年，约翰顺利地完成了任务，他带着自己新开发的产品和健康的身体回到了公司。

在约翰 33 岁时，他被升为公司的董事，他终于实现了自己在公司发展的计划。

随着竞争的激烈，人与人之间的较量，已经从单纯的能力较量延伸到了品德方面的较量。在所有的品德中，忠诚越来越得到组织的重视，从某种意义上说，平凡的岗位更能看出一个人忠诚的程度，谁在平凡的岗位上始终如一地保持忠诚，谁就能取得更大的成就。

一位年轻的修女进入修道院以后一直从事织挂毯的工作，做了几个星期之后，她再也不愿意干这种无聊的工作了。

她感叹道："给我的指示简直不知所云，我一直在用鲜黄色的丝线编织，却突然又要我打结，把线剪断，这种事完全没有意义，真是在浪费生命。"

身边正在织毯的老修女说："孩子，你的工作并没有浪费，其实你织出的很小的一部分是非常重要的一部分。"

老修女带着她走到工作室里摊开的挂毯面前，年轻的修女呆住了。

原来，她编织的是一幅美丽的《三王来朝》图，黄线织出的那一部分是圣婴头上的光环，她没想到，在她看来没有意义的工作竟是这么伟大。

其实，每一位优秀的员工都应该清楚，你所从事的看似平常的事情，实际上却非常关键，所以，在任何时候都不能够轻视自己的工作，而应该对工作和事业保持忠诚。

美国历史上最著名的钢铁大王——安德鲁·卡耐基，是苏格兰乡下的一个穷苦孩子，在他出生时，他的父亲穷得连医生都请不起。

安德鲁全家后来移民到了美国。他们依然很穷，他的父亲不得不走街串户推销自己织的桌布，他的母亲则在一家小鞋店帮人修补鞋子。在这样的家境下，安德鲁只上过4年学。

在安德鲁已经长成为一个青年人时，他在匹兹堡市找到一份电报投递员的工作。

但安德鲁并不满足现状，每次当他从公司接线员手里拿到邮件时，他都很羡慕地看看接线员手边的电报机——他很希望自己也能是一名接线员。

为了实现这个理想，安德鲁开始自学电报。每天下班后，尽管非常疲惫，他还是放弃自己一部分的休息时间和一切的娱乐，认真钻研电报学问。每天一大早，他都要跑步到公司——他要赶在别的接线员上班之前，练习电报收发技术。

有一天早晨，公司收到了一份异常紧急的电报，但接线员还都没有上班，而安德鲁正好赶到，他立即跑去接收电报，并用最快的速度送到了客户手里。他干得非常出色，为公司树立了良好的形象。公司对他大加赞赏，他很快就被提升为接线员。

微软公司的总裁比尔·盖茨曾对他的员工说："工作本身没有贵贱之分，对于工作的态度却有高低之别。"公司所有的人都是从最基层做起的，对工作有利的就是对自己有利的。如果一个人能够忠诚地做好自己的本职工作，坚持做好自己的每一份日常工作，那么，他的前途一定是不可限量的。

感恩也是一种忠诚

我们从工作中所获得的一切、所享受到的一切，不是平白无故的，而是许多人所创造、所奉献的，这其中包括你的老板。老板给了我们一个机会，给了我们一个平台，给我们提供工作环境、办公设备、各种便利、福利等，成就了我们的事业，成就了我们的价值，成就了我们的人生。在这个平台上，还有我们可敬的同事们。老板创造的这个运营机器上，有管理部门、生产部门、销售部门，试想一下，不论身处哪个部门，若没有其他部门同事的工作，本部门同事的配合，我们不可能实现自己的劳动价值。我们每天接触到的老板、同事、合作伙伴、客户，他们都值得我们去感恩。

一日，临济禅师向老师黄檗禅师告辞，准备去别处参学。

黄檗禅师就问道："你要到哪里去？"

临济禅师答道:“不是到河南,就是去河北。”

黄檗禅师当场就打临济禅师一拳,临济禅师抓住黄檗禅师回打他一巴掌。

黄檗禅师被打后,哈哈大笑着呼叫侍者道:“你去把百丈先师的禅板和经案给我拿来!”

临济禅师也高呼道:“侍者,顺便把火也拿来。”

黄檗禅师道:“话虽如此说,火是烧不着的,你尽管去你的吧,今后你必须堵塞天下人的嘴巴!”

后来,沩山灵佑禅师就这件事考问仰山禅师道:

“像临济的言行,是否背叛了老师黄檗?”

仰山:“并非如此。”

沩山:“你究竟是如何看的呢?”

仰山:“只有知恩的人才懂得报恩。”

沩山:“在古代圣贤之中,还有没有类似的事情发生?”

仰山:“有的,只是时代已经很远,我不想向老师叙述。”

沩山:“虽然事情已经过去,可是我并不知道。还是请你说说看!”

仰山:“例如在《楞严经》中,阿难赞叹佛陀说:‘我愿把一颗赤诚之心奉献给像尘埃那么多的国家和众生。’其实,那就叫作‘报佛恩’,这不就是报恩的实例吗?”

沩山:“的确如此,的确如此!见识和老师的程度相同,会减损老师的一半盛德;唯独见识超出老师时,才可以传授老师的遗教。”

无论我们取得了多大的成就,都应该培养自己的感恩之心、回报之心。感谢老板给予我们的支持和帮助,并以更加努力的工作来回报他。

一个希望在事业上大展拳脚的年轻人,应将目光从别人的身上转移到自己手中的工作上,心怀对工作的感激之情,多花一些时间。想想自己还有哪些需要改进和提高的地方,看看自己的工作是否已经做得很完美了。而不是浪费时间去分析和抨击高高在上的上司,无休止地厌恶和指责在某些方面不如自己的部门主管。指责别人不能提高自己,相反,抨击和指责他人只能破坏自己的进取心,徒增莫名的骄傲和自大情绪。市场永远是公平的,它会以自己的方式去实现公平。一切降低公司效益的行为和个人终将被清除,不称职者终将被社会无情淘汰。

如果你每天都能怀着一颗感恩的心而不是带着抱怨去工作,相信你工作时的心情自然是愉快而积极的，工作的结果也将大不相同。带着一切从容、坦然、喜悦的感恩心情去工作吧！把对老板和对公司的感恩之情化成工作中的动力，你会获得最大的成功。

因此，每天当我们面对自己的公司时，要全面地观察它、认识它、关心它的成长，充分利用老板为我们提供的资源，积极行动，而不是无休止地抱怨。

一位公司的优秀职员曾说："是一种感恩的心情改变了我的人生。当我清楚地意识到我无任何权利要求别人时，我对周围的点滴关怀都怀抱强烈的感恩之情。我竭力要回报他们，我竭力要让他们快乐。结果，我不仅工作得更加愉快，所获帮助也更多，工作更出色，我很快地获得了公司加薪升职的机会。"

其实，每一份工作中都存在许多宝贵的经验和资源，如失败的沮丧，自我成长的喜悦，温馨的工作伙伴，值得感谢的客户，等等，这些都是工作成功必须学习的感受和必须具备的财富。如果我们在工作中始终牢记"拥有一份工作，就要懂得感恩"的道理，相信你一定会成为出类拔萃且无比忠诚的员工。

有位普通办事员在谈到她被破例派往国外公司考察时说："我和自己的主管虽然同样都是研究生毕业，但我们的待遇并不相同，他职高一级，薪金高出很多。庆幸的是，我没有因为待遇不如人就心生不满，仍是认真做事。"

当许多人抱着多做多错、少做少错、不做不错的心态时，我尽心尽力做好我手中的每一项工作。我甚至会积极主动地找事做，了解主管有什么需要协助的地方，事先帮主管做好准备。因为，我在上班报到的前夕，父亲就告诫我三句话："遇到一位好老板，要忠心为他工作；假设第一份工作就有很好的薪水，那你的运气很好，要感恩惜福；万一薪水不理想，就要懂得跟在老板身边学功夫。"

我将这三句话深深地记在心里，自己始终秉持这个原则做事，即使起初位居他人之下，我也没有计较，但一个人的努力，别人是会看在眼里的。在后来挑选出国考察学习人员时，我是唯一一个资历浅、级别低的办事员，这在公司里是极为罕见的现象。"

在职场中，不管做任何事，都要把自己的心态回归到零：把自己放空，抱着学习的态度，将每一次任务视为一个新的开始和新的经验，不要计较一时的荣辱得失，更不必去抱怨工作中暂时存在的不公待遇。只要我们感激工作带给我们的一切，无论做什么事都心甘情愿、全力以赴，当机会来临时，我们就一定能及时把握住。

有一位住在美国佛州的农夫，他出巨资买下了一片农场之后，突然发现自己上当了，因为这块地贫瘠得既不能种水果，也不能养猪，这里能够生长的只有白杨树和响尾蛇。在一番痛苦和后悔之后，他想出一个很好的主意，把这块地的价值充分利用起来——那些响尾蛇是关键。他的做法令每个人都很吃惊，因为，他开始做响尾蛇罐头。几年后，他的生意已经做得非常大了，每年到他的农场来参观的人高达几万人次。他把从响尾蛇体内取出的蛇毒，运送到各大药厂去做蛇毒的血清，把响尾蛇的皮以很高的价钱卖给厂商去做鞋子和皮包，把响尾蛇的肉做成蛇肉罐头进行销售。由于他独到的眼光和天才般的贡献，他所在的村子现在已经改名为响尾蛇村。

这位农夫曾经忠告世人："生命中最重要的一件事情，就是不用业绩证明自己的忠诚要拿你的收入来当资本。任何傻子都会这样做。真正重要的是要从你的损失中获利。感恩生活为我们奉献的一切，也正是这一点决定了傻子和聪明人之间的区别。"

对工作心怀感激并不仅仅有利于公司和老板。"感激能带来更多值得感激的事情"。这是宇宙中的一条永恒的法则。请相信，努力工作一定会带来更多更好的工作机会和成功机会。

除此之外，对于个人来说，应感恩赋予我们富裕的人生。感恩是一种深刻的感受，能够增强个人的魅力，开启神奇的力量之门，发掘出无穷的智能。感恩也像其他受人欢迎的特质一样，是一种习惯和态度，感恩是忠诚的一种表现。

让我们带着一种从容坦然、分外喜悦的感恩心情去工作吧，相信我们会获取充分的肯定与赞赏。而回报生活对我们的所有"厚爱"，我们只需要做到一点：忠诚。

用业绩证明自己的忠诚

创造出良好的业绩，是最好的证明自己忠诚的方式，一个充满活力的企业，永远需要能创造出优秀业绩的员工。

纽约首屈一指的毛织物批发商达勒·柯姆，有一年雇用了一名杂役，是一位叫乔瑟夫的少年。他的任务是每天早晨6点钟要到富兰克林街的办公室，在7点半办事员到来之前，把办公室打扫整理好。

除此之外，白天一整天，他都要为一名罹患慢性胃病的董事，来回不断地送热水。

当周薪被调整到5美金的时候，他断然地申请到外面去推销毛织物，尽管他年轻，而且身体又弱小，但他还是决定为自己争取一次尝试的机会。

有一天，大风雪吹袭全纽约，就在这场大灾难刚过不久，一帮推销员在中午，纷纷赶回富兰克林街的办公室，无不争先恐后围坐火炉旁，尽兴地聊着天。

到了下午时，已经冻僵了的他，像醉汉似的摇晃着一身寒冷走进了办公室。

“原来是董事先生上班了。”资深的推销员讽刺地说。

“不过，我把今天应做的工作全做了。”他回答说，“像这样的大风雪，我更加勤奋，而且这样的日子，不会有竞争的对手，所以给客人们看了更多的样本，今天获得了43件订货。”

于是，他立即被升为正式的推销员，薪水也增加了。

乔瑟夫用自己的业绩证明了自己对企业的忠诚，自然获得了老板的重用，更加接近了自己的理想。

许多老板在用人时，既要考察其能力，更看重个人品质，而品质最关键的就是忠诚度。一个忠诚的人十分难得，一个既忠诚又有能力的人更是难求。忠诚的人无论能力大小，老板都会给予重用，这样的人走到哪里都有条条大路向他们敞开。相反，能力再强，如果缺乏忠诚，也往往被人拒之门外。毕竟在人生事业中，需要用智慧来做出决策的大事很少，需要用行动来落实的小事甚多。少数人需要智慧加勤奋，而多数人却要靠忠诚和勤奋。

查理到某大公司应聘部门经理，老板提出要有一个考察期。但没想到上班后被安排到基层商店去站柜台，做销售代表的工作。一开始查理无法接受，但还是耐着性子坚持了三个月。后来，他认识到，自己对这个行业不熟悉，对这个公司也不十分了解，的确需要从基层工作学起，才可能全面了解公司，熟悉业务，何况自己拿的还是部门经理的工资。

虽然实际情况与自己最初的预期有很大的差距，但是查理懂得这是老板对自己的考验。他坚持下来了，三个月以后他全面承担部门的职责，并且充分利用三个月基层的工作经验，带领团队取得了良好的业绩。半年后，公司经理调走了，他得以提升；一年以后，公司总裁另有任命，他被提升为总裁。在谈起往事时，他颇有感慨地说：“当时忍辱负重地工作，心中有很多怨言，但是我知道老板是在考验我的忠诚度，于是坚持了下来，最终赢得了老板的信任。”

对于经营者来说，普通员工需要有责任心，中层员工不但要有责任心还要有上进心；而对于高层人士来说，最重要的是对公司价值观的认同，要有和公司一同发展的事业心。因此，越往高处走，对忠诚度的要求就越高；相应地，你的忠诚度越高，就越有可能获得提升。

忠诚意味着责任

英国海军统帅纳尔逊，1770 年参加海军，21 岁升为上尉，1794 年在一次海战中几乎失去右眼，1796 年晋升为分舰队司令，次年获海军少将军衔。在一次战役中失去右臂，复员返乡。1800 年重返军队时晋升为海军中将。1805 年 10 月 21 日在西班牙特拉法尔加角海战中，大败法兰西联合舰队，最终挫败拿破仑入侵英国的计划，他也在作战中阵亡。在死亡之前，他最后说出的话是“感谢上帝，我履行了我的职责”。

纳尔逊的祈祷内容包括，他期望英国海军以人道的方式获胜，以有别于他国。他自己做出了榜样，两次下令停止炮击“无敌”号军舰，因为他认为该舰已被击中，已丧失战斗力，但他却死于这艘他两次手下留情的炮舰。该舰突然开火，在当时的情况下，两舰甲板之间的距离不超过 15 码，他的胸部被击中了。经过检查才知道是致命伤。这事除了哈定舰长、牧师和医务人员，对所有人保密。从胸口不断涌出的鲜血中，他自己很清楚已经回天无术，所以他坚持要外科医生离开，代之以那些他认为有用的人。

哈定说毕提医生可能还有希望挽救他的生命。“哦，不，”他说，“这不可能。我的胸全被打透了，毕提会告诉你的。”然后哈定再次和他握手，痛苦得难以自制，匆匆地返回甲板。

毕提问他是不是非常痛。“是的，痛得我恨不得死掉。”他低声回答说，“虽然希望多活一会儿。”

哈定舰长离开船舱 15 分钟后又回来了。纳尔逊很费力地低声对他说：“不要把我扔到大海里。”他说把他埋葬在父母墓边，除非国王有其他想法。然后他流露了个人感情：“关照亲爱的汉密尔顿夫人，哈定，关照可怜的汉密尔顿夫人，哈定，吻我。”

哈定跪下去吻他的脸。纳尔逊说：“现在我满意了，感谢上帝，我履行了我的职责！”

他说话越来越困难了。但他仍然清晰地说:"感谢上帝,我履行了我的职责!"他几次重复这句话,这也是他最后所说的话。

在他受伤3小时11分钟后,于4点30分去世。

责任感源于忠诚。没有忠诚,责任感就无从说起,没有责任感,我们自己的事业也就无法达到成功。

约翰尼是一家连锁超市的普通打包员,他利用自己业余时间所学的计算机知识,设计了一个程序,然后他把自己寻找的"每日一得"都输入计算机,再打上好多份,并在每一份的背面都签上自己的名字。第二天他给顾客打包时,就把那些写着温馨有趣或发人深思的"每日一得"纸条打到买主的购物包中。

一个月之后,连锁店里发生了一种奇怪的现象:无论在什么时间,约翰尼的结账台前排队的人总要比其他结账台多好多倍。值班经理很不解,就大声对顾客说:"大家多排几队,请不要都挤在一个地方。"可是没有人听他的话。顾客们说:"我们都排约翰尼的队,因为我们想要他的'每日一得'。"

这样,在约翰尼的感召下,连锁店里的员工们也改变了以前的工作态度。其中一个斯努皮的发烧友,还买了两万张斯努皮的不干胶画,贴到一个个从他手中卖出的货物上,大家都感到自己的工作有趣极了。

责任,从本质上说,是一种忠诚,它伴随着每一个生命的始终。事实上,只有那些忠诚的人,才有可能被赋予更多的成功的机会,才有资格获得更大的荣誉。一个缺乏忠诚度的人,首先失去的是社会对自己的基本认可,其次失去了别人对自己的信任与尊重,甚至也失去了自身的立命之本——信誉和尊严。

爱默生说,忠诚具有至高无上的价值,它是一种伟大的品格,在所有价值中它处于最高的位置。科尔顿说:"人生中只有一种追求,一种至高无上的追求——就是对忠诚的追求。"

普通员工与忠诚的员工不仅在利益上体现的理念相距甚远,更主要是体现在对待责任的态度上的差异上,责任是区别忠诚的员工与普通员工的重要标准和根据,忠诚的员工不一定是专业型人才,但肯定是责任型人才,责任型人才就是优秀的人才。

职场呼唤忠诚,忠诚意味着责任。

美国前总统杜鲁门,曾在桌子上摆着一个牌子,上面写着:Bookofstophere(问题到此为止),这就是责任。总统有总统的责任,员工有员工的责任,对于任何一名员工来说,忠诚就意味着责任,没有责任感的员工不可能成为一名优秀的员工。

南丁格尔被誉为“护理学之母”，她创立了真正意义上的现代护理学，使护理工作成为妇女的一种受尊敬的正式社会职业。

克里米亚战争时期，南丁格尔带着护士小分队来到了这里，在几个小时内，成百上千的伤员从战场上被运了回来，而南丁格尔的任务就是要在这个痛苦嘈杂的环境中把事情弄得井井有条。不一会儿，又有更多的伤员从印克曼战场上被运了回来。什么事情也没有准备好，一切都需要从头安排，而当各种事务都在有序地进行着时，她自己就又会去处理其他更危险、更严重的事情。在她负责的第一个星期，有时她要连续站立 20 多个小时来分派任务。

“南丁格尔的感觉系统非常敏锐。”一位和她一起工作过的外科医生说，“我曾经和她一起做过很多非常重大的手术，她可以在做事的过程中把事情做到非常准确的程度……特别是救护一个垂死的重伤员，我们常常可以看见她穿着制服出现在那个伤员面前，俯下身子凝视着他，用尽她全部的力量，使用各种方法来减轻他的疼痛。”

一个士兵说：“她和一个又一个的伤员说话，向更多的伤员点头微笑，我们每个人都可以看着她落在地面上的那亲切的影子，然后满意地将自己的脑袋放回到枕头上安睡。”另外一个士兵说：“在她到来之前，那里总是乱糟糟的。但在她来过之后，那儿圣洁得如同一座教堂。”

在斯特拉特福子爵为克里米亚战争举办的晚宴上，人们做了一个游戏，军官们被要求在各自的纸片上秘密地写下一个人的名字，这个人要与那场战争有关，并且要他认为此人是这场战争中最有可能流芳百世的人。结果每一张纸上都写着同一个名字：“南丁格尔。”她是那场战争中赢得最高声誉的妇女。

在当今的职场上，员工的责任和忠诚对于一个企业具有非凡的意义和价值。这是企业制胜的精神支柱，是企业能够在激烈的竞争中保持岿然不动姿态的坚实根基。因为他们相信：一个忠诚而富有责任感的人是容易获得成功的。

这是一个民间登山队，他们要对世界第一峰——珠穆朗玛峰发起进攻。虽然人类攀登珠峰已经不止一次了，但这是他们第一次攀登世界最高峰。队员们既激动又信心十足，他们有决心征服珠穆朗玛峰。

经过考察后，他们选择自己状态很好、天气也很好的一天出发了，攀登一直很顺利。

但是，第二天，天气突然发生了变化，风很大，还下着雪。登山队长征求大家的意见，要不要回去，因为要确保大家的生命安全。但是大家都建议继续攀登，登山本来就是对生命极限的一种挑战。

于是，登山队继续向上攀登。环境很恶劣，大家小心翼翼地攀登着。“队长，你看！”一个队员大喊，大家循声望去，在离他们很远的地方发生了雪崩。虽然很远，但雪崩的巨大冲击力波及了登山队，一名队员突然滑向另一边的山崖，还好，在快落下山崖的那一刻，他的冰锥紧紧地插进了雪层里，他没有滑落下去，但他随时有可能被雪崩的冲击力推下去。

形势严峻，如果其他队员来营救山崖边的队员，有可能雪崩的冲击力会将别的队员冲下山崖。如果不救，这名队员将在生死边缘徘徊。

队长说：“还是我来吧，我有经验，你们帮我。大家把冰锥都死死地插进雪层里，然后用绳子绑住我。”“这很危险，队长。”队员们说。“已经没有犹豫的时间了，快！”队长下命令。大家迅速动起手来，队长系着绳子滑向悬崖边，他死命地拉住了抱住冰锥的队员，其他队员使劲把他俩往上拉。就在下一轮雪崩冲击到来之前，队长救出了这名队员。

经过了生死的考验，大家变得更坚强了。

最终，登山队征服了珠峰。站在山峰上，他们把队旗插在山峰的那一刻，也把他们的荣誉和责任留在了世界上最纯净的地方。

后来，队长说：“当时我也非常恐惧，随时可能尸骨无还，但我知道，我有责任去救他，我必须这么做，责任的力量太大了，它战胜了死亡和恐惧，真的。”

勇气来自哪里？战胜困难的决心来自哪里？

这是最能考验责任和忠诚的时候。当然，对那些临阵脱逃的人也应给予足够的理解，毕竟他们有权利选择这么做，而对那些能够勇敢地去为企业承担困难的人，我们是理应给予敬意的，他们更加难能可贵。这个时候，责任和忠诚所带给企业的力量是无法估量的，它们能让我们战胜一切困难。

工作就意味着忠诚和责任。在这个世界上，没有无须承担责任的工作，相反，你的职位越高、权力越大，你肩负的责任就越重。不要害怕承担责任，要立下决心，你一定可以承担任何正常职业生涯中的责任，你一定可以比前人完成得更出色。

美国著名的钢铁大王、成功学家卡耐基认为，一个人想成功，必须干出一些不同寻常的事情来。但靠什么来干出不寻常的事情呢？就是一个人的责任和忠诚。如果你放弃了责任和忠诚，那你也就放弃了成功的机会。

忠诚就是心中常存使命感

使命感是一种促使人们采取行动，实现自我理想和信仰的心理状态；是决定人们行为取向和行为能力的关键因素。具有明确使命的人，总是领导和凌驾那些没有使命的人；具有确切使命的人，能领导那些没有使命感的人。谁若是没有自己的使命，谁便会存在于别人的使命当中。大多数人因为没有明确的使命，只能过着得过且过、受人操纵和摆布的人生，只有意识到自己的使命并忠诚地去执行，我们才能够主宰自己的命运。

费兰德还是一个 13 岁的少年时，就与一伙人一起为城市运送冰块。虽然没有上过几天学，但是他依靠自己的努力，不断地利用闲暇学习，并想方设法向铁路行业靠拢，18 岁那年，经人介绍，他进入了铁路业，在长岛铁路公司的夜行货车上当一名装卸工，这对他而言，是一件十分难得的机遇。尽管每天又苦又累，他都能保持一份快乐的学习心态，因此受到赏识，被安排到铁路上，开始干一份检查铁轨和路基的工作。尽管每天只能赚一美元，但是，他感觉到自己已经向铁路公司总裁的职位迈进。

随后，他又被调到铁路扳道工的岗位上，在这里，他依然勤奋工作，并利用空闲帮主管做一些书记工作。

后来，他回忆说："不知道有多少次，我不得不工作到午夜十一二点钟，才能统计出各种关于火车的盈利与支出、发动机耗量与运转情况、货物与旅客的数量等数据，做了这些工作后，我得到的最大收获就是迅速掌握了铁路各个部门具体运作细节的第一手资料，而这一点，没有几个铁路经理能够真正做到。通过这种途径，我已经对这一行业所有部门的情况了如指掌。"

但是，他的扳道员工作只是与铁路大建设有关联的暂时性工作，工作一结束，他立刻被解雇了。

他找到了公司的一位主管，告诉他，自己希望能继续留在长岛铁路公司做事，只要能留下，做什么样的工作都可以，对方被他的诚挚所感动，调他到另一个部门去清洁那些满是灰尘的车厢。很快，他通过自己的实干精神，成为通往海姆基迪德的早期邮政列车上的刹车手。无论做什么工作，他始终没有忘记自己的目标和使命，不断地补充自己的铁路知识。现在，费兰德已是公司的总裁，他依然废寝忘食地工作着。在纽约人来人往、川流不息的铁道上，他每天负责指导运送 100 万乘客，至今也没有发生过任何重大的交通事故。

他在一次演讲中说："在我看来，对一个具有强烈工作使命感的员工而言，没有什么不能改变的，也没有什么不能实现的。从另外一个角度而言，一个具有强烈工作使命感的员工，也正是一个优秀的、勇于负责的人，他在任何地方都会受到欢迎，他在依靠自身的努力向前迈进的时候，也会受到各方面的真诚相助。"

一个忠诚的人，一定洋溢着常青的使命感。

一个人非常明确地知道自己在做什么，并且知道这么做会给别人带去什么，会给自己带来什么，这样的人对自己的使命有明确的认识，所以他的忠诚不是做作的，而是发自内心的。

我们不能指望一个没有使命感的人能够对企业忠诚。当一个人缺乏使命感的时候，他就不具备能够坚守忠诚的信念。作为一个企业的领导者，要确认一个人是否忠诚于自己和企业，首先要看他是否有使命感。

使命是忠诚的根基，使命造就忠诚，员工对公司的忠诚就是一种强烈的职业使命感。事实证明，只有使命造就的忠诚，才是真正的忠诚。

沈阳华夏人集团是酒店行业的翘楚。该企业的每一个员工都视自己的工作为神圣的使命，平凡如酒店中的厨师，也定下自己的格言：行厨如行医，菜品如人品。在酒店中到处还悬挂着《华夏人厨师宣言》，摘录如下：

我们是有生命信仰的人。因着喜爱中华博大精深的饮食文化。从而被赋予从事餐饮料理的工作，我们热爱自己的工作，并以此为自豪。我们在每天的工作中得到满足、快乐……但有些遗憾的是：现代社会随着科学技术的发展，饮食行业有了巨变，虽说"吃"是人类的本能，但今天人们所吃的食物已与过去有了天壤之别。

人们吃得越来越广了，越来越杂了，越来越快了，越来越精了，而随之越来越失去了对人身体有益的健康美食，化肥、农药、转基因等食物越来越成为当今人类的公害，连各种化学试剂也逐一潜入美食行业。

2005 年，我们全体华夏厨师为捍卫我们的神圣工作，我们决定进行厨房革命，摒弃现代厨房赖以使用的色素、硝、甜蜜素、嫩肉粉和一切提高菜肴成熟度、色泽、味道的现代厨房调味剂，重新使用原始烹饪方法，这样，无疑会增加我们烹饪菜肴的时间，增添加工菜肴的工人，削减菜肴颜色的亮度……

联邦快递的总裁、前陆战队员弗雷德里克·史密斯说："要想让员工具有使命感，首先要让员工知道他们工作的意义和价值！我的办法是，告诉他们——你所从事的是历史上最重要的商业，你每天不停递送着的物品不是沙子和瓦砾，它可能是某个心脏病患者的起搏器、治疗癌症的药品、F－18飞机的零部件，或者是决定一件案子审判结果的法律证据。"

在这个世界上，每一个人都扮演着不同的角色，每一种角色又都承担着不同的使命。从某种程度上说，对角色饰演的最大成功就是对使命最好的完成。

法国著名将军狄龙在他的回忆录中讲过这样一件事。"一战"期间的一次恶战，他带领第80步兵团进攻一个城堡，遭到了敌人顽强抵抗，步兵团被对方火力压住无法前行。狄龙情急之下大声对他的部下说："谁设法炸毁城堡，谁就能得到1000法郎。"他本以为士兵们定会前仆后继、勇往直前，谁知却没有一个士兵冲向城堡。狄龙大声责骂部下懦弱，有辱法兰西国家的军威。一位军士长听罢，大声对狄龙说："长官；要是你不提悬赏，全体士兵都会发起冲锋。"狄龙听罢，立即转发另一个命令："全体士兵，为了法兰西，前进！"结果整个步兵团从掩体里冲了出来。

将工作看成神圣的使命，能极大地调动人的积极性，人们对团队、对企业的责任感会随着他完成使命的行动而越来越大。

使命感是整个团队甚至整个企业生命力和战斗力的保障，使命感是激发员工勤奋工作的动力。

强烈的使命感可以造就一个人忠诚，忠诚又会增强一个人的使命感，心中常存使命感是每一个忠诚的员工都应当具备的。

第六章

只有信任，才能带来忠诚和高效能

在这个世界上，还没有不犯错误的人，谁都希望自己犯了错误之后能得到别人的原谅。原谅别人就是信任别人，把他能够做的事交给他继续做下去。不信任的原谅，其实还算不上真正的原谅。信任是最美的原谅，信任才能让人变得更加美好。

信任是最美的原谅

在这个世界上，还没有不犯错误的人，谁都希望自己犯了错误之后能得到别人的原谅。原谅别人就是信任别人，把他能够做的事交给他继续做下去。不信任的原谅，其实还算不上真正的原谅。信任是最美的原谅，信任才能让人变得更加美好。

在美国商业机器公司，有一位高级负责人因工作失误而损失了1000万美元的巨款。沉重的压力使他精神紧张，萎靡不振。

几天后，这位负责人接到了董事长约翰·欧佩尔接见的通知。在办公室里，他被告知调任同等重要的一个新职务。这一结果大大地出乎他的意料，他十分惊讶地问道："董事长，我犯了如此重要的错误，您为何不把我开除或降职？"

"先生，如果我那样处理的话，岂不是在您的身上白白地花费了1000万美元的'学费'？"欧佩尔回答说。

谈话还不到10分钟，但却给了这位高级负责人以深刻的教育和极大的鼓励，成为其巨大的心理动力。他在新的起点上奋发拼搏，以惊人的毅力和智慧为公司的发展立下了汗马功劳。

在这个世界上，还没有不犯错误的人，谁都希望自己犯了错误之后能得到别人的原谅。原谅别人就是信任别人，把他能够做的事交给他继续做下去。不信任的原谅，其实还算不上真正的原谅。信任是最美的原谅，信任才能让人变得更加美好。

"只有一个方法，可以使过去成为有价值和建设性的经历，那就是冷静地分析我们过去的错误。因错误而获益，然后忘记错误。"欧佩尔说，"我们允许下属出错，如果哪个人在经过几次犯错误之后变得'茁壮'了，在公司看来是很有价值的。"

对于企业的管理者来说，他们才能的一个重要方面表现为识人、用人和容人的水平。欧佩尔在这一点上，做得非常到位。他在激烈的竞争中深刻地认识到，提高企业的后劲在于储备人才，企业无法估量的资本是人才，知识可以称之为企业的无形财富。

管理者的自恋

企业的效益要想提高，就请老板和管理者们尽可能地把决定权交给下属吧！然而，要做到充分授权，管理者人性中的自恋就必须收敛……因此，在商业历史的长河中，平庸的企业永远是大多数，而佼佼者总是少数。

人，大多自恋。自恋就是喜欢自己多于喜欢别人，人们为什么喜欢自己要多一些呢？因为人本性中固有的骄傲——认为自己总是比别人强。20 世纪 70 年代美国曾在 100 万个年轻人中，进行过一次心理测试，测试的内容是：让每个人对自己的才能打分，看自己的素质在多少人之上，并用百分比表示。结果 70％的测试者认为自己的才能比 90％的人都高，25％的测试者认为他们百里挑一，也就是说：他们是属于人群中那 1％最有才华的人。

看到这个结果，主持试验的社会学家不禁哑然失笑：人群中那些占大多数的平庸者都哪儿去了？除非统计学正态分布的定理重新改写，否则，试验得出的结论是不能成立的。然而，这个结论却反映了人群整体对自己的一个重要的认知——自恋。

自恋不是坏事，而是人们活下去的一个重要理由。如果一个人总觉得自己什么都不如别人，那他还活个什么劲呢？正是每个人心中那点自恋，才使得我们每天要走出家门，去面对一个并不如意的世界。因此，不管生活状况如何差的人，他的心里一定也要找到比别人强的地方。

有人可能说："不对！我每天干我不愿意干的事，是因为责任。"

然而，责任的背后是什么？支持你肩负责任的动机是什么？仍然是你认为自己比别人强，或者，至少你不比别人差的那点自恋。

因此，对于普通人来说，自恋不仅不是坏事，而且是必需的，但是，对于管理者来说，自恋就不一定是好事了。作为管理者，你的职位本身已经向世人宣告：你比别人强！如果你再自恋，处处都表现得比下属强，你就会把下属的自恋抢走。人没了自恋，活着就没劲了，你管理的公司或部门的效率也一定会下降。

为什么？因为管理者的职业与其他职业最大的不同是：管理者不能单兵作战，管理者的任务和目标是要靠下属的脑和手来完成的。可是，在绝大部分时间里，管理者控制不了下属的脑和手，因此，如果想让下属的脑和手主动干活，光给钱是不行的，还必须给他们心里装台“发电机”——自恋。

然而，管理者也是人，是人就会自恋。于是，管理者往往不知不觉地抢了下属的风头，这就是大多数企业经常发生授权不充分的原因。是啊！谁敢把重要的决策权交给“能力不如自己的下属”呢？

人们还认为：别人不仅能力不如自己，道德水平往往也不如自己。在20世纪八九十年代，美国芝加哥大学的一个研究机构对美国成年人的工作动机进行了一项连续性调查。在抽样调查中，受访者被要求对他们的工作动机——金钱、保障、自由时间、工作重要性和成就感这五个因素按重要程度排序，结果大部分人把工作重要性排在第一位，而金钱仅排在第三位。同样的受访者当被问道：你们认为鼓励下属努力工作最重要的手段是什么时，结果有高达75%的人，竟把金钱的因素排到第一位。

这就是赤裸裸的道德自恋。凭什么你就是为了重要的责任而工作，而别人就是为了金钱而工作呢？

有道德自恋倾向的管理者，在管理中就更不能充分授权了，因为他们相信下属都是唯利是图的。因此，必须严格监控才能防止他们占公司的便宜，不仅如此，他们往往忽视员工的尊严，尽管嘴上总是说以人为本，但内心却认为：“你们在别处还拿不到这么多收入呢，受点委屈也是应该的。”

在有上述两种自恋倾向的管理者手下工作是不幸福的，因为授权不充分和被过分监管都意味着不被人信任，不被人信任就意味着你的能力和品德不行。于是，人的自恋得不到满足，就觉得不幸福——好像白活了。一个不幸福的员工当然不会有主动工作的精神，最多是“拿多少钱，干多少活”；一个企业里“拿多少钱，干多少活”类型的员工多了，这个企业就变得平庸了。

相反，在那些不自恋或自恋倾向小的管理者手下工作的员工，个个都显得精明能干，为什么？因为他们的老板知道：自己管不好那么多事，因此，把决定权尽可能地交给了他的下属们。人就是这么怪的动物，明争暗斗，你争我抢，要的就是“自己说了算”这点权力；可是，一旦把权力争到手，自己就给自己带上紧箍咒——为自己的决定赴汤蹈火吧！这就是所谓士为知己者死。

权力是一块金币，一面刻着责任，另一面写着信任，给了谁，谁的自恋就得到满足，因为这等于给他胸前戴了一枚奖章，上面写着：“我比你们强！我没白活！”这样，他就有了主动工作的精神。

根据中国企业领导力委员会(CLC)在全球59家企业的5万多名员工中进

行的一项调查表明：员工主动工作精神能使工作绩效提高至少20%，跳槽率下降87%！看来，人要是自恋了，就傻到愿意多干活、多卖命。其实，这就是授权管理的全部精髓——让员工自恋。

企业的效益要想提高，就请老板和管理者们尽可能地把决定权交给下属吧！然而，要做到充分授权，管理者人性中的自恋就必须收敛，可是，自恋既然是人性，管理者能够克服自己的自恋吗？当然不能！一个不违反统计学定理的答案是：大多数管理者并不能克服自恋。因此，在商业历史的长河中，平庸的企业永远是大多数，而佼佼者总是少数。

那些少数的佼佼者是怎样从一个具有自恋意识的自然人，成为一个不自恋的优秀管理者呢？必须经历的过程就是炼狱的考验，也就是说，必须经受过重大的人生问题，但没有被打倒，反而在逆境中站了起来。于是，他们知道了自己的渺小，懂得了对别人的尊敬。

建立组织内部信任的要诀

如何建立起组织内部的相互信任？信任的整个过程首先是听，对别人所说的内容表现出真诚的兴趣。一个社会的信赖度、透明度、信仰度如果不够，下一步要发挥它积极的动力也会出现困难。这个方面，是所有公司和社会遇到的重要问题。

有人说，这是一个好的时代，有着大把看似光明的机会。也有人说，这是一个坏时代，机会主义者通行，人与人之间缺乏信任。

组织内部的信任危机同样存在，在经历了多次裁员风波之后，一种声音正在获得越来越多的认同——公司不是我的家，雇主和雇员之间仅仅是一种简单的交易关系。

如何建立起组织内部的相互信任？企业家和教授如何看待这个问题？在由暨南大学管理学院举办的“2006年中国企业创造力论坛”上，彼得·圣吉教授、杜维明教授、前福特汽车总裁尼克·赞纽克和趋势科技董事长张明正发表了自己的看法。

信任的前提是倾听。在企业团队中建立信任度已经变得越来越困难了。员工经常怀疑，这个领导说的话是真心话吗？“现在正是碰到这样一个很大的危机。一个社会它的信赖度、透明度、信仰度如果不够,下一步要发挥它积极的动力也会出现困难。这个方面,是所有公司和社会遇到的重要问题。"杜维明说。

信任的整个过程首先是听,对别人所说的内容表现出真诚的兴趣。作为一个领导者对团队的成员也是一样的,这个团队会测试领导者对团队每个成员的意见是否看重。努力地去听,是沟通和对话的前提,但其实更重要的是思维的模式,那就是真诚地暴露你自己的想法。

"不断将自己的思想暴露给别人,别人的思想不断地暴露给我们,帮助双方相互获得价值,这才是最重要的。如果我们不懂得如何有效地谈论一个问题,而是互相威胁的话,很难建立起来信任。"尼克·赞纽克认为。

"我们要不断地自问,这只是一个意见还是一个事实。我们很少去处理一个事实,我们常常对付的是意见。不要将观点当成在说一个事实,如果你这样做的话,我完全可以肯定对方将处于自我保护和防卫的状态,因为让他们感觉受到威胁。如果你说,'来,我告诉你我的想法',那会不一样。"彼得·圣吉则认为。

将企业愿景落实在每个人身上。很多公司领导宣称要做世界500强之一,但往往无法直面员工的一个基本问题:这是你的愿景,我只是来打工的,挣点养家糊口的费用,这与我何干?"如果你首先研究什么战略,这是没有用的,你要让这些人参与战略制订的过程,让他们了解你曾经面对的问题,不管他们说什么,就让他们说他们的理解,并且对此表现出你的兴趣。"彼得·圣吉说。

"战略可以被分解为很多部分,不是工具化的部分,而是人情化的部分。你是谁?你在这里的价值是什么?把战略和每个人联系起来,只要你坚持,他们会越来越觉得你的决策也关注到了他们的兴趣。"

张明正用他的经验告诉大家,一个公司的高管要将愿景一直分到最基层。高管要完全了解怎样将战略分到每个人每天要做的事情,战略就和愿景对齐。创造什么样的东西,需要大家的参与,而且要同意,这样大家才能自动自发去做,然后再进行资源分配。

企业要负担起员工的培训工作。在创业时,员工与老板可以因共同的价值追求走到一起,但在公司遇到危机时,这种价值共同体可能就会破裂,伴随着裁员而来的往往是承诺和信任的不复存在。

在彼得·圣吉的职业生涯中,他都在问那些企业高层同一个问题:"你们是不是可以维持下去？你们的裁员是不是必需的？”

更关注企业为员工创造的价值，或者说，共同的价值才是最重要的解决之道。事实上，员工在工作时未必很清楚他们对公司的价值是什么，或者说被裁员之后，他们也不清楚这一点。

“企业要负担起员工的培训，应对变化是避免裁员的方法，还有，一些很好的公司，它们都可以帮助被裁的人解决再就业的问题。在整个过程中，帮助他们减轻情绪上的负担，减少他们的愤怒，要一起了解他们的需求。”彼得·圣吉说。

领导阿德

人是有感情的，需要别人的尊重和信任。当领导的就要时时尊重和理解下属员工的人格和劳动，并要善于在单位内部建立一种健康的融洽的关系，营造出一种新型的家庭式的亲情与和谐的氛围，最终形成干群同舟共济的局面，从而成为夺取工作胜利的力量保证。

阿德，姓尚，名德，阿德这个称呼最开始是由他师傅叫起来的。大学毕业工作后，阿德以谦逊、诚信、大度、公正、求真、务实的品格，赢得了单位上下的一致好评，他也“从奴隶到将军”，成了单位里的“一把手”。阿德当了领导后，同事们仍叫他阿德，阿德也喜欢人们这样称呼他。他说，当官只是一阵子，阿德的称呼可唤一辈子。

领导者阿德，有其独特的思维方式、工作理念，并注重细节。

赴任之初，机关为阿德专辟了一间办公室，阿德却让人把两个副手的办公桌搬过来，三个领导同室办公。阿德说，领导一人一间办公室，可以减少影响，集中精力思考问题和处理事情，但也有弊端，不利于班子成员在信息上的交流沟通、工作上的讨论商量，也不利于领导成员间的相互监督。

阿德工作再忙，找同事谈谈不忘；事情再多，上员工家坐坐不忘。有时，有人找他反映情况，他会马上放下手头的工作，倒杯茶、嘘个寒、问个暖，热诚接待。他说，这绝对不是一套形式。在一般情况下，来找领导谈事的人，他会在“说什么”“怎样说”等方面都会经过反复考虑，还得拿出一定的勇气，有的人甚至会在你办公室门前徘徊一阵，才跨进你办公室的。因此，我们这些当领导的，一定要满腔热情，真心诚意地接待每一个来访的员工。

他还说，人是有感情的，需要别人的尊重和信任。当领导的就要时时尊重和理解下属员工的人格和劳动，并要善于在单位内部建立一种健康的融洽的关系，营造出一种新型的家庭式的亲情与和谐的氛围，最终形成干群同舟共济的局面，从而成为夺取工作胜利的力量保证。

于细微处见精神。阿德善于尊重人、理解人的领导方式，激发了大家的工作热情和创造精神，他所领导的部门连续几年被上级评为先进集体。大家也觉得，在阿德手下工作再苦再累也心甘。

相互信任，其利断金

为期一天的拓展训练最终在兴奋与疲惫中结束。虽然大多数人的手脚已经不再听从指挥，大家却都还是意犹未尽的样子。通过一天的训练，我们深深感到团队合作的重要及其背后的无价信任。

我们接受的第一个挑战是信任背摔。正如其名，最重要的是信任。站上石台前，每一位队友都将手搭在自己身上，当高声喊出自己的名字、听到队友响亮的加油声时，仿佛被注入无限的信心和勇气。队友的那句“时刻准备着”更是让人相信有这些队友的保护，自己不会受到一丝伤害。这样即使站在一米六左右高度的石台上向后摔下，也不会感到害怕。在数到最后时，没有紧张，没有犹豫，身体笔直向后倒下，一瞬间，身体被队友们的手臂接住。看着队友们的一张张笑脸，感觉还是人间温暖。

同样还有过钢丝，两个人都要将自己全部力量交给对方才能通过。按照常理，如果用全力推对方，而他又站在钢丝上，他必定会掉下去，然后自己因为没有了依靠从而一起掉下去。习惯的做法是，当自己站不稳时肯定希望别人拉自己一下，而不希望是被别人推一下。可是从现在所面对的情况来看，如果那么做结果只有失败。我们只能将自己的力量全部交给队友，相信他能够承受自己给予他的重任；并接受他交给自己的力量，相信队友不会伤害我们。只有在信任的基础上，两个人才能齐心协力，完成挑战。

团队合作必须建立在相互信任的基础上才能发挥到极致。当人与人不再有隔阂，心中对别人充满信任，人们将不再担心自身的得失，而是尽全力完成团队托付给他的重任，因为同样会有队友尽全力保证他的安全。这样一个团队就会像一条结实的铁链，每一个队员都是铁链上的一环，缺一不可。正如《周易》所述："二人同心，其利断金。"二人尚且如此，更何况我们一个集体这么多人呢，相互信任，那将会是多么大的一股力量啊！

相信你不相信的事

信任，就是相信你不相信的事。

以前看这句话没有太多感觉，觉得只是一个文字游戏罢了，经过多年职场的历练后，见闻逐渐增多，才开始体会话中隐藏的智慧；信任几乎已成为企业工作团队的口头禅，大家都强调要彼此信任，可是信任在现代忙碌的职场上，似乎越来越薄弱。如果你不相信，打听一下，有哪个企业老板没有"耳根子软"的问题？

颜回是孔子最得意的门生。有一次孔子周游列国，困于陈蔡之间七天没饭吃，颜回好不容易找到一点粮米，便赶紧埋锅造饭，米饭将熟之际，孔子闻香抬头，恰好看到颜回用手抓出一把米饭送入口中；等到颜回请孔子吃饭，孔子假装说："我刚刚梦到我父亲，想用这干净的白饭来祭拜他。"颜回赶快说："不行，不行，这饭不干净，刚刚烧饭时有些烟尘掉入锅中，弃之可惜，我便抓出来吃掉了。"孔子这才知道颜回并非偷吃饭，心中相当感慨，便对弟子说："所信者目也，而目犹不可信；所恃者心也，而心犹不足恃。弟子记之，知人固不易矣！"

以孔子之圣，面对颜回这等贤徒，犹不能完全"不疑"，想一想，在企业中，有多少主管或老板像孔子一样了解他的部属？而你我芸芸众生，有几个人的修养可与颜回相比？如此推论，信任似乎只是求之不可得的理想罢了！

也许有人会说，信任可以分成许多等级，有几分信任便有几分帮助，实在不必要求达到那么高的理想，从某个角度来说可以接受；但是所谓的信任在平常是用不上的，通常都是在非常时期或非常状况下才会牵涉信任。就某些层级而言，只需有一点信任即可，而这些层级其实只要制度健全，信任并非必要的因素；但对高阶团队，尤其是经营团队的核心成员，由于决策牵涉到大家的利益，信任就会成为关键因素。如果信任果真如上所述，只是求之不可得的理想，是否意味着高阶团队必然也会走向合久必分的宿命？

禅宗要悟道必须先起疑情，管理要突破，似乎也少不了要有疑情，管理理论都是正确的，但是加上人这个参数，套用到实务世界就变成千百个不同的结果。

信任管理使企业高效运转

信任能增强团队精神。随着市场竞争的日趋加剧，任何企业要想立于不败之地，都需要有一个好的团队来支持企业发展。

有一位管理着数亿资产的企业家，一年四季有100多天在外面打高尔夫球、爬山，还有100多天在国外学习考察，真正在企业上班的时间很少。当别人问他为什么企业还运转得那么好时，这位老总说，我不过是把最优秀的人才集纳起来，搭成优秀团队，然后放手让他们去干。这位老总实施的就是信任管理。

随着企业规模的扩大，企业必须实行信任管理，形成管理者与员工之间的双向忠诚，从而有效地调动各方面的积极性。信任管理能弥补自身不足，再强势的领导人，总有照顾不到的角落，只有充分授权，把有能力的人充实到各个岗位上，让他们随时随地行使权力，做出符合市场规律和企业文化要求的正确决策，企业才会高效运转，这样的企业才有生命力。当下属能力超过自己时，尤其需要信任管理。

广告创意专家戴维·奥格威早在50多年前就告诫所有的企业家："如果我们总是雇用那些不如我们的雇员，公司将逐渐成为侏儒，只有当雇用的员工总是超越我们，并放手让他们施展才华时，公司才会成为巨人。"这是很有道理的，企业家在为精兵强将提供施展舞台的同时，实际上也为自己撑起发展空间。

台湾知名企业家、宏集团创始人施振荣也认为，管理企业最重要的一点就是信任下属、充分授权。明基的李耀、宏的王振堂、纬创的林宪铭、华硕的施崇棠、精英创办人陈汉清、采钰科技董事长蔡国智都是施振荣手下的得力干将。在这些人的支持下，施振荣才得以成为台湾巨富。

信任能增强团队精神。随着市场竞争的日益加剧，任何企业要想立于不败之地，都需要有一个好的团队来支持企业发展。如果没有信任，张三的思路、想法不会与李四分享，李四有好的创意，也不会告诉王五，最后，谁也不能成功。

用人不疑才能凝聚人心，要把众人的智慧和力量凝聚起来，需要高度的信任。据说，微软的Windows操作系统，是3000多名工程师合作的结晶。没有精诚团结的团队意识,没有所有研发人员的默契和相互配合,这项工程是根本不可能完成的。

信任能降低管理成本。一个企业家如果不相信自己的下属,时时处处都要对下属设防,那么,他有再多的精力,也会累死。尽管企业中总有少数人会因为法律观念淡薄或道德意识不足,做出一些对不住企业的事情,但这种人的危害毕竟是很小的。明智的企业家,应当相信大部分人是靠得住的,只要信任员工,让他们放开手干,总归是能赢利的。

曾经当选过大陆首富的盛大网络总裁陈天桥说:“信任是成本最低的管理方式,比方说一个员工报销车票,如果我不信任他,我就要找会计审核什么的。但是如果我信任他的话,我就立刻给他报销,他就可以去干更多的活,效率更高,成本更低。”

信任才能高效

共事的双方,如果缺乏信任,那么基本上什么事情也做不成,就算是做成了,也会磕磕碰碰,很不愉快。例如做销售的,就是要做人的工作,要和客户建立起互信的关系。销售工作的顺利程度,是和销售环节中各色各样的人物对你的信任程度成正比的。关系越铁,事情推进越顺畅。信任来自你真心实意地替客户着想,替客户出主意,解决他个人和公司的问题。这些做到了,你就在客户面前树立了自己的品牌——一个可信任的人。以后不管卖什么,他都会深信不疑。和我合作过的一个销售员,深谙此道。在一个项目中,客户就觉得她提供的产品不好,就直接跟她说:“你去找个更好的产品来,不行我就给你推荐一个产品,你去把他们搞定。”信任,让客户放心让这个销售员替他服务。

我在给一个企业做咨询时,与老板结成了朋友。这位企业家没有多少文化,但最大的长处就是能够得到员工的信任,很多年过去了,当年参与创业的原班人马一个不少,这种现象是我从事咨询行业几年来遇到过的第一家企业。听员工讲,当初创业时老板就是头号推销员。当时企业的产品没有声誉,经销商都不愿意接货,全凭老板的为人才打开了局面。老板对经销商极为信任,当初他的做法就是先发货后结算,到生产高峰时,有时经销商要一车货,他就发两车过去,甚至有时不等经销商要货,就把货先发过去。不要以为当初他很富有,事实是当初他连抵押带借款，总共资金才百十来万。

他的这种做法固然不可取，但在工作和生活中，我们确实经常能够体会到信任的力量。如果我们信任某人，我们就会假定他诚实可靠，也会假定他不会利用我们的信任。信任是领导的本质，因为领导者不可能领导不信任自己的人。

一位作者这样总结信任与领导之间的关系："领导者的一部分工作是与员工一起工作，发现并解决问题。但是，到底是否能够获得解决问题必需的技能和创造性思维，取决于员工对他的信赖程度。彼此之间的信任会影响领导者能否获取技能和员工的合作。"

当员工信任领导者时，他们愿意服从领导者的行动，他们相信自己的权利不会被践踏。人们不可能去跟随或尊敬某个他们认为不诚实或可能利用他们的人。例如，诚实一直被大多数人列为他们敬仰的领导者应具有的品质之首，是领导者品格的一个基本成分。

管理和领导有效性在现在比过去的任何时候都更依赖于获得追随者信任的能力。因为当今是一个变革的时代，人们依赖个人关系来指导行动，这些关系的质量在很大程度上取决于信任水平。另外，当代管理方法，如授权、工作团队等，也要求信任。

管理者怎样才能让员工信任自己呢？研究表明下列方法有助于建立起信任关系：

1.公开。不信任既来源于人们已知的东西，又来源于人们未知的东西。要保持组织内的信息畅通，使决策透明化。向员工解释你的原则，对问题要坦诚，充分披露相关信息。

2.公平。在作决策或采取行动前，要从客观公正的角度考虑他人会如何看待。在绩效评估时要客观、不偏不倚。报酬体系要体现公平感。

3.说出你的感受。如果管理者只谈论事实，会显得冷漠无情。如果同员工分享感受，他们就会认为你真实、有人情味。

4.讲真话。真话是诚实的固有部分。一旦你撒谎被发现，你获得和保持信任的能力就会大打折扣。人们一般更容忍得知他们不想听到的事情，而不能忍受管理者向他们撒谎。

5.行为一致。人们希望事物具有可预测性。如果不知道什么会发生，人们就容易萌生不信任感。让你的核心价值和信仰指导你的行动，这样就会提高行为的一致性，建立彼此之间的信任。

6.兑现承诺。人们相信你是可靠的，这也是信任的前提条件。因此，你需要信守承诺。

7.保密。人们信任那些言行谨慎的人。他们需要确定你不会泄露他们的秘密或同别人讨论他们的秘密。如果人们认为你会泄露个人机密，他们也不会认为你可靠。

信任是金

有一个年轻的军官，他在执行一项重要任务时一败涂地，但出乎所有人(包括他自己)意料，上校又给了他一项同样重要而危险的任务。这一次，他英勇而又出色地完成了任务，而且得到了奖赏。别人向他道贺时，他几乎生气地喊道：“我还有别的选择吗？我辜负了他，而他却仍然信任我。”是啊，就是因为上级对他的信任，使他在后面的工作中，心存感激，竭尽全力。可见信任的力量是多么巨大呀，它可以在人的心中产生强大的精神动力，激发人的内在的潜能，勇往直前。因而，无论是办小事还是办大事，信任都是我们成事的基石。

过度猜忌与防范，只能会事倍而功半，互相支持与理解，往往会事半而功倍。只有彻底信任，才能换取真诚，才能使每个人发挥其最大的主观能动性。信任是人与人之间对品质、能力的充分肯定；信任是架设在人心的桥梁，是沟通心灵的纽带，是震荡情感之波的琴弦。信任别人的人，才会得到别人的信任。我们要以信任唤起信任，以信任来回报信任。对别人多一份信任多一分宽容，我们的世界不是会更美好吗？从“士为知己者死”到“你办事我放心”，从“用人不疑”到“疑人不用”，都在强调着“信任是金”。信任不是一厢情愿，不是单方面的付出。

作为人与人之间沟通的一座桥，作为我们获得真情的通行证，信任需要人与人之间，都伸出自己诚恳的手，唯有如此，我们的身边才会响起友好的掌声。我们每个人都要互相信任对方，这样，每个人的心灵都会充满纯洁与自信，每个人的心里都会备感温馨与温暖，每个人的心灵才不会受伤，不会被伤害，不会留下深深的无法医治好的创伤，更不会留下抹也抹不去的烙印。

信任是开发员工潜能的钥匙

信任是打造和谐的基础，是开发员工潜能的钥匙，是企业创新的不竭动力源。

从各方面反馈来的信息得知，21 世纪最稀缺的资源是快乐。为什么当今快乐地工作、生活成了困难？因为职场像战场，老板和员工很容易成为冤家对头。这一切要说复杂，因素自然很多，要说简单，就两个字——信任。

说到信任，管理者与员工心里都有苦水。管理者说，因为善良轻信，放松约束，企业掉进黑洞。员工说，因为像贼一样被防范，奴隶一样地被管束，凉了一腔热血，走进工厂大门就成了没有灵魂的机器，失去了鲜活劲。在诸多的失利与成功中，先觉的管理者终于明白了诚信是可以影响经济效益指数的新指标，认识到信任将是企业角力必须重视的软要素。

管理的要义或曰精髓之关键就在于建立企业内外部关系，关系的本质是信任度。要建设和谐企业，必须解决信任不足的问题。解决的关键有以下两点。

首先，确立正确的信念与追求，坚持双赢原则。正确的信念与追求是建立信任的基石。在管理实践中，管理者希望员工老实听话，守规矩，以便管理，为企业创造更好的效益；员工则希望从事的工作能有较大的自由度，以更好地发挥自身的潜能，实现更大的人生价值，取得更多的酬劳，让自己和家人生活得更好些。照理说，两方面的希望都是不错的，而且是积极的，若能很好地融合，企业自然就会拥有不竭的发展潜能。现实中之所以发生融合不好的事，就是因为管理者与员工之间缺乏信任。管理者总以为自己比员工高明，掌握着企业话语权的他们，一切都由自己说了算，时时处处将员工置于被管理的位置，让他们干啥，怎么干，干到啥程度，都被科学地细化到了极致，并用法一样的规章固定下来，紧跟着就是极严厉的检查考核。他们把管理简化为定规章，照章考核与处罚。当然，建立严格的规章制度，科学地量化工作标准，并按章认真进行考核，处罚个别违规者，这些都不错。管理不能没有制度，但也不能只靠制度，再出色的制度，也会有漏洞。制度是死的，人是活的，只靠制度，肯定也是管不好企业的。因为任何时候违规者都是个别的，是极少数。如果我们只用管理少数人的办法来管理大多数人，总在他们的后面指手画脚，说东道西，这种行为本身就是对多数人的不信任，必将导致多数人对你失信，他们就会联合起来设法逃避你的管理。管理者常要求员工要敬业，而员工首先要问这个业有无可敬之处，也就是是否能给他们带来所期望得到的东西，包括被人信任、成就一定的业绩、实现人生价值和获得较丰厚的物质利益等。能，他们才会敬，即使你不要求，他们也会努力去敬的。企业追求未来可持续发展，追求基业长青；企业家追求利润，员工追求多赚工资。在共同的追求中，必须坚持双赢原则，把员工的贡献测量出来，承认他们的产出，给予合理的工资、奖金等报酬。这样员工才能信任企业，企业以信任为基础，形成一个良性循环。

其次，是平等互信，给员工多一点的包容与爱。信任是双向的，能不能建立起信任，关键在管理者，因为管理者与被管理者之间是矛盾的，管理者是矛盾的主要方面。要员工信任你，首先你要信任员工。如果作为企业管理者的你对员工不信任，员工凭什么信任你。首先是了解，由了解而信任，彼此间有了真诚的了解与信任，对你倡导的事业，员工才会有“虽肝脑涂地也在所不惜”的壮行。当我们需要装备三头六臂、铜牙铁齿，才能适应职场时，情感诉求恰恰成为团队凝聚的催化剂，人心向背在于是否给予欣赏、包容和爱，员工潜能的释放在于收到多少激励、关怀、挑战。人心有时候也是最容易满足的，一句贴心的话，一张温暖的笑靥，一个会心的眼神，一声真诚的问候，一个良善的祝福，就能让他们放下所有的烦恼，快乐地投入工作。我们强调凝聚力，凝聚力从何而来？根本是信任与否。信任已成为企业真心留人的软武器，会影响到企业的存亡。给员工一点阳光，让他们灿烂吧！

激励高效的员工

一个高效的员工需要你的信任、乐观和鼓励。当你信任员工本性为好时，他们就会有最佳的表现，因此你应该以激发和激励员工精神的方式行事。

在一个出自柏拉图《理想国》的《盖吉氏的戒指》的寓言故事中，哲学家提出了这样一个问题：如果一个隐形戒指可以让你隐身，你会偷、欺骗甚至谋杀吗？或者，即使没人知道，你仍会经常做正确的事情吗？

对于第一个问题，回答为“是”的那些人相信，人类本质上是腐败的或懒惰的，使公民聚集在一起的唯一的事情就是法律、回报和惩罚。有些人则相信，人类本性是善良的和勤劳的。对于他们来说，在可选择条件的情况下，人们经常会做正确的事情。

实际上，这源于工作中不同的管理体系和环境，一个充满规则，另一个则不是。从短期到中期来看，它们都能产生较好的效果。但是，从长远来看，基于人性为善的观点的管理体系，才能维持一个组织并允许它在一个持续变化的时代不断成长。

假如你认同这个推断，那么，作为一个领导者，对你来说，关键的问题是用一种吸引、激发、扩展和激励员工精神的方式行事。有些人把这个称为价值，其他人则称为企业文化。

作为领导者，需要创造一个工作环境。如果这是一个令人害怕的环境，人们将会反对风险；如果它是一个批评、苛刻的环境，人们的信心就会逐渐丧失；但是，如果你相信，当你信任员工本性为好时，他们就会做得最好，那么你必须培养一种环境，即具有允许员工尽力做到最好的自由。

假定你已经建立起我们前面所提到的核心领导力，你已经建立起一个优秀的团队，你已经与股东形成伙伴关系，你们能够果断行动、团结一致。那么，能够帮助你建立起一个可持续的、高效的团队的最重要的信念是什么？

一、信任

信任你的员工是一种赌注，但你可以通过设置边界培养起信任。在这个边界里，人们拥有一定的自由，诸如做出决定、选择，表达想法等，也有一定的责任，诸如说出事实真相、解释决定，从错误中学习等。当员工被规则驱动时，他们就效率不高；但是，当没有边界和发生混乱时，任何事情都无法完成。

这些年，我看到过两种极端的文化。在一个我曾经工作过的公司，每件事情都有规则，官僚作风主导着公司的管理体系，整个环境看上去井然有序，但是，几乎没有个人判断的空间，因此，没有人对自己的工作具有主人翁责任感，或者想主动、快速地完成工作。

另一个极端的例子，我在一个权力分散以致非常混乱的公司里工作过，每个部门都按照自己的想法自行其是。

在这两种环境中，人们都无法高效工作。但是，在一个人们能够获得信任的公司，人们将会付出最大努力。

我曾经身处这样一个工作环境，在那里，IT 部门的每个团队都被紧密地组织起来，以至于任何一个团队都不愿意与其他团队分享他们的专业知识。

当我们重组时，我所撰写的评估报告《团队共享会有多么好》获得一致通过后，他们停止向其他团队封闭自己的专业知识，开始彼此信任。随后，员工开始高效工作，工作质量开始提高。

二、希望

下一步，重要的是要认识到，高效员工梦想成功，而成功需要被希望点燃。不言而喻的是，当人们拥有希望时，他们就会积极进取；当人们感到沮丧时，他们就会放弃。基于那种从工作中通过解决难题和坚持不懈而获得的认识，他们会不断前进。

坚持需要乐观主义。在建立一种充满希望的公司氛围时，领导者的工作是既要现实又要乐观。现实主义让你认识到当前的事实；而不论多么不愉快，乐观主义则让你明白，即便考虑到现实的困境，我们仍继续朝着目标前进。

当面临一个失去希望的团队时，你常扮演一位教练的角色。你带领团队成员共同认识现实，并着手考虑如何解决问题。

三、快乐

让公司环境变得令人愉快点吧。当人们喜欢他们所做的工作，并且乐于与那些一起工作的人共事，他们就会高效率地工作。

不要把快乐与轻浮，或缺乏挑战性的工作相混淆。真正的快乐，是在你和你的团队深深沉浸于解决问题之时默默萦绕。

如果你信任自己和周围的环境，那么你就能既紧张又放松。正如你能在竞争性运动中感受到这种紧张，你也能在领导者那里感受到它。当你传达着“既竞争又平和”的信息时，实际上，你向团队传达的是——如果我们把所拥有的都拿出来分享并相互支持，那么公司就会持续运转下去。

你可以设置这样的基调，即工作是有趣的。这可以通过诸如你享受自己的工作，你喜欢员工和你欣赏他们工作多么努力等，来向员工表达你的这种想法。有时，这就像对那些连周末都在加班工作的人说声“谢谢”一样简单。

如果你能微笑着对待错误，而不是责备他们，你的团队就能更加专注于成功而不是失败。

如果有人每周工作 60 小时，你就不应该关注他是否花了两个小时吃顿午饭。

四、机会

最后的挑战是创造一个能够让员工成长的环境。高效员工需要不断学习新的技巧，并提出新想法，其目的是高水平地工作。那些能够学习新知识、与不同团队一起工作，并获不同角色的体验，以扩展其世界观的员工，能够创造一个更加丰富的组织。

这些技巧和相应机制，有助于创造和尊重不同的员工，更加自信的员工，听从命令的员工和保持好奇心的员工。正如管理大师彼得·圣吉在《第五项修炼》中关于“学习型组织理论”所讨论的：这不同于我们已知的获得技巧的一步接一步的过程，但它是必需的，因为当今时代，变化的频率和范围已经如此剧烈。

当我在菲多利公司工作时，其母公司百事可乐拥有一个员工发展体系，它使员工在不同业务角色上轮流，这个战略使员工更加活跃，并促使人们以更高的水平工作。

作为领导者，你有权力影响人们并因此影响他们的行事。如果你想创造一个鼓励信任、乐观主义、快乐地和具有个人发展空间的氛围，那么，你将建立一个可持续的、高效的团队。在这个过程中，你还会培养出许多新的领导者。

信任与包容是最好的激励

激励的目的是追求利润的最大化和建立一个具有凝聚力的团队，吸引并留下优秀的人才。包容与信任作为一个并不深刻的激励手段，往往被人们所忽视。信任他人，不仅能有效地激励人，更重要的是能塑造人，在人与人相互信任的氛围中，彼此无忧无虑，无牵无挂，思维空前地放松与活跃，尽情发挥自己的聪明才智。

如何挖掘人的潜力，充分发挥其积极性与主观能动性，这是每个管理者苦苦思索与追求的。在实行这一目标时，人们谈得最多的话题，就是激励手段。在实施激励的过程中，人们普遍采取的方式与手段是绩效考核，给员工以相应的奖金、高工资、晋升、培训深造、福利等，以此来唤起人们对工作的热情和创新精神。的确，高工资、高奖金、晋升机会、培训、优厚的福利，对于有足够经济实力，并且能有效操作这一机制的机构与企业来说，是一剂能有效激发员工奋发向上的兴奋剂。但如果在企业发展的初期，或一些不具备经济实力的单位，又如何进行激励呢？还有在执行高工资、高奖金、晋升、培训、福利机制过程中，因操作不当，导致分配不均、相互攀比，所引起消极怠工等副作用时，又如何评价这些手段和处理这些关系呢？以上的激励措施是唯一的手段吗？是否还有别的激励途径与更完美的手段呢？有，那就是包容与信任。其实，最简单、最持久、最廉价、最深刻的激励就来自于包容与信任。

激励的目的是追求利润的最大化和建立一个具有凝聚力的团队吸引并留下优秀的人才。包容与信任作为一个并不深刻的激励手段，往往被人们所忽视。这种现象很大程度上是人们对人性的曲解，美其名曰人是贪婪的、自私的。因此，更多的人往往不愿往更深处去开采、去挖掘，只想靠物质与利益的诱惑来获取彼此利益的平衡与共享。其实，高工资、高奖金、晋升机会、培训、优厚的福利等手段只是满足人性最初期、最原始的本性。能唤起人最光辉、最有价值、最宝贵的忠诚与创新的还是包容与信任，这是不能被冷落更不能放弃的最好的绿色激励。

激励机制可分为三个层次：物质激励、荣誉激励、个人价值激励。

物质激励，也就是较为直观的工资、奖金、福利，它讲究的是价值的对等。马戏团的老虎成功表演一个节目后，就当场能得到一块鲜肉作为美食，其他动物只能看着咽口水。马戏演员的这种小施舍就是激励。当小鸟把选择好的相应字板在众多牌中准确地啄出来时，同样有一粒米的奖赏，不然，这些动物就不干或干得不痛快。这个道理非常简单。

荣誉激励包括授予称号，颁发证书、奖状等，这是激发人鼓舞人的重要组成部分。但这毕竟是一种被动的你先付出，然后才能被承认的办法，而且比例受到限制，太多太滥不行，乱点鸳鸯谱更不行。客观地讲，榜样的力量并非是无穷的。荣誉的激励最理想的是用在宏观舆论的导向与宣传上，最见效的还是孩提时代的诸如戴上一朵大红花，发一张奖状等，而在小团体组织或企业就大打折扣了。

个人价值激励则是人的最高追求，也是最成熟的境界。这种激励就是信任。信任，通俗地讲，就是是否把人当人看。包容即是体谅、理解和唤醒人内心良知的过程。岳飞多次包容与己为敌并设法杀害自己的王佐，最后唤醒了王佐的良知，就是最好的例证。

人，最重要的不是他是什么，而是你把他当作什么。你给他多少信任，他就会给你多少回报。关键是你的导向、你的沟通、你的行为、你的认识、你的习惯形成的固有的用人文化。一个对他人总不放心的人，最终是孤独、孤立而失望的。

有一副讽刺调侃人事制度的对联是这样写的："说你行，你就行，不行也行；说不行，就不行，行也不行。"如果把它看成一副哲理性的对联又何尝不是呢？"说你行，你就行"，这代表给了你信任，有了信任，你自然也就有了信心。工作过程中，即使有了错误，也会被理解，失败是成功之母嘛！"说不行，就不行"，这就人为地下了一个定论，把人给封杀了。现实生活中这种成就人与遏制人的例子比比皆是。其实人的潜力，不要说别人难以知道，就连自己也是不清楚的。谁也不能给谁下一个绝对的好与坏、能与不能的定论。当然，信任不是独立的，信任必须与包容形影相随，否则，信任就缺乏根基。人非圣贤，孰能无过？一有过失，就倍加防范，就悲观地认为这是人的本质，这是不公正的。用积极的心态看待"半杯水"的理论来面对人的弱点，那岂不是对人最好、最高的奖赏与鼓励？世界上还有什么比被人理解、得到人的宽容和尊重，更能唤起人的热情和自尊，更加让人难忘的呢？

给人信任需要智慧，给人信任需要胆略，给人信任需要胸怀，给人信任需要勇气，给人信任更需要执着。当你发现你的职员或下属犯了错误时（在不违反法律的前提下），你是私下找他，语重心长地分析其犯错的原因，防止其再出现同样的问题，还是找到事实依据，当众批评教育，以取得杀一儆百的效果呢？事实上，采用后者方式的较为多见。不过，采用前者方式的，还需要耐心，也不排除这个人还会第二次、第三次重复犯错。如果那时你采取的仍然是第一次的处理方法，你将有可能获得一名能为你出生入死、忠心耿耿的良将。

当然，给人以信任，不是无原则的不管，信任不是放任，有问题不能视而不见，以及盲目的理解与认可。这也是目前最时髦的讲法，授权不等于放权，放权不等于弃权，对问题必须敏锐地去发现、去防范，而且要去寻找问题，再把问题处理在萌芽阶段。千万别被人看成是好欺骗、好糊弄的"慈善组织"，否则，包容就是纵容、是无能，也是滋生腐败与个人邪念的温床。看什么都是问题，好像什么人都值得怀疑，不行；看不到问题，什么都随他去，更不行。要敢于看到问题，并准确判断其本质，然后，不要大惊小怪，要恰到好处地予以扭转和改正，多一些理解，再多一些理解，才能取得好的效果。

信任他人，不仅能有效地激励人，更重要的是能塑造人，在人与人相互信任的氛围中，彼此无忧无虑，无牵无挂，思维空前放松与活跃，尽情发挥自己的聪明才智。在这样的境界里，人性的本能驱使自己要维护这方相互信任的净土。

每一个不光明的念头出现时，都会让人觉得格格不入、自惭形秽，这种境界是物质激励无法达到的。要知道，物质收入是重要的，但不是最重要的。

马斯洛关于人的需求层次理论认为，人有被尊重的需求与自我价值实现的需求。什么叫尊重？被人肯定，被人信任，受人爱戴；什么是自我价值的实现，难道仅是高额的工资？金钱是可量化的财富，受人爱戴是无法用钱购买的，也是无价的。物质能换取人的工作干劲，但换取不到人的忠心与真诚。

激励，这么一个让很多人苦恼的话题，其实，很容易用自己的博大和睿智来诠释。

传递信任，实现激励

人是有感情的动物，宽容和信任是人与人之间建立良好关系的基础，管理者只有以心换心才能赢得员工的真心。而得到管理者的宽容和信任的员工就会将自己最大的热情投入到工作中去，将自己的积极性和创造性转化为最高的工作效率，从而提高整个企业的竞争力。

管理者要取得员工的信任，首先必须信任员工。信任体现了尊重和关心，只有信任员工的管理者才能赢得员工的心，使员工感受到归属感和被认同感，感受到自己的存在对企业的巨大价值，从而焕发出自己的工作热情。

在管理学中，有这样一种人性假设理论，任何一种管理实践都是以一定的人性假设为前提的。也就是说，管理者的管理方式体现了他对员工的人性假设。他认为自己的员工是什么样的人，就会采取什么样的管理方式。管理者信任员工的管理方式，首先就得认为自己的员工是可以信赖的，是值得相信的。员工从管理者的管理行为中可以清楚地感觉到管理者对他们的人性假设，只有管理者采用了信任员工的管理方式，才能够让员工感受到自己被信任。

在惠普的管理过程中，管理者绝对信任员工是最起码的原则。惠普的开放式管理和不上锁的实验室备品库都是这一人性假设的典型体现。惠普的创始人比尔认为：惠普之道的政策和措施都是来自一种信念，就是相信员工全部都想把工作干好，有所创造。只要为他们提供了适当的环境，他们就能够办到这一点。管理者应当关怀和尊重每一个人，并承认他们的个人成就。尊严和价值是惠普成功的一个极重要因素。正是因为记住了这一条，所以，多年以前惠普就废除了考勤制，近年来又搞了弹性工作制。这不但是为了让员工能按自己的个人生活需要来调整时间，也表示了惠普对他们的信任。

信任是一种双向的关系，也就是我们所说的将心比心，管理者对员工的信任不但能够调动起员工的工作积极性，还会赢得员工的信任，建立起双方的和谐关系。

信任员工还要给员工一个证明自己的机会。企业中总有一些员工看上去很“讨厌”，他们工作中从不积极主动与其他同事合作，而且恃才傲物，眼高手低。对于这样的员工，管理者最好的对待方法并不是弃而不用，而是给他们提供一个适合他们的位置。因为很多员工并不是没有才能，而是没有找到适合自己发展的空间。只有管理者相信员工的才华和工作能力，才能够让他们的长处得以发挥。如果管理者不能够客观地评价自己的员工，先入为主地靠自己的印象给员工贴上“不行”的标签，那就可能会失去一个有用的人才。而被别人认为“不行”的员工，一旦得到了管理者的肯定和信任，就能够发挥出自身的潜力，创造出非凡的表现。这样的员工还会认为管理者对自己有知遇之恩，自然会拥戴管理者，对企业也就无比忠诚。

一家公司里有一个为人很刻薄的女职员，没有一个员工愿意和她共事。管理者也发现了她不太容易与别人和谐相处，但还是让她负责人事专员的工作，并专门找她谈了话，说自己相信她一定能行。一开始，那位职员显得有些无所适从，但慢慢地，她开始变得随和起来，处事干脆利落，工作得很出色。正是管理者的信任使这位员工发挥了超常的潜能，在管理者提供了机会之后，员工就会用自己出色的工作成绩回报管理者。

信任到底是个什么东西

人们对信任问题从未如此关注。从西方到东方，从安然到银广厦，大家被这些骇人听闻的骗局吓呆了。普华永道在因违规被罚款500万美元后，又有一名审计师因诚实问题收到美国监管局的终生禁令。语言可以是假的，合同可以是假的，钱可以是假的，身体的零件可以是假的，连经过全球最权威的会计师事务所审计过的账目也有问题。这个世界上还有什么是可以信任的？所有的人都知道信任的好处和不信任的成本，全球都在呼唤信任回归。结果呢？世通、泰科和郑百文、周正毅等更多的企业和企业家在愚弄大家的信任。信任到底是个什么东西?

一、信任的“囚徒困境”

美国《管理学会评论》告诉我们:信任是一种心理状态。在这种心理状态下,第一,信任者愿意处于一种脆弱地位,这种地位有可能导致被信任者伤害自己;第二,信任者对被信任者抱有正面期待,认为被信任者不会伤害自己。简单地说,就是信任来源于对对方不采取机会主义和败德行为的信心。与其说信心,不如说赌注,没有人知道,别人会不会利用你的信任来伤害你。

信任可能会被别人利用,防止不信任则需要成本。到底应该怎么办,并没有标准答案。想一想,如果你要投资建一个高尔夫球场,你怎么决定?无非是先预算成本,再看预期收益,两者相减是否有利可图?信任的问题也是如此,我们应该用投资的眼光去看待信任,而不是简单的道德约束。因为你信任了别人,别人也必须信任你的想法是苍白无力的,因为受了骗转而再去骗别人的做法是拙劣卑鄙的。从经济学的角度来看,有收益必然有成本。信任的收益很容易理解。那么什么是信任的成本呢?CISCO 的 CEO 钱伯斯在 2001 年为此付了 22.5 亿美元的代价。

二、钱伯斯的信任成本

钱伯斯所领导的 CISCO 是美国商业的奇迹,他所倡导的诚信文化创造了一个时代,被很多企业追捧。在业内 CISCO 以客户对他的高度信赖闻名,它和很多合作伙伴的关系往往只有非书面协议。在互联网最热闹的时候,它创造了“所有的库存在路上”的神话。但当网络泡沫破灭的时候,客户不得不取消订购计划,由于连书面的协议都没有,CISCO 自然无法要求对方履行合同,更无从谈及赔偿了。22.5 亿美元的库存苦果只能自己咽下。钱伯斯把这叫作“信任的成本”。信任的定义告诉我们,选择信任必然也就选择了被欺骗的可能,被欺骗必然就有损失。

三、信任的预期成本

降低信任成本主要方法是削减欺骗发生所带来的损失,或者减少发生欺骗的可能。很多企业在做项目的时候没有后备方案,选合作伙伴的时候没有后备单位;同样,选经理人的时候没有后备力量。因为他们从来没有想过失败,所以一个方案失败后只有束手无策。用人方面更是如此,一个领导人的离开往往令企业措手不及,除了大骂对方不讲信用之外,只能是手忙脚乱。

“疑人不用，用人不疑”是很多人挂在嘴边的一句话，但事实上，往往是以大家相互猜疑为结局。这句话本意是说信任的程度和时间问题，是方法论层面的东西，但如果认为它是操作指南，那问题就大了。没有约束的信任，其结果必然是不信任。首先，信任绝对不是不怀疑，相反，建立在防止欺骗可能发生基础上的信任才更持久，正如中国有句古训叫“先小人，后君子”。其次，让欺骗者不再欺骗自己的最有效方法就是加大不信任的成本，对违反原则的人进行制裁。没有多少人敢做假币的生意，因为被抓到后除了没收财产外，还可能终生身陷牢狱，很可能会招来杀身之祸。很多人对销售假货肆无忌惮的原因就是被发现后最多没收财产，对比卖假货的收益，这点风险根本不算什么。对欺骗者的姑息其实就是对信任的践踏。最后，要用动态的观点去看欺骗的可能。你 10 年前的好朋友忽然出现在你面前，面露难色地找你借钱，但钱到手后，他就不知去向，这样的事情每天都在发生。你借给他钱是基于你对他过去行为的信任，但拿走钱的是现在的他。在合作和项目执行的过程中一定要随时观察情况的变化，在越恶劣的情况下，大家越彼此信任，那是励志图书上说的把戏。“大难临头各自飞”是生物求生的本能，即使背靠 CISCO 这样的大树，当情况恶劣的时候，很多客户也只能选择不认账。

四、重复博弈和循序渐进

村子里有个卖肉的老张头，村民小李去他那里买肉，但因一时没钱想记账。老张头该不该接受小李的赊账呢？其实，这是个最简单的信用问题。假设一，老张信任小李，小李也按时还钱，交易发生，而且还将持续下去；假设二，老张信任小李，小李却不还钱，这时老张亏大了，小李占了便宜；假设三，老张不信任小李，这时虽然没有谁被欺骗，但是交易也没有发生。如果小李只想吃一次肉，不还钱是对他最有利的；同样，如果老张知道小李只吃一次肉，也不会赊账给他。这种情况下大家都采用防御型的不信任。一次博弈的结果往往以不信任收场。但如果这村子里只有一个肉铺，小李如果选择赖账，他将无法再吃到肉。这就是破坏信任所受到的惩罚。如果小李想长期有肉吃，他必须要让老张信任他。重复博弈的结果是必须建立信任。另外，若是这个村子里不止一家肉铺，情况就复杂得多，信任必须建立的基础就被削弱了。要是村子不大，信息传递很快，一旦小李赖账，大家都能迅速得知的话，小李就无法骗取第二次信任了，这时，信任建立的基础又被加强了。

上面的这个例子说明了要建立信任：第一要有足够多的合作可能；第二，要有耐心，时间越长双方可信程度越高；第三，信息传递速度要快。

长期合作伙伴则提供了长时间的合作经历和足够的合作可能。这种合作所产生的信任存在于双方感情银行的账户上，会因为更多成功的合作和时间积累不断升值，而这种存储就使信任的成本降低，当一方想破坏信任的时候，不信任的成本自然增加。在一开始的时候，我们可以从一个信任成本比较小的事情做起。这方面我们可以借鉴银行的信贷系统，根据你过去的还贷能力，逐步放大你的信用额度。所以，当我们陷入信任泥潭的时候，让我们想想，是不是可以从小的方面，从一部分开始？而这往往是高度信任项目合作的前提。

所有的人都知道犹太人是世界上最成功的商人，他们成功的原因之一是良好的商业信誉。但很少有人知道，这种信誉是建立在种族内部严格的信用惩罚基础上的。一旦他们被认定在生意中有欺诈行为，所有的犹太人都不再和他做生意。失去种族内部的生意合作和联系，他将寸步难行。对比机会成本，他们不敢也不愿去尝试欺骗。对一个中小企业来说，加入成熟的行业协会可以帮助它避免信用风险。重复博弈是信任建立的基础和原因，循序渐进是建立信任的最佳途径。

中国正在从熟人社会进入生人社会，越来越多的事情需要你和不熟悉的人去打交道，而在这之中，如何建立信任关系是第一位要解决的。用投资的眼光去看，信任是最有效最安全的做法，把信任作为长期投资终将会获得丰厚的回报。

信任是最好的激励

对于管理者而言，每个人都不容忽视，因为每个人都不简单，每个人都与众不同。他们之所以没有发挥出应有的水平，是因为管理者没有给他们充分的信任和表现的机会。给他们一个展示自己的平台，为他们提供一个宽松的工作环境，信任并激励他们，他们将会为公司贡献出超乎想象的力量。无论一个员工的职位有多低，都应该享受为公司做贡献的权利，这也是他应尽的义务。

保罗·盖蒂是美国的一位石油开发商，他曾经买下一片土地的开发使用权，这块地里富含大量的石油，可惜这片土地正好处在一片森林里。之前，很多石油公司嫌这块地面积不大，且道路不易铺设而放弃它。保罗·盖蒂和他的下属到现场看了这块地，发现这里是可以采出石油的。但保罗·盖蒂经过分析，认为这块地没有太大的开发前途，因为它的面积比一间房子还小，而且只有一条4尺宽的小路通到这块地上，这么窄的路，卡车是没办法开进来的。另外，这块地面积太小，用一般的方法开采是行不通的。因此，保罗·盖蒂准备放弃此地，但又有些舍不得，最后他决定让员工们讨论一下，各抒己见，看看是否有办法克服这块地的缺点。当初员工们还有些犹豫，保罗便一再鼓励大家，许诺对有贡献和有好主意的员工将给予奖励等。见老板如此信任，大家都毫无拘束地议论起来，你一言我一语，不少主意就出来了。

“我想我们可以使用小一号的工具挖掘，这样或许可以节省一定的空间。”一位职工思考了良久才说道。

听到职工这么一说，保罗·盖蒂心中顿时豁然开朗，他一直认为交通是这块狭小油田的死结，现在这位员工想出使用小一号工具挖井，那么亦可以考虑使用小一号的铁路作为通向这油田的交通轨道。于是他说：“如果大家能找到人设计和制造出小一号的工具，我们公司就能下手在这块地上开采石油。当然，接着还有一个问题，就是怎么使用小一号的交通工具把那里的石油运出来，请大家再好好想想，我们的员工真的是很优秀的，刚才那位员工竟然帮我们解决了大问题。”

保罗·盖蒂如此一讲，更是鼓励了员工们开动脑筋想办法的积极性。大家都是与油田打交道的工作人员，既知道挖井采油的方法和难处，又有解决问题的实际经验和体会，每个人都畅所欲言，把自己的想法、看法都毫无保留地谈出来。

员工们由小一号的挖井工具谈到小一号的铁路和火车，进而谈到找谁设计和制造这些挖掘工具和交通工具。

众人拾柴火焰高。经过保罗·盖蒂的一番激励和鼓动，员工们为开发森林里那块含油丰富的土地找到了一个恰当的解决方案。大家确定用小型铁路和小型器材进入那块油田。

1927年2月21日，盖蒂石油公司终于在那块土地上挖出了第一口井。后来，接二连三地挖出数口井，每口井都产出大量的原油，每天共产油1.7万桶。从1927年至1939年，这块油田为保罗·盖蒂赚了数百万美元。

保罗·盖蒂一个让员工积极参与的简单想法使他获得了员工的信任，从而为他带来了几百万美元的收入。他的成功在于他对自己的员工充分信任，并且让员工积极参与公司的各项工作。他还认识到，只有当管理者要实现的目标与被管理者的意愿相符合时，才可能有效地调动被管理者的积极性。他因此想办法为员工积极参与各项工作而设立各种奖励制度，结果他充分地调动了员工的积极性，最终获得了成功。

信任与认同激励

信任是交易双方关系的一种属性，信任感是交易双方个人之间的一种属性，信任产生于重复性活动。格拉诺维特认为：信任来源于社会网络，信任嵌入社会网络之中，而人们的经济行为也就嵌入社会网络的信任结构之中，在经济领域最基本的行为是交换，而交换行为得以发生的基础是双方必须建立一定程度的相互信任。在以物易物的原始交换中，双方首先必须相互了解，相信对方有交换的诚意，信任对方对交换条件的认可，然后才能进行实质性的交换。即使在以货币为媒介的现代社会交换中，双方也需要有一定程度的信任感。如果信任感降到最低程度，在每一次交换中，双方都是隐形的贡献者。信任使得社会可以在更大的空间和时间范围内从事活动。

信任可以使人们在没有权力或市场的前提下从事合作。今天的经济情况已经发生了很大的变化，经济全球化速度加快，人们用各种术语来描述这种变化，如后福特主义、柔性专业化、多样化质量生产、新生产概念，经济活动越来越充满不确定性和动态性。在经济快变、速变（经济的全球化、动态化）的今天，信任变得越来越有价值。在经济活动中，市场或权力在协调经济活动和合作方面已成为很蹩脚的手段。建立高绩效网络的最重要的要求是信任或社会认同，透过信任，组织成员之间的信息交易成本得以降低，信任是维系网络中企业成员间效能与存活的重要影响因素。在对组织行为的影响方面，信任可以有效降低管理事务的处理成本，防范投机行为，而且也能降低对未来的不确定性，促使组织内部的资源更合理地应用，从而提高组织的效能。信任是一种非常重要的生产性社会资本。网络中的信任具有重要的生产性价值，它可以减少搭便车和其他社会不轨行为，提高信任的可获得性，降低信息搜寻和商业交易成本。它为技术上和法律上相互分离的企业，创造了解决问题而不是讨价还价的条件。

知识经济时代，技术的复杂性以及外部环境的快速变化使得人与人之间的合作意识和合作行为更为突出，一个人很难独立完成一项任务，人都是镶嵌于团队中的一个单元。在合作的过程中，人们除了追求物质利益外，更多的是追求在团队中的合作，他们希望通过努力能够营造和谐的团队氛围，并通过好的表现来得到同事及其上司的认同与信任。

在你信任的目光中放声歌唱

让员工们在公司信任的目光中放声歌唱吧！毕竟，每个人都有属于自己的舞台。

上午一上班，老板就过来交代："到年底了，对于公司的一些老员工，想想办法吧。"

说完这话，意味深长地看了我一眼。我明白这一眼的分量，按照集团公司的要求，每年绩效考核后必定在公司内部实行末位淘汰制，而公司的几位创业元老由于年龄和能力的原因，一定会落在后面。这些人当年都是和老板一起出生入死的战友，或许是机缘巧合，或许是能力有异，若干年后，老板成了老板，他们还是普通员工。即便他们不被淘汰出局，至少要降级或是扣发工资。

一方面是集团公司的统一政策，一方面是老板的特殊要求。我知道，考验我智力的时候又来了。劳神费心地审核完年底的员工绩效考核方案，我舒了一口气，按照这个方案，这些老员工选一个太突出的降一下级（当然，事先要个别谈好话，我们努力争取的结果才能如此），一些"能力"很强的就不升不降得了。这样，对得起集团的政策，也可以给老板一个交代。

下午接到电话，明天下午下班后大学同学聚会，想到同学中有人仍是孤家寡人，我把部门的小张叫过来。

"明天有安排吗？"我问。

"没有，要请我去哪玩啊？"她兴致勃勃地看着我。

"我们大学同学聚会，中间有几个帅哥，去看看吧。"我如实说。

"好。"这个不谙世事的小丫头一脸兴奋。

我们一伙人K歌到凌晨，看看大家都筋疲力尽了，我们这一群睡眼惺忪的人才作鸟兽散。回来的路上，小张不停地笑，我回过头问她："笑什么呢？是不是看上谁了？"

“你看你那个A同学，唱得乱七八糟，还唱得那么起劲！”

这么简单的一句话，却让我陷入了深思。

是啊，唱功确实不佳的A为什么能放声歌唱呢？“人生得意须尽欢，莫使金樽空对月”，在一个圣诞前夜，面对一群感情真挚的老同学，有什么理由不放声歌唱呢？他，是在我们信任的目光中放声歌唱！

面对一个唱歌不好的A，我们有如下几种选择：

1. 夺下他的话筒，自己上去唱一段：整首歌是好听了，但A肯定会郁闷。

2. 教他学会唱歌：在那么短的时间内，这是不可能的。

3. 帮他点最适合他唱的歌：A上初中、高中时，对一些经典老歌倒是有一定了解，后来上了大学，参加了工作，反倒唱得少了。所以，他还是适合唱老歌的，至于周杰伦、阿杜、陈奕迅等人的新歌，跑调不说，一点美感都没有。我们可以通过提醒和帮忙，让他找到自信和感觉。

4. 由他去吧：权当他是狂吼一通好了。

回到家，我怎么也睡不着，我想到了那个考核方案。同时也想到两个问题：一是考核的目的是为了淘汰吗？二是对于这些老员工，处分是最好的方法吗？

对于第一个问题，虽然集团上下都这么认为，但并不是我们HR真正应该做的，考核的目的是为了提高组织绩效，淘汰只是手段，绝不是目的。即便我们改变不了组织的决定，我们也应该在能力范围之内，让管理尽可能向正确的方向看齐。

对于第二个问题，通过这个老同学A，我一下子找到了答案：显然处分不是最好也不是唯一的办法。

对于这些老员工，我们公司有如下几种途径来处理：

一、让他们下岗

抹杀了他们的历史功绩，既不人道也难于实行，而且会让在职员工寒心。

二、教他们更多新的业务知识

他们曾经是叱咤风云的战将，在岁月的流逝中失去了很多学习机会，现在正处于守成有余，学习不足的阶段。教他们学习显然不是明智之举。

三、帮他们选择更适合的岗位

尽管他们曾经为公司做出了很大贡献，但组织的发展必然要求他们从一线岗位上退下来，对他们而言，继续在这个让他们引以为傲的公司工作才是他们所希望的，至于岗位调整，既在情理之中，也不出意料之外。在人员结构既定的前提下，我们应该充分发挥和调动组织内每一个人的能力。

四、由他们去吧

既没有充分施展他们的能力，也影响了组织绩效的提高。他们不合理的存在，会增加我们管理的难度和效果。

对于这些老员工来说，帮助他们找到一个自己最适合的岗位并适当肯定他们才是最佳方案。公司社群办公室的小黄和小李不是老抱怨“年轻人干老年人干的活”吗？员工服务中心的好几个岗位不是比较适合中老年人做吗？也许，最好的办法是让这些元老从一线岗位上退下来，从前线转入后方，既给年轻人让出了空间，也找到了自己安身立命之地。

让员工们在公司信任的目光中放声歌唱吧！毕竟，每个人都有属于自己的舞台。

第七章

忠诚的客户，需要用信任来赢得

在我们的生活中，销售无处不在。或者这样说，我们生活中的一切都与销售息息相关。不是吗？我们的吃穿住行玩，哪一样不是和销售息息相关？可以说，销售是一门相当深奥的学问。身为销售人员，我们站在了销售这门学问的最前端。那么，我们又该怎么样去掌握这门大的学问，去赢得客户的信任呢？

你的业务水准,是赢得客户信任的基础

一个销售人员的首要任务是销售,如果没有销售,产品没有希望,企业也就没有希望。所以从某个角度来讲,销售人员是一个产品、一个企业的基础。再精确一点来说就是:有好的销售人员,企业就能生存;没有好的销售人员,那么,企业只有死路一条,销售人员可谓企业的根。

既然销售人员是企业的基础,那么,什么又是销售人员的基础呢?或者说,什么是销售人员赢得客户信任的基础?

我们以为,一个销售人员的专业水准是赢得客户信任的基础。

这个道理很简单,就如同是装修工人要懂得自己手中的材料,画家要清楚自己手中的画笔颜料一样,销售人员要对自己的产品相当的了解才行,也就是要懂得自己的产品。没有客户愿意和不懂产品的业务员打交道。因为你自己都不清楚,还怎么去给别人介绍产品的用途与性能?有一个比喻很有意思,说销售人员是战士,业务水平是他手中的枪,而客户则是敌人。他对枪了解多少,就有多好的枪法,也就会有多高的命中率。那些百发百中的神枪手,无一不是对自己手中的枪的了解达到了一个惊人的地步。虽然这个比喻不是很恰当,但确是很形象,它一针见血地道出了业务水平对于一个销售人员的重要性。

你公司的核心业务是什么?客户是谁?客户所需要的服务是什么?满足客户的方法是什么?你公司的产品质量如何?价格如何?售后服务又能做到怎么样?产品扩展能力怎么样?诸如此类的公司基本情况,产品基本信息,你都掌握了吗?都了解了吗?如果没有,那就要多加留心了,这些可都属于你的业务范围。你的业务水平没能达到一定的高度,如何去向客户推销这些产品?如果客户询问相关的内容,你又该如何去解说?

如果这些你都做不到,在客户问起来的时候顾左右而言他,那么客户心里肯定会想:他把这个产品说得天花乱坠,好得不得了,但是这点小问题都回答不上来,看来这个产品没有他说的那么好,这个人也不可信。

一旦客户有了这种心理,那等着你的,就只能是白费了半天的唇舌,而一无所获了。这对于销售人员来说,是最不愿意看到的事情。

作为一名销售人员,你一定要做专业的销售人员而非职业的销售人员。职业的销售人员可以卖产品，但永远不会是成功的销售人员。你要做的，是把销售当作是一门艺术的专业销售人员。你的专业水准就像神枪手腰间的枪，一旦用到，必定是攻无不克，战无不胜，稳稳当当地赢得客户的信任。

沙漠中有一窝小狐狸，当小狐狸们长到能独自捕食的时候，狐狸妈妈把它们统统赶出了家门。这窝小狐狸总共有三只，它们还太小，舍不得离家，就又跑了回来。狐狸妈妈对它们又咬又追，毫不留情，并且告诉它们："你们已经到了该独立的时候了，现在必须要离开家，等到有成就的那一天才能回来！"

三只小狐狸都很害怕，它们从来没有离开过家门，现在该怎么样去生活呢？最后小狐狸们决定，它们要一起觅食，一起学习生存的本领。

在这三只小狐狸之中，有一只小狐狸瞎了一只眼，它的个头也是最小的，为了不给自己的哥哥们添加负担，它总是独自在背地里悄悄练习捕食的本领。

有一天，它的一个哥哥发现它在独自练习，很是好奇，问道："老三，你在做什么呢？这么下功夫？"

"哥哥，我在熟悉自己的爪子，我要练习捕食的技巧啊！"

"哈哈，你呀，真是笨！我们自己的爪子难道自己不熟悉吗？至于捕食技巧，我们多捕捉几次猎物不就会了吗？"

"哥哥，我不那样认为，我觉得我们都对自己的爪子运用不到位。爪子是我们最有力的武器，我们必须要把对它的认识达到一个很高的水平，才能轻松捕捉到猎物。我刚才说的捕食技巧，也是建立在对爪子的运用上的，爪子是我们的基础。"

"嗯，好像有点道理，那你就慢慢练习吧！"

很快，那只瞎了一只眼的小狐狸对自己的爪子的掌握和运用越来越熟练。最后，它凭借着娴熟的技巧，成为狐狸一族新的王者。

朋友们，你明白小狐狸成功的关键了吗？那是因为它掌握了捕食最基础的东西：对爪子的运用。而对于销售人员来说，业务水准就是你的"爪子"。你的水准越高，就越容易捕捉到"猎物"。

作为销售人员，我们一定要懂得业务水准的重要性。

你的真诚，会让客户心生温暖

翻译家傅雷先生说过："一个人只要真诚，总能打动人的，即使人家一时不了解,日后也会了解的。”傅雷先生一生的做人准则是:第一坦白,第二坦白,第三还是坦白。他认为,一味地躲闪,只会叫人心生怀疑,真诚地面对,才能赢得别人的信任。

只可惜傅雷先生做的是翻译工作,如果他去做销售,相信他也一定能够取得像乔·吉拉德那样的成就,成为一个最伟大的销售人员,而原因就是他够真诚。

如果你是一名销售人员,那么,你知道自己最需要的是什么吗?你最需要的就是让客户看到你的真诚。道理其实很简单,你的真诚能让客户心生温暖,产生信任感。

要想得到客户的认同,首先就要学会真诚地去对待客户。你越是真诚,客户就越愿意和你合作,越愿意购买你的产品。人与人之间的情感因素很奇妙,当客户看到你是在真心实意在对待他时,他也会回馈给你最大支持,把诸如产品的价格、质量、公司实力等其他条件暂时抛之脑后,心甘情愿地购买你的产品。

想想看,一个销售人员能够得到客户如此对待,那天下还有做不成的买卖吗?

那么,怎样对待客户,才能让客户看到真诚,才能让客户心生温暖呢?

最重要的一点,你要让客户看到你的耐心。在与客户相处的时候,你绝对不要因急着赶时间而表现出不耐烦的表情。因为客户一方面在听你介绍产品,另一方面也在仔细地观察着你,他们希望能从你的话里话外、一举一动中找到一些蛛丝马迹,从而对产品做出正确的判断。如果看到你不耐烦的表情,客户肯定会在心里想:这个人不是真心想把好东西介绍给我,他不够真诚,那我又何必去买他的东西呢?于是问题严重了,你的产品再好,也不能激起客户的购买欲,因为他心里根本就对你不认可了。

正确的做法是,你要时刻向客户表明,自己愿意花足够多的时间去帮助他做出正确的购买决定。就单凭这份真诚的耐心,也会让客户心里暖洋洋的,而愿意购买你的产品了。

当然,在做销售工作的时候,你的耐心还应表现在其他方面。例如,拜访新客户的时候,也需要足够的耐心。你有没有出现过这样的情形:第一次拜访,被客户拒绝;第二次拜访这个人,又被拒绝;第三次,你心生烦躁,这是什么客户,我不去了。你不去了没关系,但却白白放走了一个客户。或许这个客户正在考虑是否购买，或许他正在考察着你，见你如此没有耐心，那么，他那刚有一丝松动的心也会再次闭合。

客户很有意思，他们会从你是否有耐心上看你够不够真诚，会从你够不够真诚上看你的产品和你的公司。如果第一关都过不去，那么剩下的就不用想了。

苏小姐刚进入销售行业不久，她第一次拜访的客户是一位精明干练的女职业经理人。初出茅庐的她心想："销售不难，大家都是女性，应该很好说话。"但让她没有想到的是，自己一上来就碰上了个硬钉子。那位女职业经理人不但一口回绝了她，还下了逐客令。

苏小姐很是气馁，但她不服输的性格却上来了。她想：我真诚地去对待你，就不信你不动心。很快，她又第二次登门拜访。岂料这次更惨，她刚一进门，人家就下了逐客令，还十分不耐烦地对她说："以后你不要再过来了，耽误大家的时间都不好。"出门的时候苏小姐流泪了，她感觉很是委屈。自己可是抱着一份真心实意啊，为什么还谈不成呢？

委屈过后，苏小姐安慰自己道：或许她没有看到我的真诚，我一定还要再试一次。于是，她第三次来到了女职业经理人的办公室。女职业经理人一看到她进门，很是惊讶，但很快脸上就有了笑容。她对苏小姐说："小姑娘，我真是服了你了，你是个既有耐心，又很真诚的人。以前有很多人在吃了我的闭门羹之后，就不愿意再来，但是你继续来了。就冲着你这份真诚，我愿意试一下你的产品。"

苏小姐成功地做成了自己的第一单生意。

大家学到了吗？从你的耐心里，客户能够看出你的真诚。正所谓：精诚所至，金石为开，说的正是这个道理。

当然，要让客户看到你的真诚，单有耐心也是不够的，还应该从细微之处入手。要让客户从一些细枝末节上看到，你是在真心实意地关怀他。不要觉得事情小无关紧要，其实在很多的时候，小事情方能显出你的真诚。

再来看个小故事：

苏小姐这天又去拜访另外一个女客户。进门的时候，这个女客户正好在厨房里忙着，而她的儿子却坐在地板上哇哇大哭。这个女客户苏小姐已经拜访过一次了，彼此都认识。上次，这位女客户以还要考虑一下为借口拒绝了苏小姐。

看到孩子在哭，苏小姐赶忙走过去柔声相劝："小朋友，不要哭啊，看阿姨给你变个魔术。”说着,她从口袋里像变魔术似的拿出一根棒棒糖来。看到棒棒糖,小孩破涕为笑,接过了糖一边玩去了。而这一切,都被那名女客户看在了眼里。

可想而知,她这单生意又是十拿九稳了。

亲爱的朋友,如果是你,遇到这么一件微不足道的小事情,而且又与你的目的无关,你会去做吗?如果你不去做,那么极有可能你就会失去这个客户。因为就是从这件小事情上,这名女客户看到了苏小姐的真诚,看到了她是在真心实意地为自己的客户着想。在这样的情形下,她能不心动吗?

请记住:你的真诚会让客户心生温暖。千万不要失去任何让客户看到真诚的机会,只有看到了你的真诚,客户才会对你心生信任,才会与你合作。

对于销售人员来说,这是重中之重。

面对客户,你微笑了吗?

我们相信,生活中再也没有什么东西能比一个灿烂的微笑更能提高一个人的个人魅力了。

微笑是人类最基本的动作,是令人愉快的表情。一个灿烂的笑脸,似蓓蕾初绽,能够使人领略到感人肺腑的芳香,能在瞬间缩短人与人之间心灵的距离。

戴尔·卡耐基说:“一个人脸上的表情比他身上穿的更重要。”美国金融巨头查尔斯·斯瓦博说:“微笑是没有国界的语言,我的笑容价值百万美金。”从成功人士的话中,我们可以看出他们对微笑的看重。其实,我们自己想想也是,生活中还有什么能比微笑更重要、更有价值呢?

试想一下,在面对不同的场合、不同的情况时,如果我们总能以微笑来面对他人,是不是就会在别人心目中留下待人真诚的好印象,就会非常容易被别人接受呢?答案是毋庸置疑的。微笑是一种包容、一种接纳,一种摆在脸上的真心实意。可以毫不夸张地说,喜欢微笑着面对别人的人,更容易敲开别人的心扉,得到别人的信任。

销售是生活中的聚焦点,微笑在销售中的作用同样不可忽视。尤其是在面对客户的时候,你醉人的微笑能够使客户如沐春风,心情愉悦,也能够使你的个人魅力迅速提升,使交流变得顺畅。因为看到你的笑脸,即便你什么也不说,客户也会觉得你给他传递了一种信息：他见到我很开心。相信没有谁不愿意别人见到自己开心，那么自然而然，客户也就会心情大悦。如此一来，和客户谈合作也就变得容易多了。

一名销售人员到一家小公司里去联系业务，刚进门就看到了办公室里的简陋，他以为这家公司实力太弱，生意谈成的可能性很小。于是他顿时满面愁容，提不起精神来。公司经理一看他这样，心里非常不舒服，谈了没几句就下了逐客令。而同行的另一名销售人员则不同，从进门脸上就满带着笑容。这家小公司刚成立不久，经理正在为拓展公司业务的事犯愁，看到这名销售人员满脸善意的笑容，心情大好，就对他打开了话匣子。

两个月之后，当这家小公司的业绩一路上升之时，这家公司的经理打电话直接找到了那名销售人员，并告诉他：你的微笑很有力量，使我们公司在困难的时候看到了希望。为了回报你的微笑，我决定将与你们长期合作。

拿破仑·希尔说："真诚的微笑，其效用如同神奇的按钮，能立即接通他人友善的感情，因为它在告诉对方：我喜欢你，我愿意做你的朋友。同时也在说：我认为你也会喜欢我的。"从这个小故事当中，我们也看出，的确是如此。在面对客户的时候，不要因为你的心情而忘记了微笑。说得狠点，即使你不善于微笑，也要强迫自己微笑，因为你的微笑，客户都看在眼里，记在心里。如果你不能带着微笑去敲客户的门，那么，又怎么敢妄想去征服客户？

我们来看一个小故事：

威廉是美国推销界家喻户晓的人物，他的年收入达到了百万美元。他成功的秘诀非常简单，那就是拥有一张令客户无法拒绝的笑脸。他的这张笑脸虽然值钱，但得来却并不容易。

在做推销员之前，威廉是美国非常有名气的职业棒球明星，一直到40岁退役，他才去了一家保险公司应聘推销员。在去应聘之前，他根本就没有考虑能否被录用的问题。因为他的名气大，球迷多，在他看来，自己做推销员的条件得天独厚，这家公司非录用自己不可。然而，有意思的是，一说明来意，他就被这家公司的经理给拒绝了。原因很简单，经理告诉他：保险公司的推销员必须要有一张迷人的笑脸，遗憾的是你却没有。

经理的话如同一桶冷水当头淋下，淋灭了威廉做推销员赚钱的美梦，但这也激起了他强烈的斗志。为了可以做一名优秀的推销员，他决定从经理的话入手，先练习"笑"。他搜集了许多公众人物迷人的笑脸照片贴满了自己的屋子，以便自己随时模仿。为了能够更清楚地看到自己"练"笑的效果,他还特意买了一面大镜子放在洗手间里,一有时间就对着镜子自我练习。虽然他狠下功夫苦练笑脸,但效果却不甚明显。当他再一次去面试的时候,那位经理告诉他:比上次好了一点,不过,还是不够吸引人。

经理的话虽然让他有些沮丧,不过,也让他对自己"练"笑充满了信心。"不是比上次好一些了吗?那证明我已经在慢慢学会笑了,再努把力一定可以。"他在心里这样鼓励自己。于是,回到家里,他又开始继续自己的练习。

一段时间以后,威廉的笑脸已经"练"到收放自如的境界。一天,他散步时遇到了小区的管理员,便自然而然地对他堆满了笑容。没想到那名管理员吃惊地说:"先生,您看起来跟过去不太一样了,让人感觉很舒服!"管理员的话让他信心大增,觉得自己已经练习得很不错了。于是,他又约见了那家公司的经理。

出乎他意料的是,那位经理还是没有录用他,并且对他说:"你比上次又好了一些,但是很显然,你的笑不是发自内心的笑。"这下可把他难住了,什么样的笑才算是发自内心的笑呢?

回到家后,他一面继续苦练,一面苦苦思索,终于想明白了这个道理:发自内心的笑,就是从内心最深处笑出来的,如同婴儿般天真无邪的笑容。当他第三次又去见那位经理的时候,刚一展示出那迷人的笑容,经理立刻站起来,拉住他的手说:"就是这样的笑容,我们公司终于又多了一名优秀的推销人员,你一定会获得最大的成功!"

那位经理说得没有错,带着那迷人的笑容走上推销这条道路之后,威廉如鱼得水,屡战屡胜,终于成为销售界有名的推销员。而他的收入,也达到了同行之最。

从威廉"练"笑的故事中,不知大家能否受到一些启示?一个简简单单的微笑,不仅能使你的销售变得容易,也能够使你的生活变得更加轻松。学会用微笑面对客户,你会发现,原来销售也可以这样来做:轻松一笑,得到信任,搞定交易。

不要总是一味地奉迎客户

有很多从事销售的工作人士常常喜欢说"能""绝对可以""没问题"。从某种程度上来说，这是为了奉迎客户，达到自己推广业务、拓展市场的目的。这样的做法本来也无可厚非。而销售的目的，就是充分满足客户的需要。但是市场常常是公正的，需要按照客观规律运作，发展条件也有其客观限制，这样的做法太过华而不实，属于透支"预期"的鼓动。

我们可以想象得到透支"预期"鼓动的害处，这是一种急于求成的冒进，虽然会激起部分客户的购买欲望，但时间一长，就会因为客户的需求没有真正被满足而被他们所质疑，甚至带来负面的影响。这对于一个想在销售行业大展拳脚的销售人员来说，后果是相当严重的。

也正因为如此，作为一名销售人员，你应该学会在适当的时候，用适当的方式委婉地拒绝一些你根本就满足不了的客户要求，不要总是一味地奉迎客户。要知道，在销售行业，有的时候，"能"也会变成"不能"，反之亦然。适当地拒绝客户那些不切实际的要求，也许并不是最坏的选择。虽然被拒绝，客户在心里多少会有些不痛快，但至少你给了他们一种感觉：这人很实在，有什么说什么。其实，在不知不觉之中，你的诚信已经牢牢抓住了客户的心。

张先生在一家公司做销售经理。有一次，公司的管理人员和客户们一起聚餐。其中有个客户喝得兴起，端起酒杯来向他敬酒，并说道："不喝干了这杯酒，就是看不起我。"

这本来只是小事一件，但无奈张先生天生对酒精过敏，平时可是滴酒不沾。前段时间为了应酬客户，勉强喝了一小杯，结果立马进了医院。这个时候那客户已微有醉意，不喝就是得罪了他，这可是一单大生意啊！

张先生微微一笑，心中有了主意，端着一杯饮料站了起来，对客户说："王总，我对酒精过敏，这杯酒怕是不能喝了。但古人说得好，'以茶代酒'也是一番心意。这王老吉是凉茶，今天我也'以茶代酒'，祝你的事业万古长青，红红火火。"

那位客户微微一愣，见张先生说得好，心里高兴，痛痛快快地喝干了自己的酒。

从这则小故事中，我们可以很容易看出，有的时候，对于客户的某些要求，我们必须要学会拒绝，不能一味地奉迎。如果张先生要一味地奉迎客户，那只能是落得个再进医院的结果。因为他"不能"，所以必须要告诉自己的客户。

但说到拒绝的方式，那就有大学问了。一名好的销售人员会用很巧妙的方式来拒绝客户的不合理要求，虽是拒绝，但不会让客户心生不快，更有甚者，还能让客户对你更加信任。

我们再来看一个小故事：

甘罗的祖父是秦朝的大臣。有一天，甘罗的祖父下朝回家后满面愁容，忧心忡忡。甘罗很是奇怪，就问道："爷爷，你怎么了？"

祖父说："秦王听信了小人谗言，非要我找公鸡下的蛋给他吃。这公鸡下的蛋，我上哪儿去找啊？"

小甘罗深思半晌，忽然灵机一动说道："爷爷，我有办法了，不过你明天要听我的，让我替你上朝。"

祖父知道自己这个小孙子平日里足智多谋。他想事到如今，也就死马当作活马医，让他权且一试吧！

第二天早朝的时候，小甘罗随众大臣一起面见秦王。秦王看到甘罗，奇怪地问道："小娃娃，你怎么跑到这里来了？这可不是你来的地方，你爷爷呢？"

甘罗答道："回禀大王，我爷爷今天在家生孩子呢，所以不能来早朝，还请大王恕罪。"

秦王一听，哈哈大笑，下面的群臣也都笑得前仰后合。

秦王边笑边问甘罗道："哈哈……这男人怎么……哈哈……怎么能生孩子？小家伙在讲故事吗？"

甘罗正色道："大王，既然男人生孩子不可能，那么公鸡生蛋可能吗？"

一句话说出，秦王和所有大臣都止住了笑声，他们心里都已经明白了小甘罗的用意。秦王深思半晌，忽然一笑："小家伙，你很不错。"

后来，年轻的甘罗被秦王封为了宰相。

有时候，想要拒绝客户不是件容易的事。如果你直言拒绝，势必会让客户心生不快，甚至失去这个客户。就像甘罗的爷爷这样，秦王这个客户他能直言拒绝吗？一个不小心，可能就会是杀头的大罪。但是换一种方式，就像小甘罗这样，既拒绝了客户，也不会让客户心生不快，那就两全其美了。

不要总是奉迎你的客户，有的时候，适当的拒绝，更能赢得他们的信任。

诚信是建立信任的桥梁

在前面我们谈了很多有关诚信的话题，现在又来老话重提。这不能怪我们啰唆，因为“诚信”这两个字，实在是太过重要了。尤其是在销售行业，诚信更是一个赢得客户信任的不二法宝。

常言说得好：“人无信不立。”在生活中，一个人没有诚信站不住脚跟，因为诚信的缺失会使得他的脚下到处都是荆棘；相反，一个守信的人，在生活中则会受到极大的欢迎，因为每个人都喜欢和那些诚实守信的人做朋友。客户自然也不例外，他们也喜欢和那些诚实守信的人建立合作关系。

有位外国游客是个中国迷，每年总会到中国来旅游一次，而且，每次他都会去同一家商场，在同一家鞋店买两三双鞋带回国。原因其实很简单，就是这家鞋店的营业员庄小姐给他留下了极为深刻的印象。庄小姐对待客户的诚信，至今想起来他还记忆犹新。

四前年，这位外国游客正好身在中国。在回国前的一天晚上，他想去商场逛逛，顺便带点中国的特产回去。这么一逛，他就逛到了商场的一家鞋店门前。他发现在这家鞋店的进口处有一个货架，上面堆满了特价处理鞋，旁边有一个牌子，上面写着：特价处理，只付一折即可穿回。

他的好奇心上来了，有这么便宜的鞋子？随手拿起一双皮鞋，他发现上面写的原价是300多元，那么一折，就是30多元钱了，他自己在心里暗暗算着。

这位外国游客可不简单，他在本国做的就是鞋子的生意，所以对于皮鞋的优劣他一眼就能看得出来。他发现这鞋子300块钱的价格倒还合适，但是30元，未免有些太低了。他一边想着，就一边拿来试了试，鞋子大小刚好合适，感觉也不错，穿着很有质感。

于是，他对不远处的庄小姐招了招手：“小姐，这鞋子我要了，给我个袋子装起来吧！”

庄小姐微笑着走过来，“先生，您喜欢这鞋子啊，真有眼光，您看这鞋子款式多别致。只是，您能让我再看一下那鞋子吗？”

外国游客不禁眉头一皱，问道：“怎么了，是价钱不对吗？”他以前在商场遇到过这类问题，店主一看是外国游客，马上说价钱标错了，借机抬高价格。对这类情况，他很是反感。

岂料，庄小姐连声说：“不！不！先生您误会了。我只是想要确认一下，这是不是那两只鞋。嗯，看来确实是，可以了。”

外国游客很是迷惑，问道：“你的话我不明白，什么叫两只鞋子？这明明是一双鞋啊！”

庄小姐给他解释说:"先生,虽然这鞋子价格很便宜,但是我还是要告诉您,这两只鞋不是一双,而是相同的皮质、相同的尺码和款式。所不同的是,两只鞋子的颜色稍微有些出入。您看,虽然都是棕色,但是一对比,还是有一定色差的。这也许是以前我们弄错了,或者是顾客弄错了,虽然剩下的这两只鞋子刚好可以配成一双,但我们还是要告诉您。这也是这双鞋子我们打一折的原因,如果您不满意,可以放弃这双鞋子,我可以再为您介绍别的款式。"

这位外国游客一听,没有丝毫的犹豫,马上买下了这双鞋子。不但如此,他同时还买下了几双别的款式的鞋子。庄小姐的诚信已经彻底地打动了他,他觉得,就算是这双鞋子有瑕疵,但这些瑕疵却正好体现了庄小姐对待客人的诚信。一个销售人员的诚信,是再多的钱也买不来的。

作为一名销售人员,诚信是赢得客户信任的"制胜武器"。有了诚信,在销售的战场上,你将无往而不利。

有诚信,才会有信任,诚信是建立信任的桥梁。

要让客户知道,咱这碗茶永远不凉

俄国大文豪托尔斯泰曾有一个很妙的比喻,大概意思是说,友谊好比是一壶开水,一旦离开炉子就会逐渐凉下来。

在销售员心目中,很多人都会有一种想法,认为客户只不过是自己业务中的一个对象而已,当交易的过程完成,自己和客户也就没有什么关系了。想想也是,大多数客户和我们也许仅有一面之缘,我们卖出去产品,客户拿到产品,销售这个过程就算完成,自然是各回各家,各找各妈。要说以后不再联系,当属人之常情。可是这样的情形在客户眼里,就是人走茶凉。

确实,客户怕的就是自己会遇到一个过河拆桥、人走茶凉的业务员。我们不妨做一下换位思考,自己站在客户的角度上来考虑一下客户为什么会有这种想法。当我们买到一个产品后,我们要想到什么?产品质量好不好?万一出了问题怎么办?有没有售后服务?售后服务态度好不好?等等。很多的问题,我们都要考虑是不是?这是当然,我们都希望自己能买到价格优惠,售后服务好的产品,这样我们的利益才会有保障。人同此心,所以我们的客户也会有这样的心理,怕交易完成之后,我们给他来个人走茶凉,不管不问。

正因为如此，在我们面对客户的时候，客户会想方设法地对我们进行旁敲侧击，来看看我们是否会人走茶凉。如果他们能肯定我们不会人走茶凉，那么就会毫不犹豫增添了一份信任；当然，如果他们肯定我们是习惯于人走茶凉的业务员，那么，也许就会终止和我们的交易。没有一个客户，不想自己的利益得到最大的保障。所以，在面对客户的时候，我们切记要让他们看到：我们不会人走茶凉。

一位新的擦鞋工把自己的小摊摆到街中最热闹的地方，开始的时候，他的生意冷冷清清，很少有人光顾。但是，他的一位同行发现，一段时间之后，他的生意开始越来越好。这是怎么回事？难道他有什么特殊的技巧能吸引到顾客？带着这个疑惑，这个人开始观察新来的擦鞋工。

他发现，在下雨天有人过来擦鞋时，这个新来的擦鞋工总是会对他们说："今天下雨，擦鞋您就擦一般的，能省三块钱呢！"别人就会很好奇地问："这是为什么呢？我擦贵的，你不是多赚几块钱吗？"擦鞋工的回答是："下雨天到处都是泥水，擦贵的一会儿也还是弄脏了。倒不如先给您擦一般的先用着，等天放晴了，您再拿过来我重新给您收拾。放心吧，不会收您两次钱的，下次您来的时候，我会免费给您清理。"于是，下雨天来过的人，在天晴了之后都会再来一次。他们或是来清理鞋子，或是再擦一次。

在天晴的时候，这位新来的擦鞋工总是建议别人擦贵点的。他总是这样说："天晴的时候，您擦鞋就擦贵点的吧！五块钱对您来说也不算什么，可是能保养好鞋子好一阵子呢！在这期间您也不用担心鞋子脏的问题，如果鞋子脏了，只管拿过来，我给您免费清洁。如果遇到下雨天的话，您再把鞋子拿过来，我给您擦一次便宜点的，下雨天的时候最要注意保护好鞋子了。"于是，很多人在下雨天会专门来找这位新来的擦鞋工，要求他擦鞋子。

所以，无论是晴天还是雨天，这位新来的擦鞋工的生意都会很好。而且，他的大多数顾客，都是以前来这里擦过鞋的人，也就是说，是回头客。

同行还是有些不解，就去问这位新来的擦鞋工："你这样做是不是会很吃亏啊？告诉他们下雨天擦便宜的，而且还免费为他们清理鞋子，就算多来了一些顾客，你也多赚不了钱啊！"

新来的擦鞋工笑了："我当然能多赚钱。虽然每次赚得少一些，可是我却让顾客感觉到了，我这个鞋摊不会人走茶凉。如此一来，从我这里走出去的顾客，要再次擦鞋的时候，只会回到我这里。想想看，我的生意是不是会越来越好？"

同行点头称是。果不其然,这位新来的擦鞋工的生意越做越好,最后租了门面,做起了门面生意。

在销售的时候,我们千万要让客户看到,我们不会做人走茶凉的事儿,这是客户的忌讳。我们要在话里话外、一举一动中告诉客户:就算交易完成了,我们仍然会是朋友,若产品中有什么问题,你尽管来找我。而我一定会尽全力给你解决的。这做起来不会很难,我们可以直接告诉客户,可以尽量多说几次,用真诚的语气来说,以显示我们的诚意。当然,从行动上也可以表现出来,比如,非常热心地给客户留下自己或公司的联系地址和电话之类。总之,是要让客户深切地感受到我们的诚意:咱这碗茶,永远不会凉!

好了,客户如果可以感受到我们的这层意思,那么想要赢得他们的信任,就不是难事儿了。我们的销售会越做越好,业绩也会越蹿越高。

赢得信任的最快捷方式

下面我们将举实例向你讲解如何最快地赢得他人的信任。这一切发生在新泽西州一家大肥料公司的财务主管康纳德·琼斯先生的办公室里。琼斯先生并不认识这名保险公司的职员。

以下是他们的对话:

“琼斯先生,您在哪家公司投了保?”

“纽约人寿保险公司、大都会保险公司。”

“您所选择的都是些最好的保险公司。”

“你也这么认为?”(他掩饰不住得意)

“没有比您的选择更好的了。”

接着,这位职员向琼斯先生讲述了那几家保险公司的情况和投保条件,告诉他大都会保险公司是世界上最大的保险公司,公司的经营状况良好,有些社区的所有人都在这家公司投保。

他说的这些丝毫没有使琼斯先生觉得无聊,反而听得入神,因为有许多事是他原来不知道的。而且,他因认为自己的投资判断正确而感到自豪。

说完那些热情洋溢的几句话之后,他接着说:“琼斯先生,在费城还有几家大的保险公司,比如菲德利特、缪托尔等,它们也是全世界有名的大公司。”

这位职员对竞争对手的了解和对竞争对手的夸赞似乎给琼斯先生留下了深刻印象。当他再把自己公司的投保条件与那几家他所选择的大公司一起比较时，由于琼斯先生已经熟悉了那几家公司的情况，他就接受了这位职员所提供的条件，因为他们的条件更适合他。

再接下来的是几个月内，琼斯先生和其他四名高级职员从该公司购买了大笔保险。当琼斯先生的公司总裁向这位职员咨询菲德利特公司的情况时，琼斯先生连忙插嘴一字不差重复说道："费城三家最好的保险公司之一。"

不夸赞竞争对手也就做不成这笔生意，像打棒球一样，夸赞对方就好像是安全地上了一垒。可见，夸赞对手是很有效的谈生意的方法之一。在人生的旅途中，在生意中，我们无时无刻地要得到他人的信任。赢得他人信任的最快捷办法适用于这样一条原则，也就是本杰·富兰克林所说过的："我不会诋毁任何人，我将尽量把我所了解的他人的美德说出来。"

所以赢得他人信任的最快捷方式就是："夸赞你的对手。"

恭维客户要找准穴位

在有的场合恭维别人也是一种美德，只是不要说那些不是出于内心的话。当你认为这样恭维最恰当时，那就多恭维他几句，这就是所谓极好的恭维时机。只要恭维得恰当，自己发自内心羡慕对方，对方埋藏于内心的自尊心被你所承认，那他一定非常高兴。

S君和T君两人都是公司有成绩的推销员。T君浑身上下带着乡土气息，是个朴实的人，也就是说他有一种气质，使得顾客不抱有戒备而十分放心，并且一看到他便想起童年的故乡。与此相比，S君是一个典型的城市青年，但无论怎样说，他强有力的武器就是他能进行话题广泛的谈话。

一天，S君说："经理，先生说，马上就要签订合同了，请您去做出决定。"

"呀，我这次倒要领教一下你的本领了。"经理向他开玩笑地说。便来到先生家。

在顾客家中，使经理感到惊讶的是，看到S君与主人正以飞碟射击为话题，热火朝天地谈得起劲。S君作为经理的部下已将近两年，在这期间，关于飞碟射击的议论，一次也没听他说过。一直认为他对飞碟不感兴趣，以致使经理大吃一惊。事后，经理问他："我怎么不知道你对飞碟射击如此感兴趣？"

"这可不是开玩笑，上次，我到他家时，看到枪架上挂着的枪和刻上他名字的射击纪念杯，我回来马上去准备的呀。"尽管那些推销成绩不良的同事在背后讲S君的坏话，说："他是耳朵上的学问，现学现卖，都是杂志上的肤浅知识……"但S君却把T君等人落得远远的，继续取得超人的成绩。

推销员的魅力之一便是能够自如地就各种话题进行交谈，对于这一点，推销同行们理应有同感。

巧妙地从恭维客户开始展开话题，让客户的全部注意力都投入到和你的谈论中，你的推销说明自然也就被对方倾听了。

那么究竟怎样恭维客户，才能让他的情绪好起来，注意力集中呢？每个人只要留心观察一下就会恍然大悟。你有没有到朋友家做客呢？到朋友家之后，当你看到客厅墙上一幅色彩明丽的山水画时，你往往情不自禁地赞许道："这幅画真不错，给这客厅平添了几分神韵，谁买的？真是好眼力！"这句话也许只是你不经意间随便说出的，但你的朋友会感到欣慰，心中一定很高兴。对朋友家的其余一些东西都可以适当地赞叹一二。

人们常说，孩子都是自家的好，这就反映出人们都乐于听到恭维话的心理。作为家长，往往都喜欢听到夸孩子的话，例如"这孩子真精神""哟！小小年纪还真聪明"等。他人夸奖孩子时，家长会流露出由衷的愉悦，这一点你一定经常见到，或许还有过体验吧！

和朋友交往时是这样，那么和你客户初次接触时也是这样，或许有时更甚于此。

当与客户寒暄过后，身旁的一切都可以成为恭维的话题。你可以对接待室的装潢设计赞叹一番，诸如"庄重典雅"，或者是"堂皇气派"等，你还可以具体地谈及桌上、地上或是窗台上的花卉或盆景等，这些花卉和盆景造型如何如何新颖独特，颜色亮度等又是如何如何搭配得当，甚至，你还可以对它们的摆放位置用"恰到好处，错落有致"一类的词语来形容一番。

这些都是极易想到的，你会以为没有什么新意。的确，平庸的推销人员一般都停留在这个层次上。然而，想象力丰富和具有创造精神的推销员都不会局限于这些最最寻常的言谈，他们可能会对客户的接待人员也表示赞赏，对他们周到热情的接待表示感谢。

这样一来，你的客户会因为看到自己的下属训练有素、尽职尽责而感到高兴；同时，在场的接待人员也会从心底对你的理解表示感激，他们会马上变得特别好，好像和你是多年的老朋友。

如果收到了这样的效果，那么当你下次再拜访客户，又一次和这些接待人员见面时，他们便会格外地热情，俨然一副故友重逢的样子。但是，如果接待人员对你并没有像你说的那样友好，你该怎么办呢？还要不要表示赞赏呢？

这也是一个现实的问题。你对接待人员来说是一位陌生人，他们对你的接待不可能没有点怠慢。对于他们的失礼，你应视具体的程度而定。倘若你对他们的接待还基本满意，这时你就不应拘于小节，而照样向你的客户——他们的上司表示对接待工作的满意。

接待人员当然也知道自己有招待不周的地方，他们听到你的话时，心里一般来说都会有些歉意，下次再有机会接待你的话，他们的工作可能会有大大的改进。然而，若是另外一种情况，即接待人员对你毫无礼貌，着实把你惹恼了，你该怎么办呢？还是违心地向他们的上司表示赞赏吗？这种情况下，你如果仍是按照惯性思维，笨头笨脑地说一些表示满意的话，接待人员会以为你在说反话，并且会把你看作是一个别有用心的陷害者，这样一来，你下次的拜访就变得灰暗起来了。遇到这种情况时，最明智的做法是十分大度地把接待人员的无礼置于脑后。和客户交谈根本不提及接待人员，好像根本没有发生过不愉快的事。接待人员对你的宽宏大量一般不会无动于衷，在内疚之余，你的下次来访可能会受到应有的礼遇。

和客户接洽时，真遇到这种情况，你完全可以选取另外合适的话题。恭维客户，让对方注意你的谈话，一定要灵活，切不可过于拘泥。

恭维时一定要有诚恳的态度。只有态度诚恳，购买者才对你的恭维感兴趣，你才能收到理想的效果。如果你的恭维毫无诚恳之意，让购买者感到虚伪，那么，这样的恭维还是不要为好。

有一对夫妇结婚10年一直没有孩子，为了弥补这一缺憾，夫人养了几只小狗，她对狗百般疼爱。

有一天，先生一下班，夫人便兴高采烈地对他说："你不是说要买车吗？我已经约好了，星期天A公司的人就来洽谈。"

不料先生却没有好脸色："我是说过要换车，但没说现在就买呀。你为什么要逞能？"

原来，那个来家里推销汽车的推销员声称自己是个爱狗的人，看到这位夫人养的狗后大加赞赏，说这种狗的毛色纯洁，有光泽，黑眼圈，黑鼻尖，是最名贵的一种。说得这位夫人飘飘然，以为自己拥有了世界上最名贵的狗，于是她情不自禁地对那个推销员产生了好感，很快答应他星期天来跟自己的丈夫面谈。

其实，这位先生是想买一辆新车，他现在的车已旧得不像样子了，但他是个优柔寡断的人，一直拿不定主意去看车。

星期天，这位推销员又上门来，对这位先生又是一番"花言巧语"，"吹"得他不能自主，仿佛被一只无形的手牵引着，这位先生很痛快地买下了那人推销的一辆车。

无论是谁，对待赞美之词都不会不开心。让别人开心，我们并不因此受损，何乐而不为呢？如果你照这一准则办事，你几乎不会再遇到麻烦，它会给你带来无数的朋友，会让你时时感到幸福快乐。正如我们已经看到的那样，人性中最强烈的欲望是成为举足轻重的人，人性中最根深蒂固的本性是想得到赞赏。人之所以区别于动物，也正是因为人有这种欲望。不仅如此，也正是因为有这种欲望，人类才会创造出文明来。

值得信任，所以赢得信任

下面的文字来自一位成功推销员的感悟。

当我开始从事推销时，前景不错。因为我被置于卡尔·科林斯的指导下。他在他们公司的销售人员中领先已有40年。

科林斯先生最非凡之处，在于他总是能够赢得他人的信任。他一开口你就会感觉到，"这是个值得依赖的人，他熟悉这门生意，与他合作没问题"。我第一次见到他的时候就注意到了这一点，后来了解到了为什么。

一次，去谈一笔生意，情况似乎不错。客户对我说："过一个月来吧，到时可能会签约。"实际上，那时我真没有勇气再去，天天想着的都是退出，我不得不向科林斯先生求助，到时可否陪我一起去见客户。科林斯先生看着我垂头丧气的样子，答应了我的请求。

真没想到这桩生意在他手里是那样轻松地就成了，太令人激动了。我得到的佣金是259美元。可是，过了几天得到了坏消息，由于客户的身体原因，合约暂缓执行。

我问科林斯先生："我们是不是该告诉这位客户，这是不合规范的，除非我们告诉他，他不会知道。"

科林斯先生平静地说："不行，可我知道，你也知道。我会告诉你在保险业中这样做是符合规范的，可你并不知道其中的差别。"科林斯先生登门拜访客户，讲明了其中的要害。接着说道："我确信这份保险对你是有益的，我希望你能认真地考虑一下。"

那位客户毫不犹豫地答应了，并马上签了支票，支付了保险费。

卡尔·科林斯先生的一举一动使我明白了为什么人们信任他。他的言行举止胜过一场演讲，这一切都源于他那真诚的目光。

"那样不行，可我知道。"这寥寥数语表明了科林斯先生的人格，其深刻含义我永生不忘。在事情前景不明朗的情况下，我鼓起勇气的最大源泉是：别人是否相信不是标准，而自己相信才是标准。

我曾经把乔治·马修·亚当斯的这样几句话写在纸上随身携带，反复地阅读直到它融入我的思想：

"一个聪明的推销员总是直率地说出实情。他会真诚地看着他的客户，这样会给人留下深刻的印象。即使是第一次不能成交，他给人留下的也是真诚。耍小聪明的招数愚弄不了第二次，巧舌如簧并不能取胜，而真诚的言语才能打动人心。推销员的目光中包含着遣词用句，包含着推销员打动人心的神情直率，真诚永远是最保险的，也是最好的办法。"

我认为自己的能力已不限于做一名推销员，可我尽量按他们的方式行事。任何一类推销员都应采取这样一种态度：在与所有客户交往时我们都应让对方处于能够了解事情全貌的状态中，要努力让他人了解一切细节和我们所能提供的服务。

要知道赢得他人信任的原则之一是：值得信任。

亲和力是投向客户的常规武器

成功的业务员都具有非凡的亲和力，他们非常容易博取客户对他们的信赖，他们非常容易让客户喜欢他们，接受他们。换句话说，他们会很容易跟客户成为最好的朋友。

许多销售行为都建立在友谊的基础之上，我们喜欢向我们所喜欢、所接受、所信赖的人购买东西，我们喜欢向与我们具有友谊基础的人购买东西，因为那会让我们觉得放心。所以，一个销售员是不是能够很快地同客户建立起很好的友情基础，与他的业绩具有绝对的关系。

亲和力的建立同一个人的自信心和自我形象有绝对的关系。什么样的人具有亲和力呢？通常，这个人要热诚，乐于助人，关心别人，具有幽默感，诚恳，值得信赖，而这些人格特质跟自信心又有绝对的关系。

首先让我们看一看原一平进行直销访问的实例。

"您好，我是明治保险的原一平。"

"喔——"

对方端详他的名片有一阵子后，慢条斯理地抬头说：

"两三天前曾来过一个某某保险公司的推销员，他话还没讲完，就被我赶走了。我是不会投保的，所以你多说无益，我看你还是快走吧，以免浪费你的时间。"

此人既干脆又够意思，他考虑得真周到，还要替原一平节省时间。

"真谢谢您的关心，您听完我的介绍之后，如果不满意的话，我当场切腹。无论如何，请您拨点时间给我吧！"

原一平一脸正经，甚至还装得有点生气地说。对方听了忍不住哈哈大笑说：

"哈哈哈，你真的要切腹吗？"

"不错，就像这样一刀刺下去……"原一平一边回答，一边用手比画。

"你等着瞧吧！我非要你切腹不可。"

"来啊！既然怕切腹，我非要用心介绍不可啦！"

话说到此，原一平脸上的表情忽然从"正经"变为"鬼脸"，于是准客户和他不由自主地一起大笑了。

上面这个实例的重点，就是设法逗准客户笑。只要你能创造出与准客户一起笑的场面，就突破了第一道难关，并拉近了彼此的距离。下面让我们再看一个实例。

"您好！我是明治保险公司的原一平。"

"噢！明治保险公司，你们公司的推销员昨天才来过。我最讨厌保险了，所以他昨天被我拒绝啦！"

“是吗？不过，我总比昨天那位同事英俊潇洒吧！”

跟对方开了一个小玩笑，原一平一脸正经地说。（开这种玩笑时，声调与态度要特别留意，一不小心会引起对方的误会，以为你瞧不起他。）

“什么，昨天那个仁兄啊！长得高高的，哈哈哈，比你好看多了。”

“矮个儿没坏人，再说辣椒是愈小愈辣哟！俗话不也说‘人越矮，俏姑娘越爱’吗？这句话可不是我发明的啊？”

“哈哈！你这个人真有意思。”

不论如何，总要设法把准客户逗笑了，然后自己跟着笑。当两个人同时开怀大笑时，陌生感消失了，彼此的心也在某一点上沟通了。

总而言之，对一个进行直销访问的推销员而言，创造一个与准客户齐声大笑的场面，是破除隔阂的绝招之一。

人是自己的一面镜子，你越喜欢自己，你也就越喜欢别人，而越喜欢对方，对方也越容易跟你建立起良好的友谊基础，自然而然地愿意购买你的产品。实际上他们买的不是你的产品，他们买的是你这个人，人们不会向自己所不喜欢和讨厌的人买东西。

世界上最成功的顶尖销售员都具有亲和力，也容易跟客户建立良好的关系，都是容易和客户交上最好朋友的人。至于那些失败的业务员，因为他们自信心低落、自我价值和自我形象低落，所以他们不喜欢自己，他们讨厌自己，当然，从他们的眼中看别人的时候，就很容易看到别人的缺点，也很容易挑剔别人的毛病。他们容易讨厌别人，挑剔别人，不接受别人，自然而然地他们没有办法与他人建立起良好的友谊。这些人缺乏亲和力，因为他们常常看他们的客户不顺眼，他们常常看这个世界的许多人都不顺眼，他们的亲和力低落，因为他们的自信心和自我价值低落，自然他们的业绩也就低落。

在谈判中引入情感，几乎可以在任何问题上帮助你获胜。

通过这种方法，让客户依赖你、喜欢你、接受你，当客户对你产生依赖性，喜欢或接受你这个人的时候，自然也会比较容易接受和喜欢你的产品。

一个被我们所接受、喜欢或依赖的人，通常对我们的影响和说服力也较大。亲和力的建立是人与人之间影响及说服能力发挥的最根本条件，亲和力之于人际关系的建立和影响力的发挥，就如同盖大楼之前须先打好地基的重要性是一样的。所以，学习如何以有效的方式和他人建立亲和力，是一个优秀的销售人员所不可或缺的能力。

坚持自己的原则

有一位叫罗斯恰尔斯的犹太人，在耶路撒冷开了一家名为“芬克斯”的酒吧，酒吧的面积不大，只有30平方米。

有一天，他接到一个电话，那人用十分委婉的口气和他商量：“我有10个随从，他们将和我一起前往你的酒吧，你能谢绝其他顾客吗？”罗斯恰尔斯毫不犹豫地说：“你们可以来，但要谢绝其他顾客，这不可能。”

打电话的不是别人，正是美国国务卿基辛格博士。他是在出访中东的议程即将结束时，在别人的推荐下，才愿意到“芬克斯”酒吧的。

基辛格最后坦言告诉他：“我是出访中东的美国国务卿。”罗斯恰尔斯还是不买账，礼貌地对他说：“先生，您能垂幸本店，我深感荣幸，但是，因您的缘故而将其他人拒之门外，我是无论如何也办不到的。”基辛格博士听后，摔了手中的电话。

第二天傍晚，罗斯恰尔斯又接到了基辛格的电话，基辛格对他昨天的失礼表示道歉，说这次只带3个人，只定一桌，并且不必谢绝其他客人。

罗斯恰尔斯说：“非常感谢您，但是我还是无法满足您的要求。”基辛格很意外，问：“为什么？”

“对不起，先生，明天是星期六，本店休息。”

“可是，后天我就回美国了，您能否破例一次呢？”

罗斯恰尔斯很诚恳地说：“不行，我是犹太人，您该知道，礼拜六是个神圣的日子，如果经营，那是对神的玷污。”

基辛格无言以对，他至今没能在中东享受这家小酒吧的服务。看到这个故事，人们有些不信。这可能吗？后来翻到了一则资料，这家小酒吧被美国《新闻周刊》连续多年选入世界最佳酒吧前15名。一个只有30平方米的小酒吧竟被列入世界前15名，其中的原因就不言而喻了。

诚信是明智的选择

没有人愿意在碌碌无为中度过一生，谁都希望自己成为博学的教授，伟大的科学家，知名的企业家或者政治精英……我们渴望在社会的高度认可中实现自我价值，我们渴望成功。但成功并不像贺词所讲的那样“心想事成”。一个人的成功需要知识，需要勤奋，需要机遇……而更重要的是，需要诚信的品质。因为一个人很难靠孤军奋斗获得成功。事实上，获得他人的帮助、支持和理解，是成功路上的必然经历。而具备诚信品质的人，能充分得到别人的帮助。从这一意义上说，诚信是走向成功的重要条件。

美国华尔街金融巨头摩根的祖父，最初经营咖啡馆，后来发达，转营旅馆业，并买了运河的股票，成为汽船业和地方铁路的股东。

后来，老摩根投资了一家叫“伊特那火灾”的小型保险公司。当时，保险业才刚刚萌芽，规模很小。所以，也不要现金，只要你在股东名册上签上姓名即可。投资者在期票上署名后，就能收到投保者缴纳的手续费。只要没有火灾，这就是一桩稳赚不赔的无本生意，出资者投资的只是一种“信用”。

然而，天有不测风云，纽约突发了一场特大火灾。投资者个个脸色苍白，急得像热锅上的蚂蚁，他们从来没经历过这样巨额的赔偿，惊慌之余，纷纷表示愿意自动放弃他们的股份。

老摩根斟酌再三，决定冒一次险，成败在此一举，即使卖了旅馆也在所不惜。还有一位朋友也与老摩根有同感。于是，两人凑了10万美元，派代表人赶去纽约处理赔偿事务。

代理人从纽约归来，已是另外一番天地，他不仅处理了赔偿，而且还带回了大笔现款，那是新投保者缴纳的保险金。信用可靠的“伊特那火灾”保险在纽约名声大振，新的投保单增加了一倍以上。

诚信最明智，老实人不吃亏。若要成功，就该把创造信誉作为自己生命里最重要的事情，不断地向别人证明你是一个可靠的人，一个值得信赖的人。人们只有相信了你，才会去相信你的观点、思想或产品。一个人拥有了诚信，就会赢得更多的朋友，更多的合作者和更多施展自己才华的机会；一个企业拥有了诚信，就会在激烈的竞争中赢得市场。

美国有一名妇女叫凯瑟琳·克拉，她开了一家面包公司。开业之初，她就把“以诚取信”作为公司的唯一原则。为此，她规定凡是超过两天卖不出去的面包，由公司收回销毁。公司做这样的规定虽然冒着一定的风险，但由于它信誉好，面包新鲜，结果销量直线上升，赢得了越来越多的客户。凯瑟琳面包公司的生意也因此越来越好了。

有一年秋天，加州发生了水灾，粮食紧缺，面包一度脱销，许多人因买不到面包而挨饿。

一次，运货员从几家商店收回了一批过期面包，途中被一些饥民截住，他们提出要购买车上的面包。运货员碍于公司的规定，说什么也不答应，引起了饥民的一致抗议。他们围住货车，说什么也不让车走，于是双方发生争执，人也越聚越多。

几个敏感的记者闻讯，纷纷前来探究缘由。运货员无可奈何地说："不是我们不通情理，实在是我们公司有严格规定，禁止在任何情况下将过期面包卖出去，如果明知故犯，将被开除出公司，我也不能因违反公司规定而砸了自己的饭碗呀！"

记者听了，对运货员忠于职守、严格按公司规定行事的做法十分赞赏，但他们又劝说道："先生，现在是非常时期，你就灵活一下，把车上的面包卖给他们吧，总不能看着他们挨饿，你无动于衷啊！这样也太不近情理了。"

运货员沉吟了一会儿，然后对记者说："主动卖面包，我是万万不同意的，但是如果他们强行上车去拿，我是没有办法的。"

运货员说罢，狡黠地一笑。

在场的人恍然大悟，一拥而上，将车上的面包"强买"一空。运货员假装阻拦，记者举起相机，拍下了这一动人的场面。几天后，凯瑟琳面包公司信守许诺，宁可将过期面包收回，也不违反原则的新闻见诸报端，成为轰动一时的新闻，他们公司的名气也因此比以前更大了。

当经济转入正轨，生活恢复平静之后，各面包公司之间的竞争十分激烈，凯瑟琳经营的面包公司却因为信誉好，营业额直线上升，在短短的半年时间里，销量增加了5倍多，令其他公司望尘莫及。

业务量扩大了，凯瑟琳的经营宗旨却始终不变，在经销商和消费者中间享有的信誉长久不衰。光是这一点，就为她带来了滚滚财源。经过10年的努力，凯瑟琳的家庭小面包公司一跃而成为现代化的大企业，每年的营业额由最初的两万美元增加到400万美元，凯瑟琳也成为名副其实的百万富婆。

获得众人的信任，铸就自己的信誉，不论你采取何种方法，但笃诚、守信及勤劳是根本的要诀。

第八章

获得上司信任，做个忠诚员工

生活中的许多例子都可能证明，能博得他人的欢心，获得他人的信任，是为人处世必不可少的。作为一名员工，你最需要的是获得老板（或上司）的信任。

阪田公司的创建者小林仪三说："一个人即使再能干，但如果不被上司信任，就很难受到重用去展现他的实力。"

第一印象

良好的第一印象不仅是一种外表问题,还是一种自我推销的有力手段。要想在职业生涯中有良好的生存和发展,你就得注意自己的第一印象。

所谓第一印象是指人们在互相交往的过程中,在第一次接触一个人后所形成的最初印象,这种印象往往只是凭直觉做出的反应,属于潜意识的、直观的判断,但它却在人们以后的交往中起着非常重要的作用。

第一印象的一个显著特征,是具有不易改变性。第一印象一旦形成,就会影响到上司以后对你的态度,所以,我们应十分重视第一印象。把第一印象比喻为送给上司的一副"有色眼镜"是毫不过分的。那么,如何使这副"有色眼镜"变得有利于你就十分关键了。

在与上司相处的过程中,第一印象往往影响到一个人才能和作为的发挥,甚至影响到一个人事业的成败。良好的第一印象包括:

一、外表、服饰要整洁

俗话说:"人靠衣裳马靠鞍",穿着打扮对树立一个人的良好形象有着十分重要的作用。在某种程度上,穿着打扮能展示一个人的思想、品德、气质、风度等,是人的心灵的外在表现。

上司通过看你的服饰,就能对你的性格、作风有一个大致推断。即使这一推断是错误的也不妨碍它的重要性,因为上司自信他的判断是正确的。

所以,第一次与上司见面,一定要注意穿着整洁得体,给人一种庄重、稳健、干练的印象。衣着不整洁,往往反映出这个人行事拖泥带水,缺乏条理性,做事不可能干净利落,还反映了这个人内在涵养不高,放浪形骸。

另外,衣着也不能太随便了,因为你工作却穿得太休闲会让上司觉得你对待工作上像对待生活一样随意、不认真,对工作缺乏慎重的态度,表现出你对与上司见面满不在乎,这样的态度是很难让上司放心的。

二、语言谈吐要温文尔雅,对老板要尊敬

与上司初次见面,你的语言表达水平,决定着上司对你的精神面貌的判断,看出你的修养和素质底蕴。你谈吐要有深度、有内涵,还要彬彬有礼,不要吝惜使用"您""请""谢谢"等基本的礼貌词汇,它们会像"润物细无声"的春雨一样沁入上司的心田。

表示尊敬，也是一个能给上司留下良好第一印象的方法。没有人会反感真诚而善意的尊敬。在第一次见面时，就表示你的敬意，会使你和上司的情感联系在一起，从而赢得上司的首肯和信任，因为尊敬正是诚意的一种体现。

三、妙用身体语言

身体语言，如“正襟危坐”，就是动用身体动作来交流信息。它在与人交往中有着十分特殊的功效，能够表达语言所无法表现的内容，折射出你思想中某些深层次的东西。

身体保持直立并微微前倾，眼睛正视对方，做出一副认真聆听的样子，会给上司留下十分深刻的印象。它能够反映你认真的态度，也能表现出你对上司的尊重和对他谈话的浓厚兴趣。

初次与老板接触，切忌跷二郎腿、双目游移、表情木然、身体僵硬等表情和动作，否则，就会给上司留下一个很不好的印象。

四、态度要谦虚

在中国的传统文化中，谦虚一直被认为是一种美德。

初次与上司接触交往，一定要表现出某种低姿态，正视自己的不足和学习的必要，这种谦虚的态度会给上司留下非常好的第一印象。在上司看来，谦虚就是对上司的尊重，谦虚使人进步，谦虚的年轻人是明智而值得培养的人。

如果你是一位刚走上工作岗位的大学生，初次拜访上司，你就不妨这样对上司说：“我刚从校门里走出来，虽然有一定的书本知识，可是对社会的实际情况了解很少。您工作多年，经验丰富，我希望能得到您多多指点，使我尽快成熟起来。”这会给上司留下一个“孺子可教”的印象。

谦虚只是一个姿态，它并不能使一个人的才能增一分或减一分，它更具有心理上的含义，即你是否愿意接受和服从上司的权威。表示谦虚即是服从，这自然会让上司感到心满意足。

五、坦诚直言，以诚相待

以诚相待是给上司一个良好印象的最重要表现。如果你以整洁的衣着，潇洒的外形，谦虚的态度，大方的礼节，让上司打心里已开始喜欢你，但在更进一步的语言交流中，你说话拐弯抹角，模棱两可，好像是在和上司谈买卖的交易，那么，之前你的一切努力将会付诸东流，会被上司看作是极具欺骗性的虚伪作秀表演，以一个拙劣的第一印象定格在上司心中。

也许你无法让所有的人都喜欢你，但至少可以让大多数的人都喜欢你，可以让大多数人都信赖你。诚实的人日久天长逐渐形成宽容博大的胸怀，周围充满微笑和友爱；心思纯洁的人会渐渐养成自律的习惯，周围充满宁静和平的氛围。

经常回顾一下自己的所作所为，是否能为自己的诚实而自豪？如果不能，应该好好反思一下，想一想，为什么会做出一些不诚实的行为和举动？这么做值得吗？如果当时坦诚以待，事情的结果会不会更好？能从错误中不断学习，并说服自己成为一个诚实可信的人，便是可造之材。

人无信不立，良好的信誉能给自己的生活和事业带来意想不到的好处。诚实、守信是形成强大亲和力的基础——诚实守信会使人产生与你交往的愿望，在某种程度上，会消除不利因素带来的障碍，使困境变为坦途。

以诚相待是人际交往中最重要的砝码，大多数矛盾都能用诚信来解决。只要真诚待人，就能赢得良好的声誉，获得他人的信任，将潜在的矛盾化解在无形之中。

要求报酬的诚实，算不上是诚实。诚实是没有等级，不分程度的，诚实就是绝对的诚实。诚实不是为交换报酬而来的，诚实本身就是奖励，它是人类行为最具成效的一种。诚实的人从不担心向谁撒了什么谎，无须忧虑谎言会被揭穿，所以，他们可以集中心力，做一些更有意义的事情。

撒个小谎原本是毫无恶意的，但久而久之就会成为一种习惯，成为理所当然。小谎言需要大谎言来掩饰，然后，谎言就会愈扯愈大。永远都别尝试说谎，也别窃占任何不属于自己的东西，只有这样你才能高枕无忧。

那些讨厌正直诚实的人，机会同样也讨厌他们。从事社会工作总有发表意见的时候，你可能暂时伪装自己，表现出一副诚实的面孔，但是人们最终还是以你的所作所为，而非你的言辞来判断你。

如果你一向说的比做的多，请即刻立下誓言，改变自己的行为吧！

这是发生在一名年轻人身上的一个真实的故事。小张总是抱怨自己不受重视，抱怨公司过于守旧，薪资调整和升迁都论资排辈，年轻有为的人没有用武之地——他内心深处有一种强烈的挫折感。

但当他看了加西亚的故事后，陷入了沉思：

“我懂了！我之所以不为上司所欣赏，并非我没有才华，也不是我不善于沟通，而是缺乏那种值得信任的品质。因为上司并不认为我可以独立将信送给加西亚。”

他开始反思自己的问题，这表现在许多方面，包括喜欢自我表现，出口过于随意，逞口舌之能，做事毛糙有始无终……于是，他针对这些问题进行了调查，工作态度大大改观了。

世界上任何工作都没有贵贱之分，只有简单和复杂之分。那些有能力并且积极肯干的年轻人都能够欣然接受任何工作，每天都向世人证明自己是值得信赖的，自己是具有价值的。这样的年轻人，迟早会得到提升。

只有诚实可靠，正直真诚，你的上司才会信任你，让你担负起重要的责任。

诚实正直具有强大的亲和力，它可以让你的上司和合作伙伴产生与你交往的愿望，如果他们认为你是诚实正直的，他们就会无条件接纳你。

当上司在进退两难的境地时，就诚实地说出对他最有价值的东西。如果你发觉上司和同事正滑向一个错误的方向，就应该勇敢地加以阻止，即使他不可能接受你的劝告，但是你却证明了自己的诚实。你没有因为他是上司而虚伪地迎合他，你也会感到快乐，因为说出真话会让人觉得胸怀坦荡。

真话不会伤害讲它的人。一个正直的人会在适当的时机做该做的事情，即使没有人看到或知道，他们不仅勇于向他人提出建设性的批评，而且同时也乐于索取建设性的批评意见。你应该善于倾听周围人的种种怨言，认真加以评估，去伪存真，不断地完善自己。如果你自以为是，不愿意花费时间吸取他人的意见，对他人而言是不正直的，对自己则是不诚实的。

有的谎言有时并没有什么恶意，也不会造成什么危害。但是，久而久之会让人养成撒谎的习惯，既而变成无法原谅的劣性，使你的心灵渐渐变得低下。相反，诚实的人会逐渐形成宽容博大的胸怀，说真话才能获得上司信任和尊敬。

一个人可以由于优雅的风度、仁慈的行为、丰富的知识，或者其他美德，赢得他人的尊敬。但是一旦他有谎话被拆穿，所有的优点就会烟消云散。只有真诚地袒露自己的心灵，真正做到诚实无欺，才能赢得别人的尊重和信赖。

如果你是一个可以信赖的人，那么你的一举一动都是诚实可靠的，毫无见不得人的地方，你会对自己的工作积极主动、尽心尽力，你也可以理所当然地得到升职和奖励。这与职位和工作没有任何关系，也与男女、长幼和贫富没有任何关系。

因此，永远都不要尝试说谎，只有这样，你的心灵才会纯洁，才能养成自律的习惯，工作和生活的环境才会变得宁静平和。

即使当你不小心犯了某种大错误，也不要试图用谎言欺骗他人，欺骗你自己。最好的办法是坦率地承认和检讨。如果有可能，尽可能快地对事情进行补救，只要处理得当，你一样可以立于不败之地。

英国作家哈尔顿为了编写《英国科学家的性格和修养》而采访达尔文。达尔文的诚实是尽人皆知的，为此，哈尔顿不客气地直接问："你主要缺点是什么？"达尔文回答："不懂数学和新的语言，缺乏理解力，不善于合乎逻辑地思维。"哈尔顿又问："你的治学态度是什么？"达尔文又答："很用功，但没有掌握学习方法。"听过这些话的人无不为达尔文的坦率和诚实而钦佩。

一般来说，像达尔文这样蜚声全球的大科学家，在回答问题时说几句不痛不痒的话，甚至为自己的声望再添加几圈光环，没有人会产生异议。但达尔文没有这样，他是诚实的，一是一，二是二，甚至把自己的缺点也毫不掩饰地袒露在别人面前。别人都为他的诚实所感动，从心底深处喜欢他，敬佩他，因为只有人品高尚的人才能做得到这一点。

事业成功的人大都比较诚实，因为他们不仅希望诚实地对待别人，更希望别人诚实地对待自己。他们知道，如果他们是诚实的，就能保证他们在顺境时有人助，在逆境时有人扶。

诚实是做人之本，是为人处世的最高品格，也是你在公司里能够取得事业成功的必备品质。诚实很重要，就和做正确的事一样重要。

一个禀赋诚实美德的人，能给他人以信赖感，让人乐于接近，在赢得别人信赖的同时，又能为自己的工作和事业带来莫大的益处。

要想让你那个良好的第一印象永远留在上司记忆深处，那就做一个诚实守信的人吧！

对老板以诚相待，守信用

日本阪田公司创始人、东宝公司董事长小林仪三曾说："建立与取得信用乃是出人头地的方法。即使是技能优秀的人，或精明能干的人，如果没有信用，其成功的希望还是很渺茫。一个人虽然能干，但如果不被老板信任，就很难受到重用。"在与老板的交往中，我们必须注意遵守信用。

托马斯·杰斐逊说过："成功之人就是敢做敢当的人。"健全的品格使你不会为自己的声誉担忧，如果你由衷相信自己的品格，确定自己是个诚实可信、和善、谨慎的人，内心就会产生出非凡的勇气，而无惧他人对你的看法。

诚实的人因为美德而得到回报。一定要切记：每次当你为他人多付出一分，他就因此而对你承担一份义务。如果你真诚对待你的老板，相信他也会真诚对待你的。

正直是与诚实相伴的。你的所言、所想和所做，要努力保持一致。老板将会注意到你，把你同那些言行不一的人区别开来，从而更加信任你、重用你。

多和老板接触

要想获得信任，成为老板的左膀右臂，就要和老板多接触。一旦接触少了，时间长了就会产生生疏感及恐惧感。缺少必要的沟通，工作效率就将大受影响。

在老板的身边工作，还必须有充沛的体力。有充沛的体力作保障，才能产生很高的工作热情，才会把思想转化为行动。老板大都是拥有旺盛精力的人，如果你没有旺盛的精力，就很难配合老板的工作，很难让他对你放心，也就难以成为老板的左膀右臂。

一名员工在与老板的接触中，需要摸清老板对自己信任的程度。如果你想知道老板对你信赖的程度，可以适时试探老板，如果老板笑容满面的脸孔会突然变得阴沉，则表示"不能信任你所说的事情"。对此，你应更加努力地充实自己，以逐渐获得老板对你的信任。也有许多老板为了调动员工工作的积极性，经常说"我信任你，好好干"这类的话来鼓励员工，听到这话，你千万不能沾沾自喜，而要更加振作精神，努力争取老板对你真正的信赖。

关键时刻能替上司出力

俗话说："疾风知劲草，烈火见真金。"在关键时刻你能为上司出力，上司会真正信任你并重视你，把你看成公司不可缺少的人。人生机会难求，不可错过表现自己的大好机会。当公司某一工作环节陷入困境之时，你若能挺身而出，为公司解决难题，定会让上司对你另眼相看，从此对你格外赏识；当上司感情或生活出现波折时，你若也能妙语相劝，也会让上司由衷感谢。而若上司遭遇“事业瓶颈”或生活挫折，你却袖手旁观，漠然视之，或胆怯怕事，畏首畏尾，呆头呆脑，像一块木头，上司便会认为你资质平庸，他还会欣赏你吗？

老板更喜欢巧干和高效率的员工。不妨设想一下，同一项任务，交给员工甲需要一个月才能完成，交给乙可能仅要两周时间就会完成，那么老板在用人时，首先考虑的肯定是乙，而不是甲。工作不要蛮干，必须善于动脑筋，想办法提高工作效率。有些员工虽然努力地工作，但不善于有效利用时间。尽管工作兢兢业业，但对于一个管理很多员工的老板来说，他们往往是一群容易被遗忘的人。而会让老板记住的人，永远是那些在关键时刻干得很出色的人。

善于表达自己

一个人如果不善于表达自己，别人就不能充分地认识他、理解他。现代的生活步调变化极快，每个人的想法和感觉也各不相同。如果要让老板了解你，你就必须抓住适当的机会，将自己的想法及愿望主动地表达出来。在工作中，老板和员工容易形成一种矛盾：一方面员工都愿意在不受干扰的情况下独立做事，另一方面老板对员工的工作总有些不放心。一个好的员工要学会正确领会和履行老板的意图。如果说话办事违背了老板的意图，那就可能“出力不讨好”，把事情弄糟。

在老板面前，要常常称道他人的才干，以促进上下级关系。一个精明、清醒的领导，不喜欢别人在他面前搬弄是非，他会认为“来说是非者，便是是非人”。你必须学会欣赏同事的长处，在老板面前表达你对他人成就的钦佩，赞扬他人，而不是在老板面前诋毁别人的成就，表示出自己的不以为然。因为一旦你把别人的成就在上司面前说得一文不值，那你的上司是不会高看你的，认为你急功近利，嫉贤妒能，他也就不会放心把大事交给你去做。

因此，一名优秀的员工不仅要懂得如何去表达自己，更要懂得如何去表达别人，这样才能得到老板的信任。

争取获得人品上的信任

在人品上获得老板的信任，比在能力上获得其信任更迅速、更持久。信任是好感的催化剂，它会将美丽的色彩洒在你的身上。要想得到信任，应当在以下四个方面努力：

一、热情而不冷漠

“热情”就是一种积极主动的态度和强烈的责任意识。它主要表现在两个方面，即热爱自己的工作和热情地帮助别人。对勇于实现自身价值的人而言，工作不仅是谋生的手段，也是人生的追求，是欢乐人生的一个重要组成部分。热情的人在新的环境中是会很快被接受的。

热情的员工给老板一种愉悦的印象。无论在生活中还是工作中，脸上都要时时带着笑容，行动要迅速而利索。如果老板从你的脸上看不到一点快乐，而你的行动又是那么磨磨蹭蹭，那么，他是不会对你产生好感而信任你的。

二、随和而不固执

庄子曾言：“水至清则无鱼，人至清则无徒。”有些人喜欢将随和理解为讨好别人，将固执孤傲看作不同流合污，其实这是一种曲解。固执的人相信个人的内心体验，缺乏广阔的社会空间概念，他们在自己与众人之间筑起一道屏障，其结果是拒己于众人之外。随和是亲和、宽容，是热爱生活的表现。随和的人拥有快乐的人生，有众多的朋友，面对领导不拘束，容易让老板了解自己的品格与才华。

三、正直、诚恳而不虚伪

培根有句名言：“成功与美德是衡量人生的两把尺子，同时具备这两者的人，是幸福的。”诚恳是人际交往中最关键的品质，诚恳的人对待竞争的心态是健康的，竞争时是对手，胜负确定后仍然是朋友，这是现代社会应该大力提倡的优良品质。与领导共事，同样要做到以诚相待、坦陈己见。有些人喜欢用阿谀奉承来迎合老板，希望靠此获得重用，这是卑劣和低级的行为。

四、敏捷、果断的行事作风

即使是一个实力再雄厚的人，如果做事优柔寡断、头脑不清，缺乏敏捷的行动和果断的决策能力，那他也不会获得老板的信任。老板相信雄浑的工作魄力，刚毅的办事手腕。因为老板知道，只有坚决果断才能抓住契机，促成公司的飞跃发展。

诚实认真地干事吧！只要你在工作中取得惊人的成绩，老板必然会发现你，把你当作可以托付大事的人来重视，而且会主动地与你结交，你也会成为老板最信赖的人，得到重用，成就一番事业。

主动消除上司对你的误会

当领导对下属产生误会时，下属应主动沟通、坦诚交流，有时佯装不知，以行动释疑也是必要的。当下属对领导产生误会时，最好去向领导道歉，并用几件友好的事情加以证明。

宇宙万物，无时无刻不处于矛盾之中。在与领导共事时，产生磕磕碰碰也是在所难免。其实，矛盾并不可怕，最重要的是我们能够勇敢地正视它，并运用自己的智慧和技巧化解它。上下级之间一个最常见的矛盾就是彼此之间存在着误解和隔阂。如果处理不当或掉以轻心，误解便会成为成见，隔阂更会扩展为鸿沟，这无疑对下属是极为不利的。

误解缘何而生？这是非常复杂的问题，因为它涉及人的心理活动的复杂性。嫉妒、多疑、防范、自负，甚至是对你过度的喜爱，都能诱发领导心中对别人的不信任感，导致各种误解。对于领导复杂个性的了解，只能留给读者去细心体察了。这里，我们想探讨的是产生误解的一般性原因，这就是：上下级之间存在着信息不对称或沟通不足。由于下级和领导缺乏足够的交流，彼此对对方的情况没有一个较为清晰的认识，所以在判断事情上加入了更多的主观色彩和心理因素，导致对方的不客观认识和推测。

做人难，做人的部下更难，做几个人的部下则是难上加难。有时得罪了某位领导，而我们自己却浑然不知，等到弄明白是某位领导误解了我们的时候已经为时晚矣。

小张在五年前还是基层车间的一名钳工，从厂宣传部调来一位姓李的部长见小张文笔不错，便顶着压力将小张调进了宣传部当了宣传干事。从此，小张对李部长的知遇之恩一直铭记在心。两年后，小张抽到了厂办当了秘书，成了厂办田主任的部下，精明的小张很快就得到了田主任的喜欢。

没过多久，小张忽然感到李部长和他渐渐疏远了。一了解才知，现在的领导田主任和从前的领导李部长之间有私人恩怨，因而李部长总是怀疑小张倒向了田主任那边。

其实，引发李部长对小张误解的"导火索"很简单：在一个雨天，小张给田主任打伞，没给李部长打伞。这还是很久以后李部长亲口对小张说的，而事实上小张从后面赶上给田主任打伞时，确实没有看见李部长就在不远处淋着雨，误解就此产生了。

一气之下，李部长在许多场合都说自己看错了人，说小张是个忘恩负义的人，谁是他的上级，他就跟谁关系好。但实际上小张根本不是这样的人，他也浑然不知发生的这一切。直到李部长在人前背后说小张的那些话传到小张耳朵里时，小张才感到事情的严重性。

对此，小张首先是让时间做公证。他相信"路遥知马力，日久见人心"，李部长在气头上说自己是忘恩负义的人，一定是自己在某一方面做得不好，现在向李部长解释自己不是那样的人，李部长肯定听不进去，自己到底是什么样的人，还是让事实说话，让时间来检验吧！

其次，小张采取了以下六个办法努力消除李部长对他的误解：

一、极力避免将矛盾扩大

每当有人说起李部长和自己的关系不好时，小张总是极力否认，他不想让更多的人知道李部长和自己有矛盾。小张此举的目的是想制止事态的扩大，更利于缓和矛盾。

二、公开场合注意尊重领导

李部长和小张在工作中经常碰面，每次小张都是主动和李部长打招呼，不管李部长爱理还是不理，小张脸上总是挂着微笑。有时因工作需要和李部长同在一桌招待客人，小张除了主动向李部长敬酒外，还公开说自己是李部长一手培养起来的，自己十分感激李部长。小张此举的目的是表白自己时刻没有忘记李部长的恩情，又怎是忘恩负义之人？

三、背地场合注重褒扬领导

小张深知当面说别人好不如背地褒扬别人效果好。于是，小张经常在背地里对别人说起李部长对自己的知遇之恩，自己又是如何如何感激李部长。当然，这些都是小张的心里话。如果有人背地里说李部长的坏话，小张知道后则尽力为李部长辩护。小张此举的目的是想能通过别人的嘴替自己表白真心。

假若李部长知道小张背地褒扬自己，肯定会高兴的，这样更利于误解的消除。

四、紧急情况“救驾”

平时工作中，小张若知道李部长遇到紧急情况，总是挺身而出及时前去“救驾”。如有一次节日贴标语，李部长一时找不着人，小张知道后，主动承担了贴标语任务。类似的事情，小张一直积极去做。小张此举的目的是想重新获得李部长的好感，让李部长觉得自己没有忘记他，仍是他的部下，有利于李部长心理平衡，消除误解。

五、找准机会解释前嫌

待李部长对自己慢慢有了好感以后，小张利用同李部长一同出差开会的机会，与李部长很好地进行了交流。李部长最终还是被小张的诚心打动，表示不计前嫌，和小张的关系和好如初。

六、经常加强感情交流

李部长对小张的误解烟消云散之后，小张不敢掉以轻心，而是趁热打铁，经常找理由与李部长进行感情交流，或向李部长讨教写作经验，或到李部长家和他下棋打牌。久而久之，李部长更加喜欢这个昔日部下了。小张此举的目的是通过经常性的感情交流增进与老领导之间的友谊。

功夫不负有心人，在小张的不懈努力下，李部长对小张的误解彻底没有了，反倒觉得以前说的话有点对不住小张。从那以后，李部长逢人就夸小张是好样的。两人的感情与日俱增。

领导误解了下属，有其主观上的原因，更有客观上沟通不足的原因。领导处于一个中枢性的岗位，事务繁重，责任重大，他可能通过各种渠道，如人事档案、他人的汇报、一时的印象、特殊的考验而对你有所了解，但一般而言，他不会主动去找自己的下属进行沟通。这样，他便缺乏对你全面、直接和理性的认识，容易受他人意见的蒙蔽，本人直觉的左右和主观判断的影响，从而对你的言行产生认识误差。

下属对待领导最明智的态度就是及时、主动地去消除误解，不让它成为定形之见。否则，好的机缘会与你擦肩而过，让你悔之晚矣。

与上司相处的好方法

与上司好好相处的方法万变不离其宗，简言之，有以下三个宗旨：

首先，客观地衡量一下自己在公司的地位。雇主与雇员之间的关系永远建立在互利互惠的基础上，问问自己有什么利于公司的长处，尽量在那方面大大发挥，不要卷入是非圈子里。

其次，无论何时何地都要帮助上司解决疑难，尽自己所能把事情做好。

最后，在适当的时机，说合适的话，做合适的事情。

有一个很经典的例子。一次，曾国藩用完晚饭后与几位幕僚闲谈，评论当今英雄。他说："彭玉麟、李鸿章都是大才，为我所不及。我可自许者，只是生平不好谀耳。"一位幕僚说："各有所长：彭公威猛，人不敢欺；李公精敏，人不能欺。"说到这里，他说不下去了。曾国藩又问："你们以为我怎样？"众人皆低头沉思。忽然走出一个管抄写的后生过来插话道："曾师是仁德，人不忍欺。"众人听了齐拍手。曾国藩十分得意地说："不敢当，不敢当。"后生告退而去。曾氏问："此是何人？"幕僚告诉他："此人是扬州人。入过学，家贫，办事还谨慎。"曾国藩听完后说："此人有大才，不可埋没。"不久，曾国藩升任两江总督，就派这位后生去扬州任盐运使。真可谓是"区区一句话，胜读十年书"。这位后生正是抓住了曾国藩自以为"仁德"这一点，投其所好地对其进行了赞美，结果飞来横福。由此可见，只要赞得恰到好处，其效果往往是出人意料的。

以下是一些有用的建议：耐心寻找上司的特点，以他喜欢的方式完成工作，不要逞强，更不要急于表现自己。

随时随地抓紧机会表示自己对他忠心耿耿，永远站在上司这一边。

以你的态度说明一个事实：我是你的好朋友，我会尽己所能支持你。不要以为上司很愚笨，如果你真的努力这样做，他看在眼里，一定会很明白你的意思，对你日渐产生好感。

上司愿意选择你为他的下属，他对你的印象自然不差，你必须摒除对上司的偏见，事事替他着想。

最后更要记住：讨人喜欢和受人信赖的人，基本上不是那种以我为核心，想问题和做事情都从"我"字出发的人。以我为核心，只会与人疏远。那是因为，以我为核心的人，缺乏站在他人立场上进行思考的能力。

用心聆听上司的话

泰勒在《政治家》一书中写道："专心致志地听就是一种最安全而且最灵验

的赞美形式。一个人能够做出自己洗耳恭听的样子,他就具有了获得人们好感的才能。”

显然这种倾听本身就很有价值,但是,当他带来理想反应时,就会变得更加有效。在这里,泰勒也有些有价值的东西要告诉我们。

上司发表讲演,当他一坐下来你就鼓掌,他会把你的敬意当作是一般的礼节;但是,过了一会儿,你让他知道,你被他讲演中的某些动人之处所吸引。这时,你也许会以为他很快会淡忘了此事,其实不然,他会将你的赞扬长时间地铭记在心,甚至当你对他的讲演已经印象淡薄时,他还念念不忘。

当然,你不必等到上司做报告时才用到这种技巧。只要回想一下以前他说过的某件事情,并在某个合适的时候再提一遍,这样也许就有助于促进你们之间的关系。你甚至不必说你一概同意这件事,要紧的是你要让他知道你认真思考了他的讲话。

偶尔上司留下加班,最好也主动留下帮忙。如果上司因此相邀去吃饭,就要高兴地相陪。这样做当然不是存心要上司请客,而是借此制造接近上司的机会,并通过茶饭间的闲聊,听取上司的人生经验等。

即使上司谈的都是一些老调,也要倾耳凝听,时而表示共鸣或赞佩的应和,决不可有任何不耐烦的神态。前面说过,这种部下是最被赏识的。

在上位的人多少都有对下属训话谈经验的欲望,不妨做个忠实的“听众”,来听他高谈阔论,对这种肯比别人更用心“聆”听上司言论的下属,上司自然会给他更多的信任与良好的评价。

事实上,人们对那些肯听自己发言的对象都会具有好感的。聆听上司谈话时,在听讲中要随时露出感动、认同的表情,偶尔重复上司的话语,请求其给予更详细的说明解释。开始时会有点别扭,几次后,自然就会适应了。

当然,前面提到的这些认真倾听与主动交流的行为,并不是让大家去拍领导的马屁,对领导唯命是从,而是教会大家如何表明自己对上司的尊重。因为任何人都希望别人尊重自己,这也是上司对你产生信任感的基石。

向上级提供信息要讲策略

大凡有见识的下属都一定知道向领导“灌输思想”的重要性。领导一旦接受了你的某种观点，你的种种想法便得以实现，这时你有可能已经成为领导不可或缺的“宠幸”之人，你将发挥着巨大的甚至是无可替代的影响力。

西方葡萄酒业巨头——卡尔森公司前行政副总经理罗伯特·加里说：“我发现，下级使自己受到重用和被赏识的最好办法是挖掘信息，即那些与正在被考虑的建议有关的数据和事实，以及对上级欣赏的观点表示出兴趣和赞赏，还有就是要提出新的方案。”他补充说，“没有什么比有助于上级做出更好决策的信息更令人欣赏的了。”

你提供的信息只有尽可能地客观才会有用，这并不意味着信息来源只能局限在计算机的打印结果和其他种类的数字统计上，从报纸和商业杂志中切下来的资料当然也包括在内，甚至是在小饭店中听到的轶事和闲谈，有时对你的上级来说也会很有价值的。

你提供的信息应该是全面的，这并不意味着提供的信息必须包含每一个细节，而是要包括或考虑到有关问题的所有方面，否则，就难以准确地把握问题的实质，反过来又导致错误的行动。如果你缺少一些重要的数据，但又感到应该提供你已经掌握的数据，这时就应该告诉上级你还缺少什么信息和你正要采取什么步骤来获得它们。

正如加里所指出的那样，信息为提建议提供了最好的基础。事实上，信息经常能代替建议。你常常会发现让上级做一件事情的最好途径是向他提供足够的正确的信息，这种信息可能会很好地引导他给自己提出建议。不要担心这种方法会失去在你自己建议的情况下可能会受到的称赞，如果有什么区别，那就是他很可能更加赏识你，因为，他成了一个自己能做决策的上级，而你又证实了他对自己的关怀。

仅有良好的建议还是远远不够的，还要有向上级传达这种良好建议的方式和方法。“产品”和“渠道”都没有问题，才能最终赢得上司的信任。

以低姿态取信于上司

下属提出一个建议，试图让领导接受，这不仅取决于建议内容本身的合理性，还往往取决于下属提出建议的方式。注意提建议的方式方法，就是要时刻注意领导的心理感受和变化轨迹，就是要求下属在提供建议的时候首先要获得领导的心理认同。

许多的经验表明，以请教的方式提出建议更易让领导接受。

请教，是一种低姿态。它的潜在含义是：尊重领导的权威，承认领导的优越性。这表明，下属在提出意见之前，已经仔细地研究和推敲了领导的方案和计划，是以认真、科学的态度来对待领导的思想的。因而，下属的建议应该是在尊重领导观点的基础之上的，很可能是对领导观点的有益补充。这种印象无疑会使领导感到情绪放松，从而降低对你建议的某种敌意。

请教的姿态，不仅仅是形式上的，更有内容上的意义。这样你可以亲自聆听领导在这方面的想法。这种想法在很多时候是他真实意志的浮现，而他却并未在公开场合予以说明，而且很有可能是下属在考虑问题时所忽略了的重要方面，这样在未提出自己意见之前，首先请教一下领导的想法，可以使你做到进退自如。一旦发现自己的想法还欠深入，考虑不是很周到，你还有机会立刻止口，回去后再把自己的建议完善一下。如果你的建议未能领会领导的意思，那么，你的建议不仅毫无意义，分文不值，而且还暴露了你自己的弱点，这对你绝非什么幸事。

向领导请教，有利于找出你们的共同点，这种共同点，既包括在方案上的一致性，又包括你们在心理上的相互接受程度。

美国前总统林肯就是这方面的表率。年轻时他与他的上司关系并不十分融洽，为了改善上下级的关系，他得知这位议员很喜欢读书，他便三番五次地向他请教学问。由于他摸到了上司的爱好，并能虚心讨教，来往之间，那位上司也改变了他对林肯的看法，林肯后来在仕途上的进步，也得到了他的大力支持。

许多研究者发现，“认同”是人们之间相互理解的有效方法，也是说服他人的有效手段，如果你试图改变某个人的爱好或想法，你越是使自己等同于他，你就越具有说服力。

有经验的说服者常常事先了解一些对方的情况，并善于利用这点已知情况作为“根据地”“立足点”，然后在与对方的接触中首先求同，随着共同处事的增多，双方也就越熟悉，越能感受到心理上的亲近，从而消除疑虑和戒心，使对方更容易相信和接受你的观点和建议。

下属在提出建议之前，先请教一下自己的领导，就是要寻找谈话的共同点，建立彼此相容的心理基础。如果你提的是补充性建议，那就要首先从明确肯定领导的大框架开始，提出你的修正意见，做一些枝节性或局部性的改动和补充，以使领导的方案或观点更为完善，更有说服力，更能有效地执行。

如果你提出的是反对性意见，有人会说，这到哪里去找共同点呢？其实不然，共同点是不仅仅局限于方案内容本身的，还在于培养共同的心理感受，使对方愿意接受你。而且，可以说，越是你准备提出反对意见，你就越可能招致敌意，因而越需要寻找共同点来减轻这种敌意，获得对方的心理认同。此时，虽然你可能不赞成上司的观点，但你一定要表示尊重，表明你对它的理性的思考。你应设身处地地从领导的立场出发来考虑问题，并以充分的事实材料和精当的理论分析作依据，在请教中谈出你自己的看法，在聆听中对其加以剖析。只要你有理有据，领导一定会心悦诚服地放弃自己的观点，仔细倾听你的建议和看法。在这种情况下，领导是很容易被说服而采纳你的意见和建议的。

请教会增加领导对下属的信任感，当你用诚恳的态度来进行彼此的沟通时，领导会逐渐排除你在有意挑“刺”、你对领导不尊重等这些猜测，逐渐了解你的动机，开始恢复对你的信任。

所以，低姿态的方式不仅仅是一种手段，而且是一种态度。你越是会充分地运用这种方法，你就越可能赢得上级的心。

主动与上司沟通

一份好工作的要素有很多，是否有发展空间，薪水是否可以让你满意，是否有舒适的环境，老板是否体恤“民意”，同事之间是否相处和睦，工作是否符合兴趣等，都是衡量一份工作好坏的标准。一份好的工作，得综合这么多因素，才能算得上工作得意。但又有多少人有这样十全十美的工作呢？每个人总有这样那样的不顺心，总有遇到挫折的时候，而这其中最难的也许是如何与你的上级相处，因为你的上级可以说是直接把握着你的命运。

如果你遇到的是一个明智亲善的老板，那就恭喜你，因为与这样的老板相处可以使你心情愉快，工作起来倍加有劲，不断地想做出成绩来，得到他的承认、认可。可是这种概率是极小的，似乎每个老板都有这样那样的缺点，或不近人情，或专断，或太严肃，或缺乏远见。

所以，如何与老板好好相处便显得特别重要。与决定你工作命运的人处理好关系，是工作发展中最重要的一部分。如果你和老板的关系不好，那么又如何计划以后的升迁和加薪呢？

尝试去体会老板的心情，从他的角度去思考问题，比如当你觉得薪水太少时，别急着找老板的茬，也许你应该和他好好谈谈，让他充分知道你的成绩，你的想法，也许他也会为忽略了你的想法而内疚。

小陈是个普通的员工，她刚毕业，在公司里也只是担任了一个不太重要的职务。她当初怕找不到工作，便降低了自己的薪水要求，等她逐渐做出成绩时，便越来越觉得老板亏待她，觉得老板不够重视她，于是有点消极怠工，不再像以前那么卖力。直到有一天，老板觉得她的表现有点异样，找她谈话问及她的想法时，她才一吐为快。这时她的老板才发现原来一直忽略了她的想法，后来及时给她加了薪升了职。这时的小陈再次感觉到这份工作的重要性，才又重新卖力地工作。

可见，在与老板相处的过程中，及时沟通是件多么重要的事。如果你的老板是个好老板，那么他会乐意与你沟通，因为他需要知道下属的想法，他也想更好地管理下属。而如果你的老板不是个好老板，那么你更应该与他沟通，因为他有可能因为与你缺乏沟通而对你抱有成见，弄得不好，他会因为误会而忽视、辞退你。

试着与你的老板握握手，让他知道你在想什么，让他知道如何才能更好地管理员工，他并不是你的敌人，而是你的朋友，不是吗？

在诸多人才辈出的现代组织中，信守“沉默是金”者，无异于慢性自杀，而正确的工作态度和工作效果，充其量也只能让你维持现状，想要有所提高，必须主动与老板沟通。

阿尔伯特是美国金融界的知名人士。初入金融界时，他的一些同学已在金融界内担任高职，也就是说他们已经成为老板的心腹。他们教给阿尔伯特的一个最重要的秘诀就是“千万要肯跟老板讲话”。

话之所以如此说，就在于许多员工对老板有生疏及恐惧感。他们见了老板就噤若寒蝉，举止言谈都不自然起来。即使职责上的述职，也可免则免，或拜托同事代为转述，或用书写形势报告，以免受老板当面责难的难堪。长此以往，员工与老板的隔膜肯定会愈来愈深。

然而，人与人之间的好感是要通过实际接触和语言沟通才能建立起来的。一名员工，主动跟老板做面对面的接触，让自己真实地展现在老板面前，才能令老板直觉地认识到自己的工作才能，才会有被赏识的机会。

在许多公司，特别是一些刚刚走上正轨或者有很多分支机构的公司里，老板必定要物色一些管理人员。此时，他选择的肯定是那些有潜在能力，且懂得主动与自己沟通的人，而绝不是那种只知一味勤奋，却怕事不主动的员工。

因为两者比较之下，肯主动与老板沟通的员工，总能借助沟通渠道，更快更好地领会老板的意图，把工作做得近乎完美。

想主动与老板沟通的人，应懂得主动争取每一个沟通机会。事实证明，很多与老板匆匆一遇的场合，可能决定着你的未来。

比如，电梯间、走廊上，吃工作餐时，遇见你的老板，走过去向他问声好，或者和他谈几句工作上的事。千万不要像其他同事那样，极力避免让老板看见，力争与老板擦肩而过。

当然，这并不是说，只要你主动与老板沟通，就能得到老板的青睐。不同老板喜欢用不同方式去管理员工。主动与老板沟通时，须懂得自己的老板有哪些特别的沟通倾向，这对员工的沟通成功与否，至关重要。

一般而言，主动与老板沟通的员工应遵循以下原则：

一、与老板沟通越简洁越好

老板都有一个共同的特性，就是事多人忙，加上讲求效率，故而最不耐烦长篇大论，言不及义。因此，你要引起老板注意并很好地与老板进行沟通，应该学会的第一件事就是简洁。简洁是最能表现你的才能的方式。莎士比亚把简洁称之为“智慧的灵魂”。用简洁的语言、简洁的行为来与老板形成某种形式的短暂交流，常能达到事半功倍的良好效果。

二、“不卑不亢”是沟通的根本

虽然你所面对的是老板，但你也不要慌乱，不知所措。不可否认，老板喜欢员工对他的尊重。然而，“不卑不亢”这四个字是最能折服老板，最让他受用的。员工在沟通时尽量迁就老板，本无可厚非，但直白点讲，过分地迁就或吹捧，就会适得其反，让老板心里产生反感，反而妨碍了员工与老板的正常关系和感情发展。你若在言谈举止之间，表现出不卑不亢的样子，从容对答，这样，老板会认为你有大将风度，是个可选之才。

三、沟通时老板和员工是对等的

员工在主动与老板的交流中，要不争占上风，事事替别人着想，能从老板的角度思考问题，兼顾双方的利益。特别是在谈话时，不要以针锋相对的形式令对方难堪，而能够充分理解对方。那么，你的沟通结果常会是皆大欢喜。

四、用聆听开创沟通新局面

理解的前提是了解。老板不喜欢只顾陈述自己观点的员工。在相互交流之中，更重要的是了解对方的观点，不急于发表个人意见。以足够的耐心去聆听对方的观点和想法，是最令老板满意的。

五、贬低别人不能抬高自己

在主动与老板沟通时，千万不要为标榜自己而刻意贬低别人。这种褒己贬人的做法最为老板所不屑。与人沟通，就是把自己先放在一边，突出老板的地位，然后再取得对方的尊重。当你表达不满时，要记着一条原则，那就是所说的话对“事”不对“人”。不要只是指责对方做得如何不好，而要分析不足，这样沟通过后，老板才会对你投以赏识的目光。

六、用知识说服老板

对于日新月异的科技，变化迅猛的潮流，你都应保持应有的了解。广泛的知识面，可以支持自己的论点。你若知识浅陋，对老板的问题就无法做到有问必答，条理清楚。而当老板得不到准确的回答时，时间长了，他对员工就会失去信任和依赖。

七、多用限制性提问

限制性提问一般有两个特点：

一是在提问的时候就限制了对方将要做出的回答，故意把被问者的路引向提问者所期望的答案上去。

二是限制性发问让对方从提问的过程中感受到提问者的诚意，在心里有一种融洽、亲切的感觉，感到盛情难却，不好意思拒绝，就算原本想拒绝，也高兴地改变了主意，顺着提问者的意思做出答复。

限制性提问仅仅适用于预期目的非常明确的情况下，在对情况并不很了解而且没有明确目的的时候，提问的范围应该大而不应该小，应该活而不应该死，要给答话者留有能够自由选择的余地。比如，若你在办公室工作，别人用完了扫描仪，忘记关了，你不妨问一句：“请问您现在还用扫描仪吗？”其效果就比直接说“扫描仪用完以后为何不关”强得多。

八、不可锋芒太露

君子藏器于身，相时而动。你的聪明才智需要得到老板的赏识，但在他面前故意显示自己，则不免有做作之嫌。老板会因此认为你是一个自大狂，恃才傲物，盛气凌人，从而在心理上觉得你难以相处，彼此间缺乏一种默契。因此，与老板相交，你还应注意：

一是寻找自然、活泼的话题，令他充分地发表自己的意见，你适当地做些补充，提一些问题。这样，他便知道你是有知识、有见解的，也会自然而然地了解你的能力和价值。

二是不要用上级不懂的技术性较强的术语与之交谈，否则，他会觉得你是故意难为他，还可能把你看成书呆子，认为你缺乏实际经验而不信任你。

主动赢取上级的信任

任何一个精明能干的员工，如果没有上级对他的信任，要想在自己的工作范围内取得突出成绩，都是不可能的。每个人都希望得到上级的信任，踏实的工作态度是最基本的条件。此外，还要尽量与上级多沟通，让上级尽量多地了解你和你的工作。

一、学会站在上级的角度考虑问题

大多数情况下，上级总是站在更高的角度看待问题，有着较宽的视野，能通观全局。如果你能经常按时或提前完成任务，甚至比上级期待的成果更好，上级会逐渐对你重视起来，并产生信赖感，能放心地把更重要的工作交给你，你也将因此获得更多的机会，提升自己的能力。

二、认真负责，做事严谨

做事要有认真负责的态度，如果你身居关键岗位，就更应该具备严谨的工作作风。即使简单的工作也要认真对待，因为对客户来讲，可能这样的工作却是至关重要的。做事严谨有利于避免疏忽导致错误和不必要的损失。每位上司都非常担心下属是否忠诚，值得信任的下属要严守机密，守口如瓶，这也是基本的职场操守。

三、设身处地理解上级

由于沟通不畅等原因，下属与上级之间往往存在着一些隔膜，双方都不能设身处地从对方的角度考虑问题，如果你能做一个善解人意的下属，必然获得上级的赏识。急上级所急，反应敏捷，对于上级的委派要迅速领会并执行。绝大多数上级的时间要比你的时间宝贵，不管他临时指派了什么工作给你，上级认为都比你手头的工作更重要，接到任务后要迅速及时地完成。反应敏捷是上级非常看重的能力。

四、精通专业，能力突出

只有具备较强的专业知识和综合能力才是最大的实力。强将手下无弱兵，每个上级都希望自己的团队实力强大，具备不可替代的竞争优势，如果你能成为骨干员工，则能得到上级的重视和信任。

五、灵活掌握，积极迎接挑战

不要被职务范围和岗位职责所限定，认为有些事情不是你的分内工作，要能迅速学会一些相关的工作，将其视为新的机遇与挑战，从而使你接触到更多新事物，广泛地学习知识和技能，从而提升你的综合能力。在市场急剧变化的情况下，突发情况随时都可能发生，要有意识地培养自己灵活的适应能力。既然变化无可避免，与其消极懈怠，不如积极迎接挑战。

1.勇于接受任务。信任分两种：一种是对人品的信任，一种是对工作能力的信任。如果你对工作推脱扯皮，表现得非常懒惰或者没有自信，一般都会失去上级的信任。勇于接受任务，从人格上讲，是一种积极、自信、有魅力的表现。撇开自身能力不谈，上级肯定会对你的人格表示赞赏。

2.信守承诺或约定。对于自己承诺过的事情，一定要认真履行。如果你在接受上级交付任务时信誓旦旦，到头来却迟迟不付诸行动，或者拖拖拉拉不见成效，那么，上级肯定会对你产生不信任的感觉。相反，如果每次你都能保质保量地完成任务，上级就会对你另眼相看。

3.勤于沟通。即使你与上级交往甚多，表现得很要好，上级也不一定对你产生信任感。因为谈得来和能否信任是两码事。你不能凭主观的判断，认为上级对自己很了解，所以很信任自己。比如你把一件事情办得很完美时，记得一定要向上级汇报，不要以为上级什么都知道。把事情讲明白，让上级对你的能力有更全面的了解，才能更好地争取上级的信任。

4.告诉上级你的行踪。不要使自己成为去处不明的人。离开办公室时，把自己的行踪告诉同室的人，以方便上级找到你。如果预先知道要开会，最好就不要走开。

日本学者土光敏夫在《信赖的基础》一书中提到以下几点：

(1)要站在对方的立场来思考事物；

(2)确确实实遵守约定；

(3)言行必须一致；

(4)彼此要经常沟通；

(5)多体谅对方的难处。

使上级信赖自己的基础，莫过如此。

争取上级的器重，必须先取得上级的信任。如果上级对你的人品、工作能力都感到放心，那么他必定会对你产生信任，如此才能让你的能力得到更好的发挥。

赢得老板器重的八大要诀

有的人整天忙忙碌碌，忙前忙后，可是就没人注意到自己；还有的人认为工作能力强，经常有创见，可总是得不到老板赏识。是什么原因导致了这种情况，应该如何改变这种状况呢？以下的几点建议肯定会有助于你。

一、苦中求乐

不管你接受的工作多么艰巨，即使鞠躬尽瘁也要做好，千万别表现出你做不来或不知从何入手的样子。

二、勇于承担压力与责任

社会在发展，公司在成长，个人的职责范围也在随之扩大。不要总是以“这不是我分内的工作”为由来逃避责任。当额外的工作指派到你头上时，不妨将之视为一种机遇，积极地去面对。

三、提前上班

别以为没人注意到你的出勤情况，上级可全都是睁大眼睛在看着呢！如果能提早一点到公司，就显得你很重视这份工作。每天提前一点到达，可以对一天的工作做个规划，当别人还在考虑今天该做什么时，你已经走在别人前面了。

四、善于学习

要想成为一个成功的人，树立终生的学习观是必要的。既要学习专业知识，也要不断拓宽自己的知识面，往往一些看似无关的知识会对你的工作起到巨大作用。

五、说话谨慎

工作中的机密必须守口如瓶。

六、反应要快

不管上级指派了什么工作给你，接到任务后要迅速准确及时完成，反应敏捷给上级的印象是金钱也买不到的。

七、保持冷静

面对任何困境都能泰然处之的人，一开始就取得了优势，老板和客户不仅钦佩那些面对危机声色不变的人，更欣赏能妥善解决问题的人。

八、切勿对未来预期太乐观

千万别期盼所有的事情都会照你的计划发展。相反，你要时时为可能产生的错误做准备。

将上述八点融会贯通到你的工作中，相信你一定能成为被老板重视的人才。

争取通过上司的考察

与上司保持良好的人际关系，对任何员工来说都是非常重要的。对这个问题，人们往往有两种错误倾向：一种认为，处理好上下级关系是上司的事，我是他的下属，应该由他来赏识我、器重我，调动我的工作积极性，我只要尽职工作就行了，不用去操这份心。谁知到头来，自己工作干得不少，却“吃力不讨好”，只能慨叹“工作好做，人事难处”了。另一种认为，与上司搞好关系，是培养庸俗的好感，于是奉承、讨好、拍马溜须，既丧失自己的人格尊严，也于工作无补，对两者都无益处。

其实，与上司保持良好的关系，也有一些体面的、正直的、光明磊落的行为原则。

一位作者曾在报纸上发表过不少通讯，后来，他应聘进了一家报社。出乎意料，总编先让他去当校对。他觉得大材小用，工作漫不经心，文稿疏漏之处不少。

其实，总编想让他先做一段校对，熟悉一些新闻业务，再让他当编辑。见此情况，只好作罢。这位作者干了一年半校对之后，对总编说：“怎么不让我当编辑？”总编反问：“你连校对都当不好，怎么能当好编辑呢？”

他之所以失败就在于他不懂得人们识才是一个过程，表现才能也是一个过程。

在体育竞赛场上，教练员不会轻易地把主力队员的位置留给一个刚刚入队的新人，新运动员开始只能坐冷板凳，当替补队员。只有到了比赛胜负已定的时候，才能让新人上场去试一下，这也是教练对他的锻炼和考验。

一个员工要表现自己的才能，表现出他已足以担当大任，是很不容易的。

怎么办呢？机会必须自己创造，要耐心地等待。

你可以采取以下办法：

一、认真完成任务

平时认真完成上司交代的每一项任务，不论这些工作是多么平凡、细小、微不足道。其实，上司也会利用一些小事锻炼和考验员工。每一件小事都干得很好，上司就会确认你有一定的能力，并且认为你踏实、可靠，不是那种华而不实、好高骛远的员工，在适当的时机，就会交给你一定的重任。

二、毛遂自荐

在关键时刻，当需要有人挺身而出勇挑重担时，若你相信自己有能力完成，你就应当勇敢地站出来"毛遂自荐"。这时，最需要的是果断、勇气和信心。

一般来说，在有见识的上司手下，有才能的员工总会得到重用而大展宏图的机会。

三、积极建议

如果你所在的公司存在许多问题，人际关系复杂，工作死板，运作机能不协调。而你真的觉得这种状况很使人忧虑，当上司向你询问你对公司的感觉时，你干脆就大胆地向上司提出你的意见。这并不是说要你指出上司的缺点，而是提出为公司发展的建议。当然，上司会仔细考虑你的建议，他若是个有心人，一定会采取你的提案。即使不能全部接受你的意见，也会采取其中一部分建议。所以，你要不断地发现公司存在的问题，提出有效的建议。

最不中用的职员是对什么事都不关心，对什么事都不感兴趣的职员。因为只有关心、感兴趣，你才会对工作认真、有建树。如果每天只做一点工作，没事时就耗时间，反而说："大家为何都这么认真呢？到底他们为什么会那么有兴趣呢？大家都是为了生活而工作，这怎么会有意义呢？"这种人是不求上进的人。

当一个员工对公司的工作漠不关心或没有兴趣时，就表示他对自己本身的生活也不关心。假如对工作失去了兴趣和关心，那就是个消极的人，这种人最好还是辞去现有的工作，去寻找能使自己感兴趣能予以关心的工作，这样对自己或别人都有利。作为一个员工，最起码要对自己的工作或职业场所，提出一些建议，认为"应当这样做"，所提出的是积极的建设性的言论。

若你是个有时也有些意见，却认为"提出来也没有用，反正上司也不会采用"的人，觉得是自我找麻烦而自我逃避的话，那你就是个缺乏勇气的人。

假如你想在这家公司干下去，并希望它继续有所发展，那你就一定会发现

“这样不行，这一点一定要这样改”等问题。为了使公司更为健全，更为壮大，你应向上司提出你的建议与感想。公司很期盼这种具有热忱和责任心的员工，这也是让上司了解你的窗口。

任何事都应当循规蹈矩，如果不按轨道行驶则会出轨翻覆。所谓“轨道”，就是提出意见时不要有损于上司的尊严，这才是应有的“轨道”。还有，不要强调自我的私怨，这也是一种“轨道”。

比如，提案时不要让你的上司因你的提案而感到失去面子。还有，不要让你的上司以为，“这家伙只是为了自己的私欲才提出这个建议”。能做到以上两点，上司极有可能采用你的意见。当然，你本身的工作也要有较好的表现，以得到上司的肯定为前提。而不向上司提出建议的人，一定不易得到上司的了解，更不会有所成就。

不要总沉溺于过去的功绩

也许你是公司元老，与老板一同开创事业，将一个小作坊逐渐变成了一个资产数千万的大公司。其间，你付出的努力是公司上下有目共睹的。老板也感激你一路的付出，给你以要职，发你以高薪。你觉得自己了不起，常常当着或背着老板夸自己当年的功劳。你不止一次地说：“要不是我当年怎样怎样，公司哪会有今天！”

尽管你说的是实话，但你一而再地夸赞自己的行为，终于激怒了与你一路走过坎坷的老板——你被解职了。

你愤愤不平，你喋喋不休……

建功立业，成名成家，这是每个有抱负的人所梦寐以求的。但立了功，取得了成就，应该如何对待呢？晏子认为应该是“省行而不伐，让利而不夸”。要及时总结经验，反省自己的行为，检讨一下自己的过失，保持清醒的头脑，不可骄傲自满，到处夸耀自己的功劳，沉溺于过去的成功中。

一个人的功劳只能代表过去，未来的一切都必须重新开始，因此，做人应该有自知之明，任何时候任何情况下都应摆正自己的位置，保持自谦上进的品格。须知，“一将功成万骨枯”，任何丰功伟绩并不是某一个人能建立的，而且功高会招小人嫉妒，自夸功劳必招他人怨恨，凶多吉少。不争功，不夸耀，像以往那样尽忠尽德，则会更令人钦佩。

善解上司之意

一、听懂他的意图

与上司交谈，是与上司发展关系的一个重要形式。在听上司谈话时，我们常常非常紧张地注意发现话语中对自己是肯定还是否定，是抑贬还是褒扬的种种信息，忙碌地思考着自己应对的话语，因此，往往没听清上司正在说的内容。正确的做法应该是不仅要听清上司所谈的一切，而且要听清他所意指的隐义。这样，就意味着你能概括他谈话的所有要义，并做出聪慧的应对。

要做到这一点，你应该忘却所有的紧张，把注意力集中到上司的谈话上来。当你的上司讲完后可以稍作静思，以示你对他的讲活的记忆和思索。然后，向他提一两个用以澄清他谈话要点的问题，不一定是故作复杂的问题，即使是答案很明确的是非题也可以，意在强调你注意并把握了他的要点。或者用核对理解的措辞，把他的谈话概括地说一下。

二、你了解上司的心意吗

如果你是一个善解人意的人，在任何情况下都会是受欢迎的人，无论到哪一家公司工作，也都会是受欢迎的员工。

在工作上谁都不可避免地会受到上司的批评，这时很多人虽然表面上接受了，可心底里却在为自己辩解。他们不懂得“善解人意”，不知道上司那么做一定有他的原因。所以，在具体的工作过程当中，他们会不情愿地依照上司的吩咐办，并酸溜溜地说：“是上司让我这么办的，对了错了都与我无关。”甚至有些人还会“消极抵抗”，应付工作。

如果你也抱着这样的想法，对上司指出的错误耿耿于怀，甚至为报复他而对工作敷衍了事，那么就别指望会获得升迁与加薪的机会了。

在公司里，善于理解上司的意图，正确对待上司的批评指正，接受意见并认真完成工作是很重要的，因为只有这样你才更容易得到上司的认同和好感，进而受到重用，获得加薪升职的机会。

那么，怎样才能做到这一点呢？

首先，经常站在上司的角度上思考问题，尝试上司式的思考，这样你就很容易从上司的批评中汲取经验,从而使能力提高。

一般人只会在自己的立场上与上司批评纠缠,怎么也想不通上司的意见为什么会有道理。其实,只有站在上司的角度看问题,你才会更容易认清自己与上司的冲突所在,接受上司的意见,而不至于犯消极抵抗的错误。

一般来说,上司思考问题的方式与普通职员不同,上司是以公司利益为出发点,从整体上统筹考虑问题,以大局为重;而普通员工则可能会以自己的角度想当然地做决定,往往牺牲大局而保住个人。

比如在公司内部,有两个员工发生争执,上司知道两个人都是有才干的,只是稍稍有点儿自我主义,上司决不会因此而辞退他们,更不愿因此而影响大家工作上的默契。所以,他会让两个人分开,在不同的部门发挥他们的才能。而如果换成一般下属,则可能会从严明纪律出发,辞退其中一人。

尝试上司的思考方式,可以让你高瞻远瞩,更注意整体和大局,而不是目光狭隘地做出偏激的决断。

其次,要能够听出上司的言外之意,话外之音,只要上司一个眼神或一个暗示,就能正确理解其中的深意。

领会上司的意图,读懂上司,对于一个下属来说尤为重要。上司比较喜欢"机灵、悟性好、一点就通"的下属,有重要的工作也会交给他们去做,所以他们也就很容易获得重用的机会。想让自己变得"机灵"点儿,能够把握上司的意图和潜台词,你就得主动与老板接近,增进对上司的接触和了解。

总之,善解人意是任何一个职场人士不可或缺的法宝,它可以让上司注意你、赏识你、提拔你、重用你。

替上司保密

工作接近上司的员工,如上司的副手、秘书、司机等人,尤其需要注意严守上司的秘密,特别是正在策划中的重大决定和各项举措。倘若你提前透露消息,重则打乱了整个战略部署,轻则给工作带来各种麻烦,至少也会招来一大堆闲言碎语,于己无益。值得一提的是,关于上司个人的隐私,只要不触及法律范畴,也不该说三道四,因为这是他私人的空间;通常做事缺乏原则,又想笼络人心,或者惯于信口雌黄者,最容易扮演长舌妇的角色,殊不知"祸从口出"古之明训，这种七嘴八舌的小市民心气，往往在不知不觉中给自己设置了困难。

上司与下属一起共事，最好能共同享受所有的信息。如果上司不向下属通报重要的信息，下属便很难做事。因此，从这个角度来讲，上司也应积极地对下属提供必要的情况。

如果有些信息不宜让其他部门的人知道，上司在告诉下属时，可做必要的叮嘱。接触到需要保密信息的下属，则应该守口如瓶。多话的人对于自己所言而引起的重大影响并不了解。有时会因无意中的一句话，困扰到周围的人，使上司陷入困境，最后还是会自尝苦果。如果被上司认定为“重要的事不能告诉他”，则与“不可信赖”毫无两样。

然而在许多单位都经常发生一种现象：希望传播的信息在某处停住，不希望暴露的信息却广为流传。换句话说，正式管理的消息窒息不通，而机密信息的传播渠道却畅通无阻。

一般人的心理是，一听到重要的消息，往往不识真假，就想迫不及待地告诉别人，以满足“我比你早知道这个消息”的虚荣心理，也因为每一个人都有这种虚荣心，所以消息就 A 传 B，B 传 C，一个接一个，很快就传得沸沸扬扬。

一个聪明的下属，要充分了解这种情况，成为不该开口就绝不开口的人，这样才能获得上司的真正信赖。

如果获得上司的信赖，使其认为你是他的“心腹”，你反而会增加接触到更多信息的机会。这对你工作的顺利进行，将会有意想不到的好处。

通常，在一个单位中职位越高，所能获得的信息也就越多。升迁的一个重要好处是，每升一级，就能获得更机密的信息。

一般来说，上司获得信息，其可信度总比下属道听途说来的消息可靠性高，如果他有可以信赖的下属，就不会据为己有，而会尽可能地告诉他的下属，这就表示上司对这位下属充分信赖。所以，我们在接触到这类重要信息时，尤其要注意以下几点：

一、对影响与上司关系的话要保密

人们在生气的时候容易说出一些在平时根本不可能说的话，作为上司心腹的下属一定要对这些话保密。

有这样一件事：一个单位的军政主管，平时的团结还可以，一天部队发生了一起事故，政委立即布置召开常委会，当秘书通知司令员时，司令员不高兴地说：“这个时候开什么会，乱弹琴。”显然，这句话的分量是很重的，一旦传给政委,一定会产生很不好的效果。可后来政委问秘书有没有通知司令员,司令员说了什么的时候,秘书只是模糊地回答说:“出了事故,司令员心情也很沉重,没说什么。”就这样,巧妙地掩饰过去了。试想,如果把上司在特定条件下说的话,尤其是一些气话、过头话、牢骚话传来传去,那么后果一定是下属始料未及的。

二、对上司的隐私要保密

作为上司心腹的下属,经常和上司打交道,熟知上司的各种言行举止、脾气爱好、行事作风和私生活,对其缺点也比较了解,这就要求心腹要从维护上司形象这一点出发,对上司的缺点和隐私加以保密。特别是上司个人生活和婚姻等有难言之苦的地方,更应该保密。

俗话说:“打人莫打脸,揭人莫揭短。”在中国,“面子”是一件很重要的事。为了“面子”,小则翻脸,大则会闹出人命。中国人可以吃闷亏,也可以吃明亏,但就是不能吃“没有面子”的亏。如果你不顾别人的面子,总有一天会吃苦头,因此,老于世故的人从不轻易在公共场合说别人,尤其是上司的坏话,宁可高帽子一顶顶地送。你保住了别人的面子,别人也会给你面子,彼此心照不宣,和平共处。

三、对上司的过失和失误要保密

古人说:“人非圣贤,孰能无过。”不论哪个人,不可能每一句话、每个词都说得准确、完整,说漏嘴的、说“走火”的无意中伤害别人的话,也是会有的。因此,作为下属,就不能把无意当有意,把偶尔当经常,把不该当回事的话传出去。比如,一位领导长期在基层工作,相对来讲对机关工作比较生疏。因此,其他领导往往称赞这位领导是“部队型”的,实干精神好。如果你从贬义的角度去分析,也可以理解为大家在议论这位领导只有基层工作经验,没有机关工作经验,或者说他只适应基层工作,不适应机关工作。因此“说者无意”的一句话,如果“传者有心”,那肯定搞得面目全非了。所以说,下属对上司在闲谈中,在非正式场合涉及其他上司的话,最好都不要传,以免引起误解。这样才能使上司觉得你说话办事很有分寸,也才会更加信任你。

不可“越位”

越位是足球比赛的一个专用术语。在千变万化的职场生涯中,上班族也应对越位有一个明确的了解与认识。

一般来说，下属在与上司的相处过程中，其行为与语言超越了自己的位置，就叫越位。下属的越位分为：决策越位、角色越位、程序越位、工作越位、表态越位、场合越位以及语气越位。下属在帮上司的过程中，千万不要越位，变帮忙为帮倒忙。

一、决策越位

处于不同层次上的人员的决策权限是不一样的，有些决策是下属可以做出的，有些高层决策必须由领导做出。如果下属按自己的意愿去做必须应由领导决策的工作，这就是决策越位。

罗先生是某厂分管生产建设的副厂长，而吴女士是基建科的科长，该厂准备建一座新厂房，需从两家设计单位中选择一家来设计。按厂里的工作程序，应由罗副厂长牵头共同确定设计单位后，再由基建科长吴女士具体组织实施，但甲设计单位通过熟人找到吴女士后，希望能够承担该工程的设计，吴女士为了讨好设计单位，表示她本人同意由甲单位设计，但需罗副厂长也持此同样意见。甲设计单位领导为了给曾是自己学生的罗副厂长一些压力，就将吴女士的话告诉给罗副厂长。罗副厂长虽然本来也同意由甲单位设计该厂房，但对吴女士这种变相的决策越位做法十分不满，从此对基建科长吴女士心存不满。

二、角色越位

有些场合，如宴会、应酬接待，上司和下属在一起，应该适当突出上司，不能喧宾夺主，如果下属张罗过欢，过多炫耀自己，就是角色越位。

胡女士是一位不善言谈、性格内向的私营企业家，而她的秘书李小姐则是一位相貌出众、谈吐幽默并具有鼓动力的女中豪杰。在胡女士的创业过程中，李小姐曾立下汗马功劳，可以说，没有李小姐，就没有胡女士今天的企业。但当胡女士和她的秘书李小姐在一起的时候，周围的人员都为李小姐的容貌和才华倾倒，因此言行举止都以李小姐为核心，反而把胡女士当成李小姐的陪衬。在创业时，胡女士对这种现象只能忍受，但在事业有成的今天，胡女士已经忍无可忍，最终两人反目成仇。

三、程序越位

有些既定的方针，在上司尚未授意发布消息之前，下属不能犯自由主义。如果抢先透露消息，就是程序越位。

赵先生是某县长的秘书，该县机关幼儿园欲购置一批电子琴，请县长特批一笔经费，经县长办公会研究，同意拨款。但在赵先生和幼儿园园长的一次私人聚会上，赵先生把县长同意拨款的消息先透露给园长。园长知道消息后就给县长打电话，对上级领导对幼儿园的关心和支持表示感谢。县长接完电话后对秘书的做法十分不满，认为秘书没经领导同意就对园长透露消息的做法有抢功之嫌，并觉得此人不可重用。

四、工作越位

有些工作必须由上司干，有些工作必须由下属干，这是上司与下属的不同角色决定的。如果有些下属为了显示自己的能力，或出于对上司的关心，做了一些本应由上司干的工作，就是工作越位。

处长白先生在两年前因舍己救人的事迹而广受赞扬，并因此被提拔为他在能力上并不十分胜任的局长岗位，而副局长小王则是一位精明能干、办事果断、为人热情的年轻人。小王看到老白工作起来十分吃力，就帮助他做了很多本应由老白承担的工作。起初，老白对小王还是十分感谢。但随着时间的推移，不管是上级领导还是下属，都觉得小王比老白更胜任局长的工作。老白心里也有所察觉，并对小王开始不满起来。觉得如果让小王顶替自己的局长位置，自己将会很没面子，加上小王对此种现象又没有采取积极主动的解决办法，老白为了保住自己的局长位置，就将小王调至一个偏僻的小城，美其名曰："增加工作经验。"

五、表态越位

表态是人们对某件事情或问题的回答，它是与人的身份相关联的，如果超越自己的身份，胡乱表态，不仅表态无效，而且会喧宾夺主，使领导和下属都陷于被动。

某中学校办公司在某一年度超额完成了年度计划利润，公司领导为了调动大家的积极性，计划给每个人分发3000元的奖金，但按学校规定，需经劳资科批准。但经理考虑到此奖金标准大大高于学校其他教师的奖金，劳资科长不一定能够批准。因此就在劳资科长到省城开会之时，直接找到和自己关系不错的学校秘书长，学校秘书长答复公司经理，此奖金可以发，但要等劳资科长出差回来之后再办具体手续。劳资科长出差回来后，感到十分为难，如果不批准，将会影响公司职工的积极性，并引起公司职工对自己的不满；如果批准，将会影响其他教师的积极性。劳资科长只好把情况向校长汇报，校长虽然采取了折中的办法，但校秘书长却很难消除自己在学校领导中留下的不好印象。

六、场合越位

有些场合，上司不希望下属在场，下属一定要了解上司有关这方面的暗示，否则就会造成场合越位。

朱博士刚分配到某局办公室任主任，和局长同在一个办公室工作。朱博士发觉走出校门之后，有很多课本之外的东西需要学习，而局长正是一个最好的好老师。局长的谈吐、言行举止和才智，正是朱博士学习的榜样。朱博士想方设法和局长多在一起。有时，局长向朱博士暗示他需要和客人单独谈话，但朱博士还是没有离开的意思，让局长左右为难。有一次，朱博士的一位现任某外资公司总裁的大学同学要和局长进行高层决策的密谈，碍于对大学同学的情面，不得不象征性地邀请朱博士和局长一起用餐。没想到朱博士却真的跟随他们一起去用餐，并影响了谈判的进度。后来，局长伺机把朱博士调出了办公室。

七、语气越位

在和上司相处过程中，下属如果不重视上司的社会角色，在对外交往过程中，说话过分随便，往往容易造成语气越位。

小肖大学毕业后分配到某公司从事办公室工作，公司经理是一个性格开朗、说话随便，并容易和大家打成一片的年轻小伙。平时大家在一起，相处得十分融洽，分不出谁是经理谁是职员。但是当公司对外谈判时，小肖还像平时一样，拍着经理的肩膀，大大咧咧地说："老兄，今天去麦当劳还是肯德基？不用怕，我来买单！"这就是一个明显的语气越位。

不要丧失自我

一、不要沦为"马屁精"

人性的弱点决定了人是最禁不住恭维的动物。对上级来说也是如此，你求他帮忙办事儿，恭维他是理所当然的。你恭维了他，他也反过来恭维你和重视你，得到恭维的人是不会放着对方的难题不管的。

要想和领导密切关系，就必须掌握会说恭维的话这一条。会说话同办事儿是相辅相成的。话说得好听，说得到位，领导便易于接受你提出的条件和要求，否则即便是一件简单的事情，也会容易办砸，所以要学会说恭维的话，就必须学会顺情说好话。顺情说好话一般叫作赞美或者颂扬，世俗的说法即是阿谀奉承和溜须拍马之类。其实，这种世俗的说教是最不利于办事儿的。要想把事情办成功，总得拣对方爱听的话说。所以，要学会说赞美的话。

几乎任何人都爱好虚荣，其特点往往是在他们觉得做没有多大把握的事情时，极乐意看到自己在这些没有什么把握的事情上表现不凡，获得别人的称赞。当你对他们这些没把握的事情任何一桩加以颂扬时，都会发生你所期望的功效。

一位著名作家说："各人有各人优越的地方，至少也有他们自以为优越的地方。在其自知优越的地方，他们固然喜爱别人推崇。"

称赞上司一定要注意技巧。"戴高帽子"并非指溜须拍马，而是指对上司的佩服或称赞。赞誉之词人人都渴求，人人都需要。

有些上司希望听到所有角度的信息，但是大部分的上司却不会，他们也是普通人，也就是说，他们宁可听到好消息而不是坏消息。只是一定要注意技巧与心意的区别：经理您今天看起来好年轻。这种话讨好痕迹是很明显的，上司不是笨蛋，你昧着良心的话他也听得出来，这会让他在心底深处瞧不起你。正确的方式是：你要找出他真正让你佩服之处，然后适时赞美，就像你的父母夸奖你房间很干净，当你考满分时学校老师夸奖你一样。

不要以为上司不及自己聪明，他们知道自己的优缺点所在，他们能够分辨出谁在刻意逢迎，谁是忠诚踏实的。上司需要从别人的评价中，了解自己的成就及在别人心目中的地位。当受到称赞时，他的自尊心就会得到满足，并对称赞者产生青睐和感激。如果得知下属在背后称赞自己，还会加倍信任称赞者。切忌对无中生有的事加以赞美，若你这样做，会使他感觉到你是在"溜须拍马"。

在赞美上司时，不要赞美他人，除非他是上司最喜欢的人。即使这样，你在赞美他人时也应掌握一个尺度。高明的称赞要加上公众的语气，上司最关注的是自己在大家或公众心目中的声誉。一个人说好不算好，一个人的赞扬只能代表称赞者本身对上司的看法，以公众的语气称赞上司代表的则是同事集体一致的看法，不仅可以避免同事的妒忌和非议，还可以赢得同事的支持和尊重。

在上司看来，这样的赞美没有个人动机在里面，"货真价实"自然容易接受。以公众的语气称赞上司必须符合实际，真正代表大家的共同看法，否则，就有溜须拍马之嫌。平时如果留心别人对上司的看法，当自己称赞上司时就更有谈资了。以公众的语气称赞上司还要有宽广的胸怀，只有心怀坦荡的人，才有勇气和信心把大家称赞上司的意见加以转达。不要片面追求全面称赞，称赞的方面过多，必有不当之处。

称赞他人是一种艺术，要坦荡、真诚地赞美上司，让他感受到你的称赞是发自于内心的，而不是恭维、阿谀、吞吞吐吐，让人听起来好像言不由衷，或有所保留。有人认为活着就是为了升官发财，而溜须拍马是最容易赢得上司青睐的方法，故而不择手段，以损害人格和尊严为代价换取上司的信任和重用。这种做法实在不可取，也是与上司相处的最大忌讳。

二、不做上司的哥们儿

如果你的上司对待下属采取非常民主的方式，他愿意聆听下属的意见，愿意与下属沟通交流，并保持着良好的上下级关系；如果你的上司性格温和，待人充满温情；如果你的上司非常器重你，经常带你出席各种社交场所，那么，你千万不要得寸进尺，适度的距离对你是有好处的。也许你发现你正在或可能成为上司的朋友甚至哥们儿，你应当把握好尺度。如果你当着其他人的面与上司称兄道弟，以显示你与上司的特殊关系，那么这种行为是危险的。上司再民主也需要一定的威严。当众与上司称兄道弟只能降低他的威信。于是其他同事也开始对上司的命令不当一回事。当上司发觉他的工作越来越难做，而最终被他发现是你破坏了他必要的威严时，那么，等待你的最低限度也是疏远，或者你只能离开。也许他不会表露出来。可是，终有一天，你会发现你不得不接受调职的命令。

当然，你如果能够同上司交上朋友，这说明你已经能接近你的上司了，不过，这种朋友关系的最佳状态，是业务上的朋友和工作上的挚友。如果你能推动上司在公司中的地位，你就是他最好的朋友。

一定要记住：上司起用你绝不是为了广交朋友，而是让你为他服务。

三、不做上司的密友

如果说过多介入上司的私生活已经使你脱离了与上司的正常关系，那么了解上司的个人秘密和事业上的“秘密”对你更没有好处。

上下级间的确可以建立友谊，但友谊过头，过多地涉足上司的秘密，却是极其危险的。亲密的关系有一种平等化的效应，这可能扭曲上司与你之间正常的上下级关系。你应该明白，越是亲近上司，上司的要求便越多，总有一天，你会难以满足上司的胃口，从此你便失信了。过多地与上司周旋可能得到上司“密友”或“宠儿”的名声。这样一个名声使同事们讨厌或不信任你，甚至有些人会想尽一切办法拆你的台。谁知道你与上司神秘兮兮的样子是不是意味着一些阴谋或小算盘呢——人们总会本能地反感。

四、不做上司的情人

这当然不是断然否定上下级之间恋情存在的合理性——如果双方真有此意而且合法的话。

但是，更多的时候，与上司建立情人关系是对双方都没有好处的。如果这种超出工作以外的情人关系是发生在至少一方已经有合法婚姻的情况下，那就更是玩火了。

在大多数时候，你与上司建立了情人关系，最终等待你的极可能是你在这家公司职业生涯的终结。

还有另外一种可能的结果，那就是你与上司的情人关系可能给上司带来麻烦，当上级管理部门发现了你们之间的关系所带来消极影响的时候，也正是这位被丘比特之箭射中的上司丧失职务之时。男女之间的情爱关系，并不能取代最好的工作关系。因此，要尽量避免这种关系的产生。

五、不做上司的保姆

关于过分注重同上司的私人关系的情况，最严重的一种，便是在事实上做了上司的保姆或者说是用人。善于钻营的人希望能得到提升，所采取的方法就是极力讨好上司。怎么讨好上司呢？就是无限制地为上司的日常生活服务。比如，不断地为上司端茶倒水，替上司清理办公桌等。上司也许会对这种人表示好感。经常在外出的时候带上你——因为你总是愿意提供一些超出职员身份的服务，这为上司带来很多的方便。在很多时候，你更像一个跟班。你满怀希望地等待着某一天上司突然对你说："你是个好人，你是否愿做一名管理者？"可是，这一天始终没有到来。在上司心中，你的形象不知不觉地被定格为保姆，这样的人，永远只适合做下属。

如果你试图用这种小伎俩打动上司的心，那就错了。

总之，在你和上司的关系中有一些禁忌，千万不可冒犯。即便是上司拉你进来，你也要保持足够清醒的头脑。

忠心不等于唯唯诺诺

对上司忠心，并不意味着一味奉迎，毫无个性。事实上，人的可贵和独特之处在于有自己的见解。下属对上司的意见如果不赞同，要会说"不"字。那些怕得罪上司，对上司唯唯诺诺者，上司也许会对其喜欢一时，但很难长久。

一、对上司不要迷信

上司要求下属不但要做事，而且要把事做好。一个人要想把事情做好，除了配合上司外，还必须要动脑筋，有自己的主见。这种主见有时不可避免地会与他人的想法不一致，其中也包括与上司的想法有出入。如果因为怕与上司顶撞而不表达自己的主见，久而久之，上司就会认为你是一个没有主见的人，这对你今后的发展是非常不利的。

拒绝上司的要求并不是一件容易的事，但在内心不情愿的情况下勉强接受工作，工作起来就感到索然无味，也很难获得好的工作成绩。因此，自己若没有能力完成某项工作时，最好不要贸然答应。

一般来说，上司总会怀着期待的心情，认为自己的指示和命令下属当然会接受。此时若出人意料地遭到拒绝，上司的心理感受一定不妙。所以下属向上司说“不”的时候，出言必须谨慎，还要进一步缓和对上司的抗拒情绪，以免上司有些尴尬，进而使他能以轻松的心情接受你的反对意见。

二、减少上司的抗拒情绪

曾经担任过日本东芝社长的岩田二夫说过一句话：“能够‘拒绝’别人而不让对方有不愉快的感觉的人，才算得上一个优秀的员工。”

因此，拒绝其实是一门学问。“拒绝”含有否定的含义，无论是谁，自己的意见或要求被否定，自然会造成情绪上的波动。

美国前总统里根在拒绝别人的请求时，总是会先说“yes”，然后再说“but”。这种先肯定后否定的表达方式，让被拒绝方看来是一种深思熟虑、谨慎的态度，对缓和被拒绝时的抵触情绪有显著作用。

三、要等上司把话说完

有一种不经心的拒绝态度，就是上司还没有把话说完，就断然地否决他。这样一来，上司即使不恼怒，也不会对你有好感的。要说服别人，总需要听清楚对方所说的话，这样才能找出说服对方的理由。

四、以问话的方式表示拒绝

以问话的方式拒绝上司时，不要用直接表达自己意见的方式，应改用询问的形式。

如：“从以后的发展或长远的观点来看，结果会如何呢？”退一步讲，用请教的方式，可以保住上司的脸面，上司或许就渐渐会向你的设想靠拢。

五、提出替代方案

提出替代方案的好处在于，你尽管拒绝了上司的计划，但并不是拒绝上司本人，而是认为他这个计划行不通，你仍然敬佩上司的工作热情和对工作负责的态度。因此，你提出这个替代方案只是为了使上司能把工作搞得更好。这样一来，上司明白了你的苦心，往往不会责怪你，甚至会认为你在替他分忧，久而久之，便会视你为值得信任的人。

与老板进行换位思考

世界上没有一个老板是容易相处的。这句话听起来有些绝对，但是事实就是这样。不信？问一问打工仔，就懂得这是真的了。

凡是吃尽了苦头、经历过世面的人，都很难对有类似遭遇的人寄予同情。同样，老板看到下属工作熬红了眼时，也不会同情，只会想一想自己往时的形象，发出一番感叹罢了。

但是，如果老板看到员工疏懒时，就会生气，觉得员工不应该那样。

有一个下属来到一位老板跟前，请求把工作的最后期限延后，原因是他无法按期完成任务。老板问："你每天睡 8 个小时，是不是？每个星期只工作 5 天，是不是？"

他点了点头。老板接着说："一个星期没有工作 7 天，一天没有工作 10 个小时以上，是你没有尽全力。"

太不讲人情？是的。想一想，如果你有太多太多的一连几周，每天只睡五六个小时都没有吭过一声，直到你也当老板了，你对下属还会有同情心吗？因此，要学会站在老板的立场上看问题，你心里就会平衡很多。

一、该急办的立刻办

该速战速决的一定要快刀斩乱麻，赶快办妥；应该拒绝的绝不能迟疑，要快点回绝。

例如，老板交代一项任务，你没有能力，千万不要因为不好意思拒绝，或者怀着"拖一拖，就拖黄了"的心理承担下来了，那么你就犯了一个大错，最后不仅会受到责罚，而且还使老板失去了对你最起码的信任。

二、能缓的事情不要急

应该拖一拖的事情，绝不可冒进。

例如，对于一些老板没有要求立刻办完的事情，你可以不必急于求成。而且，老板没要求你快办，一定有其原因，你如果像火烧屁股一样干完，往往不会合老板的心意。

反之，如果你不慌不忙，等到开会的前一天再把稿子交出来，老板会觉得你是认真的，这篇稿子肯定是高质量的，到那时老板很少会给你的稿子挑毛病了。

老板就算想挑毛病，也得先看看时间允许不允许。因此，他只好顺水推舟地表扬你一番："你非常用功嘛！"

对老板全心全意，才能够稳住老板的心，他对你才会有长远的器重。

三、努力工作

一些人希望用最简单、最省力的方法赚更多的钱，然而他们却不努力工作。

只有努力工作才是获得成功最好的捷径。当你问一个成功者他成功的秘诀是什么时，他会对你说："比别人努力。"

一个人的价值观，可以界定他效忠的尺度，比如公平、品质、诚实、服务以及共同的目标等。经过价值观的界定，可以防止由愚忠所产生的各种弊病，这是一种进步的做法。

老板与员工皆以本身的价值体系为基础，从而通过彼此的约定来追求共同的目标。所以，双方都是以此共同的目标作为效忠的对象，同是尽力协助对方完成目标。

一旦效忠的对象界定清楚之后，你就能够了解进退，知道何时该支持老板所做的决定。

第九章

获得部属信任，做个可信赖的上司

一个值得信赖的上司，对部属而言也像是伙伴。虽然平时双方有地位的差距，但如果有需要，这样的上司会义无反顾地援助部属。

之前提到对工作是否认真，是员工的最重要一项指标，同样的指标也可以套用在上司身上。不看重工作的上司，员工怎么可能心服口服呢？

反之，如果部属、上司都用积极的眼光看待工作，双方的"心"就能够互通，这么一来，年龄的差距和地位的高低就不那么重要了，这是因为双方拥有共同的目标。

当上司与部属为共同的工作一起努力、累积经验时，其之间的信赖感就会增加，部属信赖上司的决策，而上司也可以完全信赖部属的办事能力。

不可否认，要在工作场所中找到一个值得推心置腹、完全信赖的上司很不容易；而在上司眼中，一个二十出头、缺乏实绩和经验的小伙子，也很难将之联想成休戚与共的伙伴。

但，如果你真的遇见了一位值得信赖的上司或部属，那么机会就来临了。只要你专注于自己的工作，借着工作了解周围的同事，借着工作来培养人与人之间的信任，那么这样的上司或部属就会出现在你的面前。

反之，如果你觉得这种"付出"压力太大，那么好好地维持住上司与部属的关系也很好，反正基于同类相吸的理论，你迟早会找到工作的好伙伴的。

信任能增强领导的亲和力

领导者要取信于下属，就要对下属有一种热情。热情不热情，关键在感情。如果领导者自视清高，缺乏应有的热情，既不会去亲近下属，更不会去信任下属，当然也就难以使下属产生亲近感和信任感。

创业之初的微软公司基本上都是年轻人，搞业务、搞推销他们都是一把好手，可是弄起内务和管理方面的杂事，没有人能有耐心。盖茨的第一任秘书是个年轻的女大学生，除了自己分内的工作，她对任何事情都是一副不闻不问的冷漠劲。盖茨深感公司应该有一位热心爽快、事无巨细地把后勤工作都能揽下来的总管式女秘书，不能总让这方面的事情分他的心。他要求总经理伍德立即解雇现任秘书，并限时找到他要求的那种类型的秘书。

不久，盖茨在自己的办公室召见了伍德，伍德一连交上几个年轻女性的应聘资料，盖茨看后都连连摇头："难道就没有比她们更合适的人选了？"伍德犹犹豫豫拿出一份资料递到盖茨面前说："这位女性做过文秘、档案管理和会计员等不少后勤工作，只是她年龄太大，又有家庭拖累，恐怕……"

不等伍德说完，盖茨已经一目十行地看完了这份应聘资料："只要她能胜任公司的各种杂务而不厌其烦就行。"

就这样，盖茨的第二任女秘书——42 岁的露宝上任了。

几天之后的早上，露宝坐在自己的位置上，看到一个男孩子直奔董事长盖茨的办公室，经过她面前时只是"嗨"地打了声招呼，像孩子对待母亲似的那么自然。然后他摆弄起办公室的电脑。因为先前伍德曾特别提醒她，严禁任何闲人进入盖茨的办公室操作电脑，她立刻告诉伍德说有个小孩闯进了董事长的办公室。伍德表情淡漠地说："他不是小孩，他是我们的董事长。"这时，露宝才知道自己的董事长只有 21 岁。与此同时，她以一个成熟女性特有的缜密与周到，考虑起自己今后在娃娃公司应尽的责任与义务。

露宝到公司不久，有一天早上 9 点到公司上班，经过盖茨办公室，看见房门大开，盖茨躺倒在地板上，她以为盖茨因什么事情晕过去，大惊失色，冲出去要叫救护车，后来才知道盖茨睡得正香。由此，露宝理解了，软件设计工作比其他工作更需要倾注心血。从此，每当露宝早上到办公室时，看见盖茨睡在地板上，她就像母亲呵护儿子一样，给他盖好衣服，悄悄掩上门。关心盖茨在办公室的起居饮食，成了露宝日常工作的一项内容。这使盖茨感到了一种母性般关怀的温暖，减少了远离家庭带来的种种不适感，而盖茨也像对母亲一样对待他的这位雇员，压根儿就没考虑过再聘别人。

露宝在工作上是一把好手。盖茨是谈判的高手，不过第一次会见客户时，也会使人产生小小的误会。客户见到盖茨时，总不免怀疑眼前的小个子是不是微软公司的董事长，认为可能微软公司真正的董事长正在干其他的事。他们伺机打电话到微软公司核实，露宝接到这样的电话，总是和蔼可亲地回答："请您留意，他是一个年纪看上去十六七岁，长一头金发，戴眼镜的男孩子。如果见到的是这样的形象，准没错。自古英雄出少年嘛。"露宝的话化解了对方积郁在心头的疑虑。

露宝把微软公司看成是一个大家庭，她对公司的每个员工，对公司里的工作都有一份很深的感情。很自然，她成了微软公司的后勤总管，负责发放工资、记账、接订单、采购、打印文件，等等。

露宝成了公司的灵魂，给公司带来凝聚力，盖茨和其他员工对露宝都有很强的信赖心理。当微软公司决定迁往西雅图，而露宝因为丈夫在亚帕克基有自己的事业不能同去时，盖茨对她依依不舍，留恋不已。盖茨、艾论和伍德联名写了一封推荐信，信中对露宝的工作能力予以很高的评价。临别时盖茨握住露宝的手动情地说："微软公司留着空位置，随时欢迎你。你快点过来吧！"三年后，露宝先是一个人从亚帕克基来到西雅图，后又说服丈夫举家迁来。露宝一直无法忘掉和盖茨相处的日子。她对朋友说："一旦你和盖茨共过事，就很难长久离开他。他精力充沛，平易近人，你可以无忧无虑，很开心。"

是的，盖茨从露宝那里得到了信赖，露宝则从盖茨那里得到尊重。

事实证明，比尔·盖茨知人善任，从工作需求出发，他选择了露宝，也同样选择了事业的成功。

作为一个领导，对于自己的下属和对于下属的工作一定要有能力努力去发现、去挖掘其优秀的一面。如果把自己的下属看得一团糟，往往就是因为眼光有问题，有句话是这样说的："我们的周围不是缺少美，而是缺少发现。"

善于发现美，善于发现下属的长处，就能得到所需的人才。现代化管理主张对人实行功能分析，这里所说的"能"，是指一个人能力的强弱，长短处的综合；这里所说的"功"，就是看这些能力是否可以转化为工作成果。结论表明，宁肯使用有缺点的能人，也不用“没有”缺点的平庸的“完人”。因为用人不同于治病，医师治病时专挑人的病症，专挑人的缺点，用人则应该首先找他的长处，看他适宜干什么。

“好风凭借力，送我上青天”。长袖善舞者，只不过能借助他人之力为自己所用。对于领导者来说，所谓的“借力作用”，主要指外部之力，通过借助下属的智慧和能力，更好地完成自己的工作。

“你就是公司”，这是美国惠普公司经营哲学的最动人、最成功之处。公司有这样一个传统，就是设计师正在设计的东西，公司员工可以对其“百般挑剔”，以尽量采纳众多的高见。每个人都存在着渴望表现的心态，尤其希望通过施展才干而得到领导的重视。作为一个成功的领导者，不能不明白下属的这点心理需求，惠普公司正是把握了下属的这个心理特点，才把下属的能动性很好地提高到了“你就是公司”这样的一个高度，调动下属做出超出其职责的成就。事实上，惠普公司许多“拳头”产品都凝聚了每一位下属的辛勤汗水。

总之，发现人美好的一面，利用人美好的一面，可以作为待人处事的最高原则和与人相处的经验。

公正地对待你的下属

面对你的新旧下属，如何去跟他们相处？既保持关系融洽，工作又能顺畅进行呢？你的脑海必须时刻存在着“公平”两个字，即是说要对所有下属一视同仁，将私交搁置一旁。

在公司里，你的员工之间发生摩擦，作为上司的你应该采取什么态度呢？

要是两人因公事发生龃龉，告状告到你跟前，请将两人分开接见，避免两人当面争吵，使事件更趋白热化。单独接见时，请对方平心静气将事情始末叙述一遍，但不要加任何批评，只着重淡化事件就好了。

正像公说公有理，婆说婆有理，两人所讲的必然有出入，那就要由你去断定是非了。一旦分出了黑白，你最好心中有数，不要公开指出谁是谁非，以免进一步影响两人的感情和形象。告诉两人，你已经晓得事件的真相，你如今最注意的是，今后两人必须为了公司的利益精诚合作。如果事情纯属私事，但是两人在公事上采取不合作态度，对公司会造成不良影响，所以你不能袖手旁观。分别召见两人，对他们说：“我不晓得也不打算知晓你们之间的恩怨，但我的工作作风是，要所有员工通力合作，不容有误，希望你们清楚这点。”

下属分成了新旧两派，时有龃龉，这种情况直接影响到你公司事业的发展。大家心存芥蒂，恐怕只会费时误事，又伤和气，工作做不好，这必然会影响公司的发展。

如何才能圆满解决问题？首先请了解问题所在。一般新踏足社会的年轻人，多少会自以为是，因为觉得学历胜人一筹，又多新主意，不懂得尊重旧同事，而已工作多年的员工，经验丰富，有部分人会倚老卖老，视新人为黄毛小子，不屑一顾。

其实双方均有一定的责任。为解决这一矛盾，作为上司不妨当众赞赏老同事们经验老到，亦对新人的冲劲表示十足欣赏。还有，多制造大家一起消遣、娱乐的机会，尤其是工余时间，促进双方的了解，借以拉近新老员工的距离，消除隔阂。

上司应了解下属的专长以及他的期望是否与本身职位相符。因为唯有如此，下属方才能认定目标努力工作，发挥最大的潜质。

使每位下属都知道自己的职责范围，才不会出现越权或被侵权的现象。一些上司胡乱指派下属工作，不理会该项工作是否本来属于其他人的职责。如此一来，要实行的下属感到不满，被取替工作的人也有被冷落的感觉。

从下属上班的第一天起，就应让他清楚自己的职责、权力范围和工作的目的，绝不能出现一位下属被安排为两位同事的副手，例如A下属被派协助B的同时，又被派给C，这样一来，不但A下属疲于应付，B和C也大感不便，使三者均对自己的职责感到迷惘，无法一致地工作。

遇到经常超越自己工作范围的下属，不宜直接要他做回自己分内的事，反而应婉言相劝及引导他认识本身的职责。如果发觉他是刻意越权，那就直接提醒他不能再有下一次。对他言明越权会对对方造成的不便，并认同他有能力做更多的事，只是待时间上的安排。

尽管知道某下属的能力较强，可以授权他做更多的事情，但是不能从已经接手进行工作的下属手中把事项移交到前者身上。除非上司认同后者已无能力将事情办好，但是要有证据显示方能服人，以免吃力不讨好，影响二者工作情绪。

无论任何时候，交给了下属工作后，就放心让他去处理。在适当的时候，过问一下下属的工作进展，以防止他偏离目标，但不要干扰他的工作。例如可以问他是否要协助、有什么困难等。

主观的判断会影响下属的工作情绪，使他们不敢放胆去做。因此，上司应站在客观的立场看下属的工作进度。“我认为这样不好”的话改为“你认为这样会较好吗?”下属听来比较容易接受。

有人“犯众怒”，受到其他同事集体攻击，同事之间不单工作上不合作，有时候还会在背后窃窃私语，令工作气氛欠和谐。

要改变此种情况是颇为棘手的，一则你不能偏向爱攻击者，二则你亦不可以强施压力，否则必会弄巧成拙，制造更多更大的麻烦。

比较圆满的解决方法是:分别向两方面进行了解，并且采取“非官方”态度，跟他们“谈心”，旁敲侧击地了解不满者的牢骚，同时发掘被攻击者受争议的关键所在，然后再进一步实行改善行动。

对部属的斥责要有节制

某位充满自信的主管曾经说过:“因为我对自己的工作充满热忱，因此对于下属我也严加指导。”当有人向他的下属探问情况时，他们却异口同声地回答:“他才不是严格，他只是喜欢挑下属的毛病而已，而且相当啰唆!”

“斥责”，是上司对下属的行为。单以此观点而言，可以说斥责是单方面的特权，但这并不表示上司可以为所欲为斥责部属。

公司方面虽然会强调“赏罚分明”，但是身为部属，却会认为公司偏袒某一方，认为上司处置不公。

因此当你在斥责下属时，对方也并非一定都会从内心深处感到懊悔，并且向你道歉。表面上他认为不要忤逆上司较好，所以始终低着头，最后冷笑一声说:“不！不！您的教训相当有道理，这全都是我不好。”对于此类型的部属，你必须使他了解你斥责他的缘由。或许你必须花费较长的时间与精力，但是你不可吝于付出努力，对于会产生反抗行为的部属，则要追根究底地和他争议到他能完全理解为止。

有的部属在将被斥责时，会很有技巧地支吾其词，或者将责任推到别人身上，然后逃之夭夭。应付如此狡猾的部属，你必须严厉地斥责他。假如你对此种现象视而不见,"赏罚分明"原则便会有所疏失。

对于可能产生反抗行为的部属,你必须使其了解错处。或许对方会提出辩解,你必须静下心来倾听,然后在下属的辩解中发现他的误解之处,一旦有夸大其词、歪曲事实之嫌时,应马上指正并令其立即改正。

假如碰到难缠的下属,则必须事先做好心理准备。有时因状况不同,必须分组彻夜讨论,此时你更不应该胆怯,必须具备拼命一搏的干劲才行。

在斥责时所采取的态度,会影响到别人对你的评价,因此若你能获得"真不愧是……"的评语,对方也将会成为你忠实的信奉者。

有的部属一被斥责,便会提出冗长的辩解。你可以听听看,但不可逾越一定的程度。辩解终究是辩解,你必须命令其不可再犯相同的错误。

完全不听下属的辩解是不近人情的行为。每个人都有自尊心,只是单方面地被斥责而无法提出解释的机会,对方必定会觉得不公平。若部属净是说些毫无意义的理由,比如:"我只是考虑错误而已。""对方太差了。""这种失败,以前的人也曾经犯过。"他的内心此时多少已有些纷乱了!

即使部属一厢情愿地以为:"虽然上司怒不可遏,但是经我说明后,他已经相信我了!"此种想法对他而言,可以说是一大安慰,留一点余地给对方也是一种美德。

《孙子兵法》中曾提到要事先预留敌人的退路。就算是与你有深仇大恨的敌人,也不可能将其赶尽杀绝,片甲不留。否则不仅自己受到伤害,周围的人也会感到困扰。

也有上司过分相信下属的借口,并表现得太过亲切:"这只是你想法错误而已!""对方太差劲了!"虽然这只是一句安慰话,但是你并不需要过分地为下属设想。

因此,缜密地思考部属的借口,设身处地为部属着想也可算是你的一项修行。你必须亲身力行才会有所助益。

将功劳让与部属

与客户签订了一纸重要的合约,开发了新的销售网络,对于新素材的开发提供了很好的意见,如果你的部属立了上述的功劳,你应该不吝惜地夸奖他,甚至为他举办庆功宴。

有人天生不擅长夸奖他人或被别人夸奖，甚至认为赞美别人是件不好意思、太见外，而且麻烦的事。所以，他们对此并不在意。

另外，还有不知该说什么来赞扬对方的人。当部属因为完成任务而志得意满时，你却轻描淡写地尽说些不得体的话，使部属觉得被泼冷水。或许你并无恶意，只是在激励部属，然而，听话者必定会觉得不受重视，而感到不愉快。

切勿成为如此愚蠢的上司，切记！切记！

最令人无法原谅的就是掠夺部属功劳的上司，然而，这种上司为数甚多。他们一见部属立了功，便急忙地向自己的上司邀功："我科里的王某得到了这样的成果，完全是出自我的指导。"

对他而言，话的后半部分才是重点。如果部属的成功是通过其他途径传入上司的耳朵里，就无法得到好处。因此，为了强调部属的成功是由于自己指导有方所致，他必须比别人更快一步。这类型的人平时就在公司各个角落里布满眼线来搜集情报。这种上司很少外出或出差，他会尽量留在公司，并且窃听他人的电话与注意他人的动静。

或许这类上司会辩解："不，我并不是霸占他的功劳，是我介绍那位客户给他，所以，我也有功劳。"这并非毫无道理，但是功劳遭到侵占的部属一定会怒不可遏。有朝一日，他一定会采取报复手段。

如果你想邀功，你就必须付出比部下多三倍的努力。光是扮演居中介绍的角色，并不算有功劳。介绍之后的指导、服务你也必须与下属共同完成，以期获得佳绩。一旦有所收获，你有七分功劳，而部属只有三分时，你才有资格说："我也有功劳！"

那时即使你不提及，周围的人也会认同你。上司比部属更加勤奋地工作是理所当然的。不费一丝心力却企图享受成果的行为和小偷并无两样。

身为上司有必要将自己的功劳让与部属。或许你会认为这样损失太大。但若你本身实力雄厚，足以建功立业，即使想吃亏也是不可能的。

某一民族视富有者施惠予贫穷者为天经地义之事。不仅如此，据说施惠的富有者还必须感谢受惠的贫困者："正因为你才使我有机会做善事。我之所以能够'施惠'是托您的福，谢谢！"

在宗教上，他们深信此"施惠"的行为可以得到神的庇佑。因此，施惠者必须对给予自己机会的人——贫困者抱持感谢之心。

此民族的想法不太容易被我们接受，不过，仔细思考之后，你会发现这并非毫无道理。虽然在层次上有些微小的差异，但是上司和部属之间不也存在着类似的关系吗？

当你将功劳让给部属时，切勿要求下属报恩，或者摆出威风凛凛的态度。因为部属可能会因此而闹别扭、发脾气，甚至感到自尊心受伤，进而采取反抗的行动。如此一来，反而得不偿失。

你应该心甘情愿地把功劳让给下属，并且对其表达感谢之意。换言之，你该换个角度想，由于你身在一个可以使你“施惠”的公司，并且拥有值得你“相让”的部属，才能让你尝到满足的滋味，这一切都是值得感恩的。

若你能持有这种心态，相信你所得到的喜悦将是不可限量的。而在如此充满和谐气氛的公司里，上司与部属也绝不会发生摩擦。

即使仅有一次类似经历的部属，也必定会将此恩惠牢记在心。在公司发生问题时即可发挥作用，而在平时，部属也会体谅上司。

给批评“穿靴戴帽”

如果批评的人开始先谦逊地承认他也犯过错误，然后再指责别人的过失，他将更容易接受你的批评。

戴尔·卡耐基在他的《人性的弱点》一书中讲述了他批评他的秘书的技巧：“数年前，我的侄女约瑟芬，离开她在堪萨城的家到纽约来担任我的秘书。她当时 19 岁，三年前由中学毕业，她的办事经验比年龄稍多一点，现在她已经成了一位完全合格的秘书……当我要使约瑟芬注意一个错误的时候，我常说：‘你做错了一件事，但天知道这事并不比我所犯的许多错误还坏。你不是生来就具有判断能力的，那是由经验而为；你比我像你一样大时好多了。我自己曾经犯过许多愚鲁不智的错误，我有绝少的意图来批评你和任何人。但是，如果你如此如此做，你不是更聪明吗？’”

人都是有自尊心和荣誉感的，有的人之所以不愿接受批评，主要原因便是怕触伤他的自尊心和荣誉感。为此，我们在批评他人时，便可寻找一种不同于直接批评，却能达到批评他人使其改正错误的方式，这种方式便是含蓄地批评他人。

讲究含蓄，首先忌讳的便是大发雷霆。有些人所犯的过失对我们可能是直接的伤害，作为批评者往往容易发怒。但是，发怒和批评不是一回事，发怒并不能解决问题，而且大发雷霆会严重伤害对方的自尊心，增加对方的抗拒心理，不利于问题的解决。其次，批评不应该在公众场合进行，尤其是不要当着他所熟悉人的面批评他。否则，会使对方感到“面子”受到了伤害，增加他的心理负担，影响批评的效果。比如，你在客人面前批评你的丈夫，不论你说的是否有理，他都会感到在客人面前大大地丢了面子，甚至认为你是在通过羞辱他而达到你的自我满足。所以，含蓄的批评应该是在私下里进行的。另外，在批评的语气上也可以表现出含蓄。比如，要对方改正错误，用请求的语气说：“请你做一些修改好吗？”比直接说“你马上给我改正过来”的效果好得多。

正面地批评他人，对方或多或少会有一定的压力。如果一次批评弄得“不欢而散”，对方一定会增加精神负担，产生消极甚至对抗情绪，为以后的工作或沟通带来障碍。所以，每次的批评都应尽量在友好的气氛中结束，这样才能彻底解决问题。

在会见结束时，可以向对方表示鼓励，提出充满感情的希望，让他把这次见面的回忆当成你对他的一次赞许而不是一次意外的打击，这样会帮助他打消顾虑，增强其改正错误、做好工作的信心。比如分手时可以这样说：“我知道我可以相信你。”并报之以微笑，而不以“今后不许再犯”作为警告。

不同的人由于经历、知识、性格等各种自身素质的不同，接受批评的能力和方式也会有很大的区别。在沟通中，我们应该根据不同人的特点采取不同的批评技巧。但这些技巧有一个核心，那就是不损对方的面子，不伤对方的自尊心。

尊重别人才能赢得别人的尊重

我们总是过多地倾向于从同事那里获得所有我们想拥有的东西——恭维、热情、信任、赞美……却又十有八九难以如愿以偿。这是因为我们大多人总是给自己一个比别人的评价更好的定型。像有幽默感、诚实、漂亮、客观、善良等的评价，我们更愿意留给自己，而不是送给别人。其实，你若真想把这些评价送给自己，首先你就要看重别人，也就是要公平、客观地评判他人，只有这样，你才能赢得别人的尊重并搞好人际关系。让我们以麦克和布赖恩的典型遭遇为例。

心理咨询老师是这样测试他们二人的，麦克被要求去注意那些他在自我评价表上声称自己具备而布赖恩觉得他缺乏的品质。例如，他被要求写下最近他对公司和布赖恩忠诚无二的三个例子，同时布赖恩被要求写下三个麦克不忠诚的例子。

练习完成后，他们每个人都要审阅另一位写下的例子并做出评论。麦克的例子之一是拒绝申请到一个差不多的组织去工作，尽管得到了这样的邀请，他还给出有力的暗示，说明他的申请是会被接受了。布赖恩读了这个以后，表示对此一无所知。麦克反诉说他曾就此事给布赖恩写过一个便笺，但是布赖恩抗议说他从未见过这个便笺，并接着对麦克没有亲自把此事告诉他而表示惊讶。麦克反驳说，布赖恩似乎不鼓励他的下级为了非业务上的事去找他。略作抗议以后，布赖恩终于接受这一点并同意将来要更令人容易接近些。

这也揭露了麦克和布赖恩的另一重要分歧，即麦克是否有创新能力。麦克强烈地感到他是足智多谋的人，而布赖恩却认识不到这一点，因为他感到这对他构成威胁，这使他阻止麦克的晋升。

通过这个练习，使麦克和布赖恩看到他们是如何彼此误解的。但在这里并非只有布赖恩一个人有错，麦克也从中认识到他推销自己的观点时通常过于坦率和尖锐。两个人都认识到：首先，他们并非像自己所认为的那样善于评判他人；其次，他们并不总是发出适当的社交信号。他们俩都表示乐于在将来努力改变，并确定了用什么办法做到这一点。

可见工作中常常发生这种情况，彼此存在隔阂的两个同事间其实未必有什么深仇大恨，而仅仅是因为彼此都不能正确地评价他人，准确、认真地为对方做一面好镜子，最终导致误解，自然也就难以形成融洽的工作关系了。

因此，麦克和布赖恩确定了他们究竟需要做什么，以便彼此以及和他们的同事相处得更好。通过公开化，他们互相做出了承诺，这样更刺激他们向好的方向努力。例如，布赖恩就保证要引入一种机制，使得他的下属能就他们的创见做出书面建议。他答应单独会见有关这些建议的每个人，并且不但在口头上而且以书面形式陈述他的打算。他还保证要引入机制使人们更容易了解将来的计划，并且在做出与下级管理者有关的决定时，要更程序化地与他们商讨。

麦克同意写出一个他所理解的忠诚于公司的详细定义让布赖恩审阅并提出意见，然后依照这个书面准则行事。

如果没有这个管理训练教程，麦克的事业可能依然不景气，不是因为他缺乏能力，而是因为他不知道他留给别人一种错误印象。至于布赖恩，他就不能充分发挥麦克的长处，可能对他的团体中的其他成员也是这样。他承认，他太专注于生产以及与工作有关的事情了，以至于他几乎忘记了人本身。他本来是一个友好、体谅他人的人，却在对更大商业利益的追逐中丧失了大半个自我。正像他自己所说的那样，归根结底，公司也是为员工而存在的，并非只为卖出它的产品。

有一点很重要，就是要注意到麦克和布赖恩无须怒目相向（这可能引发更大的误会）就能解决他们的误会。在适宜的情况下，他们能够达成谅解，因为每个人都看到另一方的优点。

麦克和布赖恩现在都感到很满足，因为他们知道两个人现在相处得更好了，并在总体上与他们的同事也相处得更好了。而且，布赖恩作为管理人员在个人关系方面的新进展使得工作效率得到显著提高，并且在周围激发了更强的团队精神和更欢快的气氛。

正如卡耐基所说："每个力求在生活中有所突破的人，他们最吸引人的地方是：他们尊重别人，因而赢得了自己；为成功的人生打造了坚实的人际基础。"

勿吝于提携后进

你在社会上做过几年事之后，或许你已升为主管，或许你在专业知识上已由"菜鸟"变成"老鸟"，或者你在人生经验上已由青涩变为成熟，或许你经营企业，而且已有相当好的成就。

这个时候，也许你已经四十岁，或许三十几岁。但不管多大，离你生命自然终止的那一天还有一段很长的时间，而且你也尚未到达生命的巅峰，为了还要走这么长的一段路，我们建议你——不要吝于提携后进！

提携后进的好处有两方面：

1.让一个有才干的人能好好发挥。

2.这个被你提高的人将成为支持你的力量。

前一个好处有"为社会或团体举才"的意义，至少也帮了一个人；而一个"提携"的动作，一定会有程度不同的第二个好处，也就是，于情于理，被你提携的人都要为你效犬马之劳，至少他也欠你一份情，而这一份情他总是要还的。

有一位从高级管理职位退下来的人，虽然不再呼风唤雨，但仍然日日高朋满座，碰到节日，家里更是门庭若市，这些去看他的并不是政客，而是那些当年曾受他提携的人。

在事业上，你一定会有某种程度的成就（除非你自暴自弃，不求上进），你也一定会有机会提携后进，而这些人也必将成为支持你、帮助你的力量。

"提携"后进的方式有很多种，下面介绍几种比较常见的方式：

1.帮他升职。这是最明确，也最为人所认同的提携方式，但也要看他的才干才行，扶不起的阿斗反而会害了你自己，成为你的负担。

2.调整他的职务。这不一定是升职，却可让他的才干得到充分发挥，而不致"闷死"。

3.给他助力。例如不绑他手脚，让他可以独立自主地做，以便磨炼他的才干。

4.替他解决困难。一文钱可以逼死英雄汉，如果某人真是英雄，那么帮助他解决困难吧！

5.帮他脱离危险。在悬崖前拉他一把，警告他、点醒他或暗示他，让他免于毁灭或受伤。

6.鼓励他。在他灰心的时候，遭到横逆的时候，被小人打击的时候，在精神上支持他、鼓励他，让他振作起来，这也是一种提携。

不过，提携后进时，你也要有心理准备：

1.承担风险的心理准备。看人不可能百分之百准确，有时也会把庸才看成将才，也会因个人的好恶而把恶狼当家狗，因此你提携了他之后，有时候会有被他拖累、背叛的危险。

2.承担流言的心理准备。"提携"的动作如过大过广，会被人认为是在培植势力，甚至引起别人的反感和抵制，在大的团体（如政府单位和大企业）里，这种情况尤其常见。

总之，任何事情有利就有弊，但提携后进这件事对你个人来说，是利大于弊的，而且也不能因为有弊就拒绝提升有才干的人才。很多企业家、政治家一直有忠心耿耿的下属追随，都是因为他们乐于提携后进，用情绑住了他们，利己也利他。所以，如果你有能力，有条件，那么就伸出你有力的双手吧！

第十章

以责任心信任你的伙伴，打造忠诚团队

现代社会，是一个充满了挑战与竞争的社会。我们每个人都在这个社会上艰难地跋山涉水、踽踽而行。我们看着前方曲曲折折的道路，难免要心生感慨：这个社会，要想做出点事业来，怎么这么难！不错，在这样一个社会环境里，我们要想在事业上做出成绩，一个人行动的确是有些艰难，所以，我们需要同伴的帮助。

在工作当中,只有合作才能成功

什么是合作?合作是所有组合式努力的开始。一群人为了达到某一特定的目标,而把他们自己联合在一起。“众人拾柴火焰高”,是合作的基础。

现在的公司大致可分为以下几种团队:第一种是螃蟹团队,蟹被关在竹篓里,如果有一只想爬上去,下面的螃蟹就拼命拉住,结果谁也上不去;第二种是野牛团队,这种团队有头牛,它的方向正确了,跟着的牛也就正确;还有一种是大雁团队,这种团队可以随时调整队形,任何一只大雁都可以根据天气状况和自身能力被推荐为头雁。自然,这三种团队中最好的当属大雁团队。

大雁有一种合作的本能,它们飞行时大都呈“人”字形。大雁以这种形式飞行,要比单独飞行多出12%的距离。大雁的合作精神体现在以下几个方面:

1.大雁会共同“拍动翅膀”。问题是,大雁如果不拍翅膀,就飞不起来,换言之,拍翅膀是大雁的本能。只要排成“人”字队形,就可以提高飞行效率。但是,人未必这样思考。在一个需要合作的团体中,对每个人来讲,其最优选择是假定其人“拍翅膀”,自己不用拍,从而搭便车。

2.所有的大雁都愿意接受团体的飞行队形,而且都实际协助队形的建立。如果有一只大雁落在队形外面,它很快就会感到自己越来越落后,由于害怕落单,它便会立即回到雁群中。

3.大雁的领导工作是由群体共同分担的。虽然有一只比较大胆的大雁会出来整队,但是这带头雁疲倦时,它便会自动后退到队伍之中,另一只大雁马上替补领头的位置。

4.队形后边的大雁不断发出鸣叫,目的是为了给前方的伙伴打气激励。

5.如果一只大雁生病或被猎人击伤,大雁群中就会有两只大雁脱离队形,靠近这只遇到困难的同伴,协助它降落在地面上,然后一直等到这只大雁能够重回群体,或是直至不幸死亡后,它们才会离开。

通过分析大雁的合作行为,我们可以得出以下启示:

1. 每个人都要忠诚于自己的团队,忠诚于自己的事业,做好自己的本职工作。如果你不拍翅膀,他不拍翅膀,这个团体还会存在吗?

2. 如果我们与大雁一样聪明的话,我们就会留在与自己的事业目标一致的队伍里，而且乐意接受他人的协助，也愿意协助他人。

3. 我们必须确定从我们背后传来的是鼓励的叫声，而不是其他声音。想要在职业生涯中生存和发展，需要把工作伙伴变成啦啦队，一队快乐的工作伙伴是成功最好的助手。你的工作伙伴散播的有利消息远比你个人所有的努力更有助于你职业生涯的发展。

有两个饥饿的人得到了一位长者的恩赐：一根渔竿和一篓鲜活硕大的鱼。其中，一个人要了一篓鱼，另一个人要了一根渔竿，然后，他们分道扬镳了。得到鱼的人原地就用木柴燃起篝火煮起了鱼，他狼吞虎咽，还没有品出鲜鱼的肉香，转瞬间，连鱼带汤就被他吃了个精光，不久，他便饿死在空空的鱼篓旁。另一个人则提着渔竿继续忍饥挨饿，一步步艰难地向海边走去，可当他已经看到不远处那片蔚蓝色的海洋时，他浑身的最后一点力气也使完了，他也只能眼巴巴地带着无尽的遗憾撒手人间。

曾经有一位财产多多的年轻创业家，在 30 岁以前就凭借一己之力开创出一番令人欣羡的事业，在 35 岁的时候找到了投资新事业的伙伴，于是，几个年轻的“有钱人”就拍板定案，开始人生中的第一个共同合资事业。

他们坚信以几个人成功的经验与雄厚的财力，必定能在新事业的领域中创造骄人的绩效，并且在同业中打响知名度。

开幕酒会后的第二周，许多人得到一个不可思议的消息，原来一群雄心万丈、野心勃勃的“有钱人”，竟然因某些制度和理念不同，吵得翻天覆地，虽然最后还是达成共识，结果却令人啼笑皆非：酒会后公司就解散了。

一个优秀的企业若要发挥整体实力，势必将所有的人力“化零为整”。但是这股力量往往在关键时刻亮出“化整为零”的绝招，搅得团队无所适从，方寸大乱。

追本溯源，也未必断得出谁是谁非。试想，团队成员对自己的角色扮演或权责不清不楚，即使个体再优秀杰出，也无法将整体任务完成，其整体之方向势必受牵累，导致个个捶胸顿足，心力顿失。

其次为个人责任感，或许你会发出不平之鸣，责任感曾几何时会被冠上个破坏团队的罪名，事实上责任感无罪，罪在个人的“太过与不及”。不妨想想看，团队中是否有一种人，对自我的要求超越上级的期望，但往往演变成为“独善其身”，完全以“脱队式”的心态面对团队，产生不合群的特质，让团队中成员之间产生沟通的瓶颈，更让自己掉入“敝帚自珍”的陷阱。

团队组织中会出现权限模糊的现象，这种现象可从三个角度检视：

第一，初期重叠：由于组织成员有限，人力不足，几乎是个个身兼数职，即使多有疲惫，却也怀抱“开国元老”的自尊，所有辛苦就理所当然地一肩扛。

第二，中期削藩：企业逐渐成长，成员扩编，原本身兼数职的“前辈”在指示下释出若干公务，此时出现两种截然不同的心情：“老”的有一种“失落感”，即使他过去辛苦得嗷嗷叫；“小”的则有“冷落感”，心中自然会想，怎么尽做些芝麻绿豆的小事，即使他初来乍到。

第三，晚期混沌：新生代渐渐蹿起，蚕食鲸吞般地扩大版图，开国元老开始有渐入“广寒宫”的隐忧，因此，团队职场出现诡异的尴尬气氛，经营者或主管若不察，是职场之战随时有一触即发的可能。

俗话说，一个篱笆三个桩，一个好汉三个帮。再伟大的人物，也不可能单枪匹马闯出世界来。“三个臭皮匠，赛过诸葛亮”，这就是合作的力量。因为合作，可以集思广益，集思广益不仅可以打破不可能的坚冰，创造一个又一个的奇迹，还会带领人们走进前所未有的新天地；集思广益同样能够激发每一个人的潜力，化不可能为可能，化腐朽为神奇。在自然界中同样如此，不同种的植物生长在一起，根部会互相缠绕，因为它们的共同作用，可以改善它们生存的土质，进而为它们的茁壮成长提供优质的土壤和充足的养分，这些相互缠绕的植物也比单独生长时更为茂盛。动物界的例子更是数不胜数。

合作才能生存，才能发展，这样的道理无论是在自然界还是人类社会，都得到了验证。

积极融入团队

在任何一个团队中都存在竞争。因为人人都有希望、目标和理想，都渴望梦想成真。但对协同作战的员工来说，与队友配合比与队友竞争更为重要，这是卓越员工必须具备的品质。将自己视为团队整体的一部分，竞争的最高限度是绝不能让竞争损害到整个团队的和谐。

团队成员之间要相互支持，而不能相互拆台。一些员工只关注自己的利益，而不信任他人，甚至猜疑自己的队友。其实这是一个态度问题，如果你能善待他人，相互间就可以建立起良好的协作关系。

作为团队的一员，遇到事情发生时，你不该想“这样做，对我有什么好处”，而应该想“这样做，对团队有什么好处”。这两个不同的关注点说明你想的是与他人竞争，还是与他人积极配合。罗伯特斯指出：“任何优异的成绩都是通过一场相互配合的接力赛取得的，而不是一个简单的竞争过程。”如果你关注的是整个团队的利益，而不是你自己，在需要你做出贡献的时候，你就会传出接力棒，而不依靠单枪匹马地独自完成整场比赛。只有保证整体的利益，才会实现个人的利益。

只要与队友相互配合，你就能取得惊人的成绩，但如果只满足于单打独斗，就会丧失很多成功的机会。无论做什么事情，只要能相互协作，就会增加所做事情的价值和效果。因为，在相互协作的过程中，不仅能充分发挥你自己的才能，而且还会激发出队友的潜能。

翁亚伯特是个具有过人才智的人，他理应在职场上有不错的表现。不料，他很快发现，与人共事成为他生涯发展中最难的课题，因为稍不慎就会使自己与他人失去平行的关系；并且，做到了平行还不行，还得兼顾办公室其他的位置，也就是说其他人也得彼此对应平行。这样才能和谐，即使冲突发生，也是和谐状态下的冲突，很快就会恢复平静。

公司指派他参加肩负特别任务的老虎小组，不料却成为他痛苦的源头。他觉得这些组员一直对他不友善，他的创见总是无法得到称赞，因此产生许多麻烦及挫折。于是他认为，与人共同努力一件案子对他并不合适，他若能独自一个人工作，无论效率或结果都会更好。他的主管梅根却有不同的看法。她帮他看清了，一个不能与别人共事的人，没有前途；反之，要想出人头地，最最重要的就是要具备与人相处的能力，缺乏与人相处的能力，注定会尝到失败的苦果。

于是，他生涯的转折点出现了。在梅根的安排下，他前往密西根大学和在全美大学足球赛中创下 239 胜 3 败的卡维特教练学习如何激励团队的诀窍。这些诀窍让翁亚伯特如梦初醒，终于脱胎换骨，成为一个最善于平衡各种关系的人。他选择的集体完成的项目，多是四个人去完成，他是其中一个。有人问他为什么不是三个人，或者五个人。他说：“三个人要么各自为政，要么其中一个人怀疑另两个人关系最亲密，三条心达到一致不容易。五个人更复杂。而四个人，一一对应，每个人都会找到自己对应的另一条边。”

翁亚伯特不认为自己的能力最大，重要的是找到与自己能力对应的人。关

于在办公室如何积极融入团队,他总结为:

一、以真诚的姿态与同事相处

有困难时,尽心尽力予以帮助,不要冷眼旁观;同事征求意见时,不能给人家没有意义的应答;对方无意冒犯了我们,以无所谓的态度,原谅他。

我们和同事们生活、工作在一起,同事们在工作中可以带给我们快乐与满足。假如没有人主动跟我们讲话,也没有人向我们谈心,我们的有关工作就会枯燥而没有意义。

我们要懂得把难免产生的摩擦化解掉。如果同事们对我们不理睬,在很多事情上与我们作对,那么,自身肯定有问题了。要仔细研究与同事合不来的原因,一定要待人热情,努力去营造愉快的气氛,多多研究与人相处的技巧,这是我们事业成败的关键。

二、注意保住同事的面子

人人都爱面子。在与同事交往中,要注意对方的感受,不要管不住自己的嘴,伤害同事的自尊心,无意中给自己树敌。

保留对方的面子,这是很重要的事情,我们要考虑到这个问题。有些人会在众人面前指责他人,不去考虑是否会伤别人的自尊心。我们只要多考虑一下,为他人也想一下,就可以缓解一些不愉快。

三、不要愤怒,更不要报复

当同事们做了对不起你的事时,不要愤怒,要冷静思考,他为什么那样做?真诚地尝试替同事设身处地着想:他是个有信誉的人,这事,我想应该另有原因吧。要用理智来控制情感,如果确实事出有因,你的心情就会平静;如果真是恶意,也在看清一个人的同时,提高了自己的涵养。

关系到重大的利益,我们可能会被同事暗箭中伤。不要想着对对方进行还击报复。如果我们跟这样的人纠缠,结果对我们自己的伤害会更大。沉默一段时间,时间会证明一切的,那样,我们会赢得尊重,赢得更多的朋友。

四、称赞他人,不要嫉妒

同事中会有在事实上,抑或在领导眼中比你强的人,你没有必要去嫉妒他们,试着去称赞他们。最后,你也许会发现他确实很优秀,和他的关系也越来越好。同时,你也会得到同事们越来越多的称赞。

五、提高警惕,避免犯不必要的错误

人的错误,总是在不知不觉中犯的,必须时刻提高警惕。要做一个善于自省的人,时刻注意发现自己的毛病,时刻要具有“危机感”。发现了自己的错误,就会减少对别人的伤害,同时减少自己的麻烦。

六、明确和同事的关系

办公室中人与人是合作关系,不要计较。有小过节,也不要放在心上,同事之间各自收获的是用自己付出的辛苦和智慧换来的,不存在多少利害关系。不要为了一点可怜的面子,伤害大家本该平静的心。多用时间和精力去做些更有意义的事。

七、乐于助人,不求回报

要做不拘小节、心宽大度、乐于助人的人。人际来往不是为求同报。做一个热情洋溢的人,把自己的光芒照耀在周围每一个人身上。

八、相互信任

我们与人在一起做事,其实就像是在谈恋爱,如果彼此间没有最基本的信任,不把眼光放长远一些,那么,就不可能走到一起来。

要在公司内部得到发展,树立信誉非常重要。要晋升,没有上司和同行的信任不行。他们需要充分地了解你,才能把你推荐给他人。

九、使合作对象感到舒服、自然

真诚使对方感觉如沐春风,真诚是来自我们内心的修养。如果大家都敞开心扉,很多困难便不复存在。

与同事拉近距离

作为职场中的员工,想要在公司中站稳脚跟并获得老板的赏识和重用,就必须与同事建立良好的人际关系。

林志和高翔都是刚毕业的大学生,两人在同一个办公室,做同样的工作,工作能力和工作业绩不相上下,但两个人在为人处世方面却有很大不同。

林志比较“爽快”,见到人要么直呼其名,要么小赵老钱地喊。有一次,林志的顶头上司张经理正在会议室接待客人,林志突然出现在门口,大声喊:“老张,你的电话。”刚刚 36 岁的张经理,竟被人喊为老张,又是当着客人的面,而且喊自己的人还是自己的部下,心里自然很不舒服。

而高翔就不同了，见到谁都毕恭毕敬的，小心翼翼地喊张经理、马主任，没有职务的，他就喊大姐或大哥，年龄稍长的员工，他就喊师傅。

林志只有上班时才来公司，下班就走人，与公司里的人没有过多交往。小高就不同了，他下班以后，看有人没走就会留下来，与人家聊聊天，说说闲话，谁有什么困难，他也会尽力帮助。

后来，张经理手下的一个副经理调到别的部门主持工作了，公司决定采用公开竞聘的方式选拔新的副经理。林志和高翔都报名竞聘。评委由公司中层以上干部和职工代表组成。竞聘的结果大家可能已经猜到了：高翔以绝对的优势击败林志，成为公司最年轻的中层干部。

在职场上，毫无疑问，首先要将自己的本职工作做出色，但是也不要忽视人际交往，良好的人际关系对工作的开展是大有帮助的。有才无德与有德无才都不是上司的理想人选，只有德才兼备，才显英雄本色。

导致同事之间关系不够融洽的原因，除了重大问题上的矛盾和直接的利益冲突外，平时不注意自己的言行细节也是一个原因。

哪些言行会影响同事间的关系呢？

一、有好事儿不通报

比如单位里发物品、领奖金等你先知道了，或者已经领了，一声不响地坐在那里，从不向大家通报一下，有些东西可以代领的，也从不帮人家领一下。这样几次下来，别人自然会有想法，会觉得你不合群，缺乏共同意识和协作精神。以后他们有事先知道了，或有东西先领了，也就有可能不告诉你。如此下去，彼此的关系就会不和谐了。

二、对同事隐瞒不该隐瞒的事

当有同事出差去了，或者临时出去一会儿，这时正好有人来找他，或者正好来电话找他，如果同事走时没告诉你，但你知道，你不妨告诉他们。如果你确实不知道，那不妨问问别人，然后再告诉对方，以显示自己的热情。明明知道，却说不知道，一旦被对方要找的人知晓，那彼此的关系就势必会受到影响。外人来找同事，不管情况怎样，你都要真诚和热情，这样，即使没有起实际作用，外人也会觉得你和他要找的人的关系很好。

三、进出不互相告知

你要外出一会儿，或者请假不上班，虽然批准请假的是领导，但你最好要同办公室里的同事说一声。即使你临时出去半个小时，也要与同事打个招呼。这样，倘若领导或熟人来找，也可以让同事有个交代。如果你什么也不愿说，进进出出神秘兮兮的，有时正好有要紧的事，人家就没法说了，有时也会懒得说，受到影响的最后恐怕还是你自己。互相告知，既是共同工作的需要，也是联络感情的需要，这样做可以表明双方互相的尊重与信任。

四、把私事当作坏事

有些私事不能说，但有些私事说说也没有什么坏处。在工作之余，可以随便聊一些无伤大雅的事情。它可以增进你和同事之间的了解，加深感情。倘若从来不交谈，那怎么能算同事呢？无话不说，通常表明感情之深；有话不说，自然表明相互之间距离的疏远。你主动跟别人说些私事，别人也会向你说，有时还可以互相帮帮忙。你什么也不说，什么也不让人知道，人家怎么信任你呢？信任是建立在相互了解的基础之上的。

五、有事不肯向同事求助

轻易不求人，这是对的，因为求人总会给别人带来麻烦。但任何事物都是辩证的，有时求助别人反而能表明你的信赖，能融洽关系，加深感情。你不愿求人家，人家也就不好意思求你；你怕人家麻烦，人家就以为你也很怕麻烦。良好的人际关系是以互相帮助为前提的。因此，求助他人，在一般情况下是可以的。当然，要讲究分寸，尽量不要使人家为难。

六、拒绝同事的好意

比如，有的同事获了什么奖，或被评上职称，或有什么别的好事，大家高兴，要他买点东西请客，这也是很正常的。对此，你也可以积极参与，不要冷冷坐在旁边一声不吭，表现出一副不屑为伍或不稀罕的神态。人家热情分送，你却每每冷漠地拒绝。时间一长，人家有理由说你清高和傲慢，觉得你难以相处。

七、同事有亲疏远近

你对单位里的每一个人都要一视同仁，尽量始终处于不即不离的状态，不要对其中某一个特别亲近或者疏远。在平时，不要老是和同一个人说悄悄话，进进出出也不要总是和一个人。否则，会让别的同事觉得你在疏远他们，还有些人会以为你在搞小团体。

八、不愿吃一点亏

在同事相处中，有些人总想在嘴巴上占便宜；有些人喜欢说人家的笑话，讨人家的便宜，虽是玩笑，也决不肯以自己吃亏而告终；有些人喜欢争辩，有理要争理，没理也要争三分；有些人不论国家大事，还是日常小事，一见对方有破绽，就死死抓住不放，非要让对方败下阵来不可；有些人对本来就争不清的问题，也想要争个水落石出；有些人常常主动出击，人家不说他，他总是先说人家……这种喜欢在嘴巴上占便宜的人，实际上是很愚蠢的，他给人的感觉是太好胜，锋芒太露，难以合作。因此，讲笑话、开玩笑，有时不妨吃点亏，以示厚道。你什么都想占便宜，总想表现得比人聪明，最后往往是众叛亲离，没人说你好。

九、神经过于敏感

有些人警觉性太高，对同事也时时处于提防状态，一见人家在议论，就疑心在说自己；有些人喜欢把别人往坏处想，动不动就把别人的言行与自己联系起来；有些人想象力太丰富，人家随便说了一句，根本无心，他却听出了丰富的内涵。过于敏感其实是一种自我折磨，一种心理煎熬，一种自己对自己的苛刻。同事间，有时还是麻木一点为好。神经过于敏感，人家就会觉得与你无法相处。

十、该做的杂务不做

几个人在同一个办公室，每天总有些杂务，如打开水、扫地、擦门窗、夹报纸等，这虽都是小事，但也要积极去做。如果同事的年龄比你大，你不妨主动多做些。懒惰是人人厌恶的。如果你老是表现懒惰，久而久之，人家对你就不会有好感。如果你自己的房间收拾得非常整洁干净，可在办公室里从不扫地，那么，人家就会说你比较自私。几个同事在一处，就是一个小集体。集体的事，要靠集体来做，你不做，就或多或少有点不合群了。

十一、领导面前献殷勤

对领导要尊重，对领导正确的指令要认真执行，这都是对的。但不要在领导面前献殷勤。有些人工作上敷衍塞责，或者根本没本事，但一见领导来了，就让座、倒茶、递烟，甚至公开吹捧，以讨领导的欢心。这种行为，虽然与同事没有直接的利害关系，但正直的同事都是很反感的。他们会在心里瞧不起你，不想与你合作。如果领导确实很优秀，你真心诚意佩服他，那应该表现得含蓄点，最好体现在具体工作上。

以下是与同事拉近距离的方法：

一、赞美你的同事

肯定同事，即使与工作无关，也能够成为你与他建立友好桥梁的机会。发挥你心思细腻的特点，观察他最得意的方面，如穿衣品位，爱好兴趣，工作态度，办事效率，甚至他那让人羡慕的健康等，哪怕是不经意的一句话，都能表明你对他的关心。

一成不变的工作容易使人觉得乏味，如果你能在生活中适当加点“润滑剂”，相信会使你的工作变得多姿多彩，同事间的关系也会更加融洽。一句由衷的赞美或一句得体的建议，会使同事感觉到你对他的重视，无形中增加对你的好感。常常赞美自己的同事，如工作做得好、衣服很好看呀等，一句句发自内心的赞美之语，可以缩小与同事之间的距离。

二、真诚对待同事

处事手腕灵活，有原则，但却懂得在适当的时候采纳他人的意见；多跟别人分享看法，多听取和接受别人的意见，这样你会很容易获得同事们的接纳和支持。同事感冒时体贴地递上药丸，路过糕饼店顺道给同事买下午茶，这些都是举手之劳，你对人好，人对你好，和谐的工作关系和工作氛围，不仅有利于工作，更有利于在公司长期的发展。跟每一位同事都保持友好的关系，尽量不要被人认为你是属于哪个圈子的人，这无意中缩小了你的人际网络，对你没好处。尽可能与不同的人打交道，避免涉入办公室政治或斗争，不搬弄是非，自能获取同事的信任和好感。

反之，如果只懂奉迎上司的势利眼一定犯众怒。完全没把同事放在眼里，苛待同事、下属，你无疑是在到处给自己树敌。也许你态度严厉的目的只为把工作做好，然而在别人眼里，却是刻薄的表现。你平日连招呼也不跟同事打一个，跟同事间的唯一接触就是开会或交往工作，试问这样的你又怎会得人心？

一个能力强的员工在平时会非常注意人际关系，因为他需要能够与自己相互配合、互为知己的人。只有在工作中表现自我，才能与能力高的人产生相互敬佩、心心相印的感情，才能够给自己创造机会，赢得帮助。

责任比生命更重要

在任何时候，责任感都不可或缺。要将责任感根植于内心，让它成为我们脑海中一种强烈的意识，把责任感作为一种使命。

“负责任”这个原本应该是每个员工基本道德范畴的问题，却往往被蒙上了“有麻烦”的盖头。于是，该负的责任不负，该做的工作不做，有的人忘记了自己的职责，丢掉了本色。

23岁的文花枝是湖南湘潭新天地旅行社的导游。2005年8月28日下午2

时35分，文花枝所带团队乘坐旅游大巴在陕西延安洛川境内与一辆拉煤的货车相撞。这是一起夺走6条生命，造成14人重伤、8人轻伤的特大交通事故。当可怕的瞬间过去，坐在前排的文花枝清醒过来时，发现和自己同坐前排的司机和西安本地导游已经罹难。她自己左腿胫骨断裂，骨头外露，腰部以下部位被卡在座位里不能动弹。

营救人员迅速赶来，他们想将坐在前排的文花枝抢救出来，她却平静地说："我是导游，后面都是我的游客，请你们先救游客。"

车祸中的幸存者——湘潭电化集团的万众一回忆说："由于汽车碰撞得十分严重，每次救援一个游客都需要很长的时间。在等待救援的时候，文花枝自己忍着痛苦不断给我们鼓气，要我们不要睡过去，要挺住。小文还说，我们一定要坚持，我们一定要活着回去。很奇怪，一个弱女子怎么还有那么大的气力给大家喊话。如果不是小文不断鼓劲，自己一口气接不上来可能也就完了。"事实上，文花枝此时被卡在前排，数次昏迷。

长达两个多小时的艰难营救对于伤者无疑过于漫长。数次昏迷的文花枝只要一醒过来，就又给自己的游客打气。文花枝是最后一个被营救的伤员，当时已是下午4点多了。洛川县交警大队的王刘安亲手将文花枝救出旅游车，他后来对前来陕西处理事故的湘潭市旅游局领导感叹："作为交警，我不得不对小文的这种勇气和举动由衷地敬佩。"

由于腿上的伤势严重，左腿9处骨折，右腿大腿骨折，髋骨3处骨折，右胸第4、5、6、7根肋骨骨折，伤口已经严重感染，文花枝被送到洛川县医院后随时有生命危险，院方决定让其转到医疗条件更好的解放军第四军医大学附属西京医院。29日下午，为了避免伤势进一步恶化，西京医院专家小组决定立即为她做左大腿截肢手术。一位年轻的姑娘就这样失去了自己的一条腿。主治医生李军教授惋惜地说："太可惜了，若早点做清创处理，不耽误宝贵的抢救时间，她这条腿是能够保住的。"

"我是导游，后面都是我的游客，请你们先救游客。"这就是文花枝这个普通的导游身上所体现出来的责任意识：责任比生命更重要。

我们每一个人，无论什么时候，在什么地方，都不要忘记自己的责任。有一句话讲得好："如果你能真正制好一枚别针，应该比你制造出粗陋的蒸汽机赚到的钱更多。"忠诚负责地对待自己的工作，无论自己的工作是什么，重要的是自己是否做好了工作。

责任保证一切

有责任心的员工是公司的栋梁，由这样的员工组成的企业是最具竞争力的企业。“责任保证一切”，责任保证了服务，保证了敬业，保证了创造……正是这一切，保证了企业的竞争力。

20 世纪 90 年代，我国有一个代表团到韩国洽谈商务。代表团车队的先导车由于开得较快，为了等后边的车辆，暂停在了高速公路的临时停车带。不一会儿，一辆“现代”跑车靠了过来。驾车的是一对年轻的韩国夫妇，他们问代表团的同志车辆出了什么问题，是否需要他们帮忙。原来，这对夫妇是现代汽车集团的职员，而代表团的先导车恰好是现代汽车集团生产的。

读完这个故事，你有什么感想？这对韩国夫妇开着跑车，可能是去度假，也可能是去参加朋友的派对，显然是在非工作时间，而且上司并不在现场，仅仅因为停靠的车辆是他们公司生产的，就对一个与他们的工作职责并没有直接联系的问题给予必要的关注，表现出来的是一种怎样的责任感？显然，他们已经把与公司有关的任何问题都当成了自己的个人责任。正是这种责任感保证了现代汽车集团在日益严峻的行业形势下，依然保持着良好的竞争优势。

责任保证了一个企业的竞争力，在激烈的市场竞争中，任何一家想以竞争取胜的公司都必须设法使每个员工有责任感。没有责任感的员工就无法给顾客提供高质量的服务，就难以生产出高质量的产品，因此，公司就无法在这个竞争激烈的社会立足。

德国是奔驰和宝马的故乡。面对奔驰和宝马，你一定会感受到德国工业品那种特殊的技术美感，从高贵的外观到性能优异的发动机，几乎每一个细节都无可挑剔，其中深深地体现出德国人对产品完美的无限追求。德国货品质是如此之高，以至于在国际上成为“精良”的代名词。

那么，为什么德国的这些产品就能获得这样的好口碑呢？就是因为员工有责任感，他们处处标榜自己的责任，不放过任何一个瑕疵，因此，最后的成品才能广受好评。正是责任感让奔驰、宝马成为国际品牌。

企业绩效是很多老板心头的一件大事，他们也在寻找各种方式和方法来提高企业的绩效。但是他们发现，即使采用优秀的管理模式和先进的管理经验，工作绩效也不能明显提高。

这是为什么呢？因为无论是优秀的管理模式还是先进的管理经验，归根结底还需要人来做，如果不能从根本上改变人，所有的努力都将是无意义的，美好的愿望也只是愿望了，而不会转化为实际的效果。

如果一个团队里的成员缺乏责任意识，就不会对有助于团队发展的一些改变有足够的兴趣和热情，即使领导者认为努力就会有结果。但如果所有计划不能得到根本的执行，自然就不会收到很好的效果。

由此可见，责任与绩效之间应该是正比例的关系。当一方面提高时，另一方面也随之提高；反之，当一方面下降时，另一方面也随之下降。所以，要提高工作绩效，首先要确保员工的责任感。著名管理大师德鲁克曾说过："责任保证绩效。"很多企业管理者也都从这句话里悟出了提高绩效的根本所在。像现代、奔驰、宝马这些国际知名公司的员工无论处在什么职位，都能自觉地意识到自己所担负的责任。有了自觉的责任意识之后，才能保证良好的工作绩效。

责任——成就人生的基石

责任是成就人生的基石，是完善自我、成就自我的翅膀。翻阅历史，那些事业有成的人士，无不具有勇于负责的品质。阿尔伯特·哈伯德曾经说过："所有成功者的标志都是他们对自己所说的和所做的一切负全部责任。"

华盛顿出生在一个大庄园主家庭，家中有许多果园。果园里长满了果树，但其中夹着一些杂树。这些杂树不结果实，还影响着其他果树的生长。一天，父亲递给华盛顿一把斧头，要他把影响果树生长的杂树砍掉，并再三叮嘱，一定要注意安全，不要砍伤自己的脚，也不要砍伤正在结果的果树。在果园里，华盛顿挥动斧子，不停地砍着。突然，他一不留神，砍倒了一棵樱桃树。他害怕父亲知道了会责怪他，便把砍断的树堆在一块儿，将樱桃树盖了起来。

傍晚，父亲来到果园，看到了地上的樱桃，就猜到是华盛顿不小心把果树砍断了。尽管如此，他却装作不知道的样子，看着华盛顿堆起来的树说："你真能干，一个下午不但砍了这么多树，还把砍断的杂树都堆在了一块儿。"听了父亲的夸奖，华盛顿的脸一下子红了。他惭愧地对父亲说："爸爸，对不起，只怪我粗心，不小心砍倒了一棵樱桃树。我把树堆起来是为了不让您发现我砍倒了樱桃树。我欺骗了您，请您责备我吧！”

父亲听了之后，哈哈大笑，高兴地说：“好孩子！虽然你砍倒了樱桃树，应该受到批评，但是你勇敢地承认了自己的错误，我原谅你了，我宁可损失掉1000棵樱桃树，也不愿意你说谎，逃避责任！”华盛顿不解地问：“承认错误真的那么重要吗，能和1000棵樱桃树相比？”

父亲耐心地说：“敢于承认错误是一个人最起码的品德。只有敢于承担责任的人才能在社会上立足，才能取得别人的信任。看到你今天的表现，我就放心了。以后把庄园交给你，你肯定会经营好的。”

华盛顿长大以后，一直以强烈的责任感来约束和激励自己，他领导了美国的独立战争，是美利坚合众国的创立人之一，于1789年当选为美国第一任总统，成为美国人心目中的英雄。

要想事业有成，就要像华盛顿那样，树立勇于负责的职业精神。勇于负责，会让你在工作中有更出众的责任，取得优异的成绩，这样自然比别人更能获得加薪和晋升的机会。勇于负责，会让你敢于承担更大的责任，积极主动地为公司的发展出力流汗、建言献策，这样自然会得到老板的重用，将你培养成公司的顶梁柱。勇于负责，会让你的人格变得高尚，赢得同事的尊敬和老板的赏识，使你向未来的成功和辉煌积极地迈进。

当然，一个人承担的责任越大，付出的就越多，这也是很多人不愿承担重任的原因。他们不想把时间百分之百地投入到工作中去，更不愿意下班后还要考虑工作，影响自己的休闲生活，自然他们也不会获得多大的成功。

责任赢得尊重

责任心是一个人一生是否有所成就的重要砝码。只有承担责任的人才能给人以信赖感，才会赢得别人的尊重，也为自己赢得尊严。如果你能够完全负起责任，你就是可托大事的人；反之，如果你习惯于敷衍塞责，应付了事，你可能永远做不出成就来。

泰勒是一家大型汽车制造公司的车间经理，手下管着100多位安装技工。有一次，他带着几名员工安装一辆高级小轿车，安装完毕，恰逢总裁和他的几个朋友到车间巡视，其中，有一位朋友发现了这辆小轿车安装上的失误。因为总裁在场，泰勒怕自己挨训，当时就把责任推给了他的下属。总裁一看到他这种做法，勃然大怒，当着全车间的人把他训斥了一顿。

因为这件事，下属对他的行为感到羞耻，在内心深处开始鄙视起他的人格，并对他失去了信任感，在工作的过程中，有意识地排斥他。而公司高级管理层也对他有所成见。他的工作再也不能顺利开展，车间业绩直线下滑，因此不久就被公司降职了。

一个人要想赢得别人的敬重，让自己活得有尊严，就应该勇敢地承担起责任。一个人即使没有良好的出身、优越的地位，只要他能够勤奋地工作，认真、负责地处理日常工作中的事务，就会赢得别人的敬重和支持；反之，一个人即使高高在上，却不敢承担责任，丧失基本的职业道德，便会遭到他人的鄙视和唾弃。

在这个商业化的社会里，人们越来越欣赏那些敢于承担责任的人。大家认为，只有这样的人才能给人一种信赖感，值得去交往。也只有这样的人，才具备开拓精神，为公司带来效益。所以，在做事的过程中，我们应该要求自己具备一种勇于负责的精神，这样，才会获得别人的敬重，而为自己赢得尊严。

责任不打折

企业兴亡，人人有责。企业的每一名员工都负载着企业生死存亡、兴衰成败的责任，这种责任是不可推卸的，无论你的职位是高还是低。

责任是每个人的事，无论是初入职场的新人，还是职位卑微的小职员，都应当时刻保持强烈的责任感，为自己的工作承担起责任，不能因为自己的工作无足轻重而轻率对待。一个不负责任、没有责任意识的员工，不仅会在工作中为企业带来损失，而且还会为自己的职业生涯带来损害。一个有责任感的员工，不会因为自己职位卑微而忽视自己的责任，相反，他会时刻关心公司的情况，为公司的发展献计献策。

只要你是企业的一员，你就有责任在任何时候维护企业的利益和形象。一个主管过磅称重的小职员，由于怀疑计量工具的准确性，自己动手修正了它。这位小职员并没有因为计量工具的准确性属于总机械师而不是自己的职责，就不闻不问，听之任之。正是小职员的这种责任心，为公司挽回了巨大的损失。

很多人可能会这样认为，只有那些有权力的人才有责任，而自己只是一名普通员工，没什么责任可言。一旦出现错误，有权力的人理应承担责任。有这样想法的员工，根本没有意识到自己的责任。

一位零售业经理在一家超市视察时，看到自己的一名员工对前来购物的顾客极其冷淡，偶尔还发发脾气，令顾客极为不满，而他自己却不以为然。

这位经理问清缘由之后，对这位员工说："你的责任就是为顾客服务，令顾客满意，并让顾客下次还到我们这里来，但是你的所作所为是在赶走我们的顾客。你这样做，不仅没有担当起自己的责任，而且正在使企业的利益受到损害。你懈怠自己的责任，也就失去了企业对你的信任。一个不把自己当成自己企业一分子的人，就不能让企业把他当成自己的人。你可以走了。"

责任是不分大小的，一丁点儿的不负责，就可以使一个百万富翁很快倾家荡产；而一丁点儿的责任，却可以为一个公司挽回千八百万的损失。一个人的能力有大小，见识有高低，但责任心却是平等的。有责任感才会严格要求自己，用"高投入"磨炼自己，用高标准反省自己，追求工作的精确性和完美性。对责任内的工作，要做到有责任不推卸，有困难不畏缩，有麻烦不回避，对领导交办的事不说"不"，对日常工作不说"与我无关"，自觉维护公司的整体形象。

企业中，员工责任感的高低在很大程度上能够决定一个企业的命运。而员工责任感的匮乏，往往会成为一个企业运营不善的直接原因。那些缺乏责任感的员工，不会视企业的利益为自己的利益，也不会处处为企业着想，这样的员工被解聘只是迟早的事。

责任承载着能力

责任，是最基本的职业精神和商业精神，它可以让一个人在所有的员工当中脱颖而出。一个人的成功或一个企业的成功，都来自他们对工作和事业的责任。责任承载着能力，一个充满责任感的人才有机会充分展现自己的能力。

强烈的责任感能唤醒一个人的良知，也能激发一个人的潜能。但是生活和工作中，随处可以见到这样一些人，他们失去了自己的责任感，只有等别人强迫他们工作时，他们才会工作；他们从来没有真正考虑过自己身体内到底有多少潜能。在工作的过程中。他们也对自己的学识和才能一无所知，遇到任何事情，他们都用漫不经心的态度去处理。他们似乎情愿永生永世地在山谷中徘徊，也不肯用点力气向山上攀登，到山顶上看一看这个广袤的世界，这就是失去了强烈的责任感所导致的恶果。一个人如果具备了强烈的责任感，一定会目标明确、生气勃勃，面对任何艰难困苦的挑战决不犹豫退缩。他们也从不认为自己的生活可以随便“得过且过”地轻易打发。他们知道，自己每天都应该努力奋斗。他们唯恐落在别人的后面，成为一个混饱肚皮、打发日子的人。他们每天都会努力反省自己，究竟是前进了一寸还是一尺。

在一列火车上，有一位妇女将要临盆。列车员广播通知，紧急寻找一位妇产科医生。这个时候，有一位妇女站出来了，说她是妇产科的，列车长赶忙把她带入一间用床单隔开的病房。

毛巾、热水、剪刀、钳子什么都到位了，只等最关键的时刻到来。那位自称妇产科医生的妇女此刻非常着急，将列车长拉到产房外，说明产妇的情况紧急，并告诉列车长，自己其实是妇产科的一名护士，并且由于一次医疗事故而被医院开除了。今天这个产妇情况不好，人命关天，她自知能力不够，建议立即送往医院抢救。此时，产妇由于难产而非常痛苦地尖叫着，而列车行驶在京广线上，距最近的一站还要行驶一个多小时。列车长郑重地对她说：“你虽然只是一名护士，但在这趟列车上，你就是医生，我们相信你！”

列车长的话鼓舞了这名护士，她准备了一下，走进产房时又问：“如果在不得已时，是保小孩还是保大人？”

“我们相信你！”列车长又郑重地重复了一遍。这位妇女明白了，她坚定地走进产房。列车长轻轻地安慰产妇，说现在正由一名专家给她助产，请产妇安静下来好好配合。

出乎意料的是，那位妇女几乎单独完成了这个手术，婴儿的啼哭声宣告母子的平安，而强烈的责任心让这位妇女完成了她有生以来最为成功的手术。

其实，每个人身上都有巨大的潜能有待开发。美国学者詹姆斯认为，普通人只发挥了他蕴藏的潜力的1/10，与应当取得的成就相比，只不过发挥了一小部分能量，只利用了身心资源的很小一部分。一旦你决定承担起责任，并努力去做好工作，一些你担心无法完成的工作，往往能够圆满地完成。

责任感可以激发我们的潜能，让我们创造出超乎想象的业绩。责任感可以激励我们战胜困难，取得成功。在各行各业里，都需要那些具备强烈责任感的人，因为他们肯负责任，能独立自主，有主张有见地，会努力奋斗。

让问题到此为止

要想成为一名成功的职业人，要勇于对自己的行为负责，还要承担起帮助别人的责任，想办法解决问题，让所有的问题到此为止。

20世纪70年代中期，日本的索尼彩电在日本国内已经很有名气了，但是在美国它却不被顾客所接受，因而索尼在美国市场的销售相当惨淡。在美国人看来，日本货就是劣质货的代名词。

但索尼公司没有放弃美国市场。后来，卯木肇担任了索尼国外部部长。上任不久，他被派往芝加哥。当卯木肇风尘仆仆地来到芝加哥市时，令他吃惊不已的是，索尼彩电竟然在当地寄卖商店里蒙尘落垢，无人问津。卯木肇百思不得其解，为什么在日本国内畅销的优质产品，一进入美国竟会落得如此下场？

原来，以前来的负责人不仅没有努力，还自贬公司的形象，他们曾多次在当地的媒体上发布削价销售索尼彩电的广告，使得索尼彩电在消费者心目中留下了“低贱”“次品”的糟糕印象，索尼彩电的销量当然会受到严重的影响。

在这种时候，卯木肇首先想到的是如何挽救局面，改变销售的现状。经过几天苦苦的思索，卯木肇被“带头牛”效应启发，他决定找一家实力雄厚的电器公司做突破口，彻底打开索尼电器的销售局面。

马歇尔公司是芝加哥市最大的一家电器零售商，卯木肇最先想到了它。为了尽快见到马歇尔公司的总经理，卯木肇第二天很早就去求见，但他递进去的名片却被退了回来，原因是经理不在。第三天，他特意选了一个估计经理比较闲的时间去求见，但回答却是“外出了”。他第三次登门，经理终于被他的耐心所打动，接见了他，但却拒绝卖索尼的产品。经理认为索尼的产品降价拍卖，形象太差。卯木肇非常恭敬地听着经理的意见，并一再表示要立即着手改变商品形象。

回去后，卯木肇立即从寄卖店取回货品，在当地报纸上重新刊登大面积的广告，重塑索尼形象。

做完了这一切后，卯木肇再次叩响了马歇尔公司经理的门。听到的是索尼的售后服务太差，无法销售。卯木肇立即成立索尼特约维修部，全面负责产品的售后服务工作，重新刊登广告，并附上特约维修部的电话和地址，24小时为顾客服务。

屡次遭到拒绝，卯木肇还是痴心不改。他规定他的每个员工每天拨五次电话，向马歇尔公司询购索尼彩电。马歇尔公司被接二连三的求购电话搞得晕头转向，以致员工误将索尼彩电列入“待交货名单”。这令经理大为恼火，这一次，他主动召见了卯木肇。一见面就大骂卯木肇扰乱了公司的正常工作秩序。卯木肇笑逐颜开，等经理发完火之后，他才晓之以理，动之以情地对经理说：“我几次来见您，一方面是为本公司的利益，但同时也是为了贵公司的利益。在日本国内最畅销的索尼彩电，一定会成为马歇尔公司的摇钱树。”在卯木肇的巧言善辩下，经理终于同意试销两台，不过，条件是如果一周之内卖不出去，立马搬走。

为了开个好头，卯木肇亲自挑选了两名得力干将，把百万美金订货的重任交给了他们，并要求他们破釜沉舟，如果一周之内这两台彩电卖不出去，就不要再返回公司了。

两人果然不负众望，当天下午4点钟，两人就送来了好消息。马歇尔公司又追加了两台。至此，索尼彩电终于挤进了芝加哥的“带头牛”商店。随后，进入家电的销售旺季，短短一个月内，竟卖出700多台。索尼和马歇尔从中获得了双赢。

有了马歇尔这只“带头牛”开路，芝加哥市的100多家商店经销索尼彩电，不出3年，索尼彩电在芝加哥的市场占有率达到了30%。

富有责任感的员工富有开拓和创新精神，他绝不会在没有努力的情况下，就事先找好借口，他会想尽一切办法完成公司交给的任务。条件不具备，他们会创造条件；人手不够，他知道多做一些、多付出一些精力和时间。他不管被派向哪里，都不会无功而返，都会在不同的岗位上让能力展现出最大的价值。

不论是生活中还是工作中，每个人都有自己必须承担的责任，勇于承担责任是每个人、每一名员工必须具备的基本素质。

做到责任明确

生活中每个人都有自己的责任，只有清楚地认识到自己的责任，才能更好地承担责任。有些人之所以工作出现问题，就是因为不清楚是自己的责任造成的，他们把本该属于自己的责任看成与自己无关，所以没有尽心尽力地去做。

当他们认清自己的责任，知道哪些是自己分内的，哪些是在做好分内工作的基础上才可以做的，他们才不会顾此失彼，才会主次兼顾，才会把决定要做的事情做好。

认清自己的责任，可以减少对责任的推诿。只有在责任界限模糊的时候，人们才容易互相推脱责任。在企业里，尤其要明确责任。

南京明城墙是我国保存比较完整的古城墙，也是世界上现存最大的古代砖城，这与它所用砖块的质量不无关系。据记载，该城墙所用砖块都是由长江中下游附近的 150 多个府(州)、县烧制的，砖的侧面刻着铭文，除时间、府县外，还有 4 个人的名字，分别是监造官、烧窑匠、制砖人、提调官(运输官)。

砖上刻人名的用意，用现在的话来说，就是职责分明、责任到人。参与人员的名字都刻在砖上，清清楚楚、一目了然，一旦出现问题，谁也赖不掉。无论监造官、提调官，还是烧窑匠、制砖人，哪个环节出了问题，一样要被追究责任。这就使得参与人员丝毫不敢懈怠，尽职尽责地努力工作。最后交砖时，检验更为严格，由检验官指使两名士兵抱砖相击，如铿锵有声、清脆悦耳而不破碎，属于合格；如相击断裂，责令重新烧制。正因为责任如此清楚，才保证了城砖质量上佳，以致南京明城墙历经 600 多年的风雨，仍巍然屹立。

这个例子给我们带来的启示就是：一个企业一定要有明确的责任体系。权责不明不仅会出现责任真空，而且还容易导致各部门之间或者员工之间互相推诿责任，把自己置于责任之外，使整个公司的利益受到损害。明确的责任体系，是让每一个人都清楚自己要做什么，应该怎么做。

“当一群人为了达到某个目标而组织在一起时，这个团队立即产生唇齿相依的关系。”目标是否能实现，是否能达到预期的工作绩效，取决于团队中的成员是否都能对自己负责，彼此负责，最终对整个团队负责。明确责任体系就是要保证成员能够成功地完成这一任务。

此外，明确的责任体系还可以使团队中的成员能够依据这个责任体系建立权责明确的工作关系。这样，团队中的成员对自己的任务就是责无旁贷的，而且有助于成员之间彼此信守工作承诺，最终确保任务的完成。

承担应有的责任

青年人要想成大事、做老板，就要学会负责任。首先要对自己负责任，才能对他人、对社会负责任。

每个老板都很清楚自己最需要什么样的员工，哪怕你是一名做着最不起眼工作的普通员工，只要你担当起了你的责任，你就是老板最需要的员工。

社会学家戴维斯说："自己放弃了对社会的责任，就意味着放弃了自身在这个社会中更好生存的机会。"同样，如果一个员工放弃了对公司的责任，也就放弃了在公司中获得更好发展的机会。在这个世界上，每个人都扮演了不同的角色，每一种角色又都承担了不同的责任，从某种程度上说，对角色的饰演就是对责任的完成。坚守责任就是坚守我们自己最根本的人生义务。作为企业的一名员工，在公司里面也扮演了一个角色，理所当然要去承担责任。责任心是一个人对自己认真做事的表现。

责任能够产生信任，责任能够产生信誉。一个真正有责任感的人，一个为自己承诺、为自己行为负责的人，才是一个有信誉、让人信任的人。

社会是由各种各样大大小小的责任支撑起来的，每一个责任点都是一个位置。这个位置就是老板、经理、部门主管……它需要一个人来占据，这个人就是能够负起这个位置责任的人。

不管做员工，还是做老板，首先要培养自己的责任心。

松下幸之助在谈经营管理时说，作为一个老板，一定要有负起绝对责任的心理准备。不管员工有10个，还是100个，甚至1000个、1万个，责任还是由他一个人负。自己站在最高的立场，一切都是自己的责任了，这个道理亘古不变。荣誉的桂冠是用责任和荆棘编织而成的，你富有的成果和承担责任之间有着直接必然的联系。成功者对他们的所思、所言、所为负责，所以他们能够享有生活的一些成果。失败者总是为得到不如意的结果迁怒于其他的人或事，因为他们不能很好地控制别人及相关的事，准确地说，是因为他们只想得到，不愿付出与承担责任。

所有成熟、有大成就的人最突出的一个特点就是愿意对生活中发生的一切——不管是好是坏的事情，负起全部责任；失败者的标志是把生活中所发生的所有差错归咎于别人，他们总认为这世界除了他之外，所有人都欠他的。有责任感的人会处处替上司考虑，因为没有一个上司不喜欢忠诚可靠有责任感的下属。

一个人的终身职业，就是他亲手塑造的雕像，是美还是丑，可爱还是可憎，都是他一手造成的，而这一切，都和责任感有关。切记：尽职尽责的精神决定着你的得与失、成与败；承担责任是高度自信和个人自豪感的基础；无论发生什么事，请你对自己说：“我选择，我负责！”

忠诚是团队的战斗力

我们很难用过程来判断团队的战斗力强弱，比如说，一家企业上千人的销售队伍，在市场上浴血奋战，奋不顾身地工作，这算不算战斗力强？这个不好判断。如果奋战的结果不但没有扩大市场份额，反而被竞争对手蚕食了自己的市场，我们只能说这是一个没有战斗力的团队。

一个团队有没有战斗力，只能从结果来判断。如果高效率地完成了目标，那就是有强有力的战斗力；如果是达到了目标，但却没有效率，战斗力就属于一般；如果既没效率又没实现目标，战斗力就为零。

所以，团队建立后，不一定就具备了战斗力。如果把团队成员互相分散，虽然客观上这个团队仍然是存在的，但事实上他们已经无法发挥团队的力量；如果这个团队整天什么事都不做，不去行动，同样也不会产生战斗力。

经过研究，人们发现，团队要想爆发出战斗力，还需要一定的条件。这一条件可以用两句话来概括：动则力强，静则力弱；聚则力强，分则力弱。这其实也就是团队战斗力的本质。打个比方，如果把冯小刚、王朔、葛优聚集到一起，好的导演、好的编剧以及好的演员通过合作发挥各自的优势，拍出的电影就会非常受观众欢迎。可如果把这三个人分开，就很难再有像原来那么好的效果了。这就是聚则力强，分则力弱。

任何一个公司都是一个大的团队，而公司内部的各部门就是这个大团队的具体成员。成员之间沟通、协作良好，团队的效率就高，具体表现出来就是公司的管理成熟、流程高效、业绩优秀。反之，如果公司内部的各部门之间各自为政，互不支持，那么这个公司虽然名义上是一个团队，实际上却只是一个群体，无法爆发出团队应有的力量。

在某种程度上，企业多元化能否成功，也可以用团队的战斗力理论来论证。当一家企业的多元化业务过于分散，互相之间联系性不强时，这家企业的战斗力就会慢慢被分散，直至完全丧失。而如果企业的多元化业务是围绕着核心业务进行扩展，那么企业的战斗力就会随着业务的增多而放大。

当企业的新业务与核心业务关联不大时，企业内部原本合作良好的团队成员就会被分出一部分来负责新的业务，这就削弱了团队成员原有的合作性与互补性，大家的力量无法往一处聚集，战斗力自然就会大打折扣。

这种聚则力强、分则力弱的企业案例非常多。像当初的三九集团，扩张最疯狂的时候其业务曾经涵盖了地产、教育、文化等几十个行业，而其核心业务却是制药。正是这种脱离核心业务的多元化扩张，导致了三九集团后来的经营困难，最后不得不砍掉所有与核心业务无关的业务，重新回到制药的核心上来。

同样栽在这上面的还有春兰集团。春兰曾经是中国空调业的一面旗帜。当春兰空调销售首次突破百万套，迎来发展的第一个高峰时，春兰向多元化的转向，让其丧失了“一哥”位置，多年来徘徊在二线品牌之列，销量、利润、影响力大不如往年。

而与此同时，当年的小弟海尔、格力、美的却跻身空调行业三强之列。格力坚持专一化路线，决心集中优势兵力占领空调阵地，这一战略最终使格力空调成为世界品牌。而美的则通过空调致富后快速布局大白电，其扩展的业务仍然围绕着核心业务来转，也取得了不菲的成绩。

反观春兰，其多元化并未因减弱对空调业务的投入力度而获得增长。彩电、洗衣机、冰箱、电脑等产品都跌出行业十强之列，市场销售不尽如人意。而春兰摩托车也成为匆匆过客，春兰虎、春兰豹产品只是成就了一时辉煌。春兰卡车也因政策因素，一直无法获得快速发展。被寄予厚望的新能源镍氢电池项目由于市场环境整体不成熟，短期内无法形成规模经济，不足以支撑集团的走势。

是什么导致了春兰走向下坡路？业内人士认为，春兰在短期内从一个空调企业向多个领域的多元化扩张，缺乏充分准备和扎实基础。这种扩张有关联度较大的冰箱与洗衣机，还有跨度较大的电脑、摩托车、汽车以及新能源。在关联多元化扩张中，春兰并未很好地利用原有的网络、品牌、技术等优势取得成长。在非关联多元化中，由于跨度过大，缺乏专业人员和技术储备，从而在短期内根本无法获得经济效应。

也就是说，春兰的非关联化扩张实际上导致了它的战斗力的衰弱，而这正是春兰在后来不断亏损的原因之一。

可见，一个团队即使客观上存在强大的战斗力，但如果运用不当，也会使战斗力大大削弱，甚至丧失战斗力。

什么是动则力强、静则力弱？在这里，我把"动"理解为"互动"。团队成员之间如果不能产生互动，那就是一种"静"的状态，比如球队打球，如果不能产生互动，即使每个球员都在球场上拼命奔跑，他们仍然处于一种"相对静"的状态。

有一点需要注意的是，如果一个团队里面精英太多，互相能力差不多，很容易出现互不服气的现象。这个时候，会很难产生合作，团队成员甚至会连正常的能力都发挥不出来，因为他们会内耗，忠诚这个时候就会瓦解。

在这一点上，"联想教父"柳传志已经给我们提供了睿智的解决方案。杨元庆与郭为原来都是柳传志手下的"大将"，两个人的能力差不多，都非常优秀。20世纪90年代中晚期，柳传志原本设计，以杨元庆为主，郭为积极配合，杨元庆好好待郭为。但执行下来两个人的不和谐占据主导地位。在柳传志心中，杨元庆、郭为都是"宝贝"。"有这样一个人，就能开这样一块业务，没有，就不能开。所以，我把他们看成不可比的资产，比什么都重要。"柳传志绝对不能允许自己退下来之后，杨元庆和郭为一起合作出现1+1<2的事情。柳传志不是没有想过一个联想的方案，但是他试了一下，发现杨元庆、郭为身上各自所带的文化还是有很多的不同。

柳传志不忍伤了两人中的任何一个，于是在2000年，他把神州数码与联想集团分拆，杨元庆领导的联想集团得到了最重要的PC业务，而郭为领导的神州数码从此与"联想"品牌挥别，获得了分销、系统集成和IT服务业务。正如马云所认为的，一个团队里面不能都是孙悟空，也不能都是沙僧或者猪八戒，要是那样的话，大家就形成不了互动状态，1+1>2的效果也就无法实现。从柳传志与马云的身上我们也可以看到，能力互补在一个团队里面是何等的重要。

责任止于我

大多数情况下，人们会对那些容易解决的事情负责，而把那些有难度的事情推给别人，这种思维常常会导致我们工作上的失败。

有一个著名的企业家说："职员必须停止把问题推给别人，应该学会运用自己的意志力和责任感，着手行动，处理这些问题，让自己真正承担起自己的责任来。"

在工作和生活中，有些人总是抱着付出较少、得到更多的思想行事。在这种情况下，不负责任的问题就出现了。如果他们能够花点时间，仔细考虑一番，就会发现，人生的因果法则首先排除了不劳而获，因此我们必须要为自己身上发生的一切负责。

亚伯拉罕·林肯说："逃避责任，难辞其咎。"

逃避责任之风由来已久。

耶和华将亚当和夏娃安置在伊甸园中，吩咐他们："园中树上的各样果子，你们可以随意吃。只是善恶树上的果子，你们不可吃。"

亚当和夏娃吃了善恶树上的果子，才突然发现自己赤身裸体，从此有了羞耻感。为了躲避耶和华，他们藏在园里的树木中。耶和华呼唤亚当："你在哪里？"亚当说："因为我赤身裸体，我便藏了。"耶和华说："莫非你吃了我吩咐你不可吃的树上的果子吗？"于是亚当踢出人类第一个皮球："是你所赐给我，与我同居的女人。她把那树上的果子给我吃，我就吃了。"

耶和华对夏娃说："你做的是什么事呢？"夏娃又把皮球踢开："那蛇引诱我，我就吃了。"可怜的蛇没有脚，不会踢皮球。耶和华惩罚它："你既做了这事，就必受诅咒，比一切的牲畜野兽更甚。你必须用肚子行走，终身吃土。"

世上有许多事情是我们无法控制的，但我们至少可以控制自己的行为。如果不对自己的过去行为负责，我们就不可能对自己的未来负责。面对自己曾做过的事，我们应该做的是承担起自己的那份责任，而不是寻找借口逃避责任。

这是一个医生亲眼所见的一件普通得不能再普通的突发事件。

江浙地区一个城乡接合部正在大搞建设，工地一角突然坍塌，脚手架、钢筋、水泥、红砖无情地倒向下面正在吃午饭的民工，烟尘四起的工地顿时传来伤者痛苦的呻吟。

这一切都被路过的两辆旅游大客车上的人看在眼里，旅游车停在路口，从车里迅速下来几十名年过半百的人，他们好像没听见领队"时间来不及了"的抱怨，马上开始有条不紊地抢救伤者。

现场没有夸张的呼喊，没有感人的誓言，只有默契的配合。没有纱布就用干净衬衣压住伤口。急救车赶来的时候，已经是50分钟以后的事情，从一个外科医生的眼睛来看，这些老人们至少保住了10个民工的生命。

在机场，这名医生又遇到了这些老人的领队——两个时尚的年轻姑娘一边激烈地讨论这么多机票改签和当地地陪的费用结算问题，一边抱怨这些老人管了闲事却让她们两个为难。

老人们此时已经换上了干净的衣服。医生看清了，他们身上很多都是去掉了肩章的制服衬衣，陆海空都有，每个人都以平静祥和的神态四下张望候机厅的设施。医生断断续续听到其中一个老人面有歉疚地对两个年轻姑娘说道：

“军医同学……若是不管，心里多么过意不去……老头儿们这脾气……”

是啊，这个老人说得对，如果说责任还可以逃避，但你的心能吗？一个人可以完全忘掉歉疚，或者带着歉疚生活一辈子，只要他觉得这份歉疚对自己不会有任何影响。可是，你要知道，任何经历过的歉疚都会像酸醋腐蚀铁做的容器一样慢慢侵蚀你的心灵，久而久之，让你再也无法用明亮清澈的眼睛和一颗坦然的心对待工作和生活。

有句谚语说得好：“没有一滴雨滴认为它们应当对洪灾负责。”还有一句格言：“没有一滴雨滴敢对花儿绽放居功。”

这两句谚语说的都是责任。

责任感是人走向社会的关键品质，是一个人在社会上立足的重要资本。一个单位总是希望把每一份工作都交给责任心强的人，谁也不会把重要的职位交给一个没有责任心的人。

有责任感的员工都不会推脱他们所应负的责任，他们深知，责任就像杜鲁门总统的座右铭那样：“责任到此，不能再推！”

主动要求承担更多的责任或自动承担责任，是我们成功的必备素质。

人们能够做出不同寻常的成绩，是因为他们首先要对自己负责。

没有责任感的公民不是好公民，没有责任感的员工不是优秀的员工，没有责任感的人不是完整成熟的成年人。

任何时候，责任感对自己、对国家、对社会都是不可或缺的。

要将责任根植于内心，让它成为我们脑海中一种强烈的意识，在日常行为和工作中，这种责任意识会让我们表现得更加卓越。

一个员工与其为自己的失职寻找理由，倒不如大大方方承认自己的失职。领导者会因为你能勇于承担责任而不责难你；相反，敷衍塞责，推诿责任，找借口为自己开脱，不但不会得到别人理解，反而会“雪上加霜”，让别人觉得你不但缺乏责任感，而且还不愿意承担责任。

其实，人难免有疏忽的时候，没有谁能做得尽善尽美，这是可以理解的。但是，如何对待已经出现的问题，就能看出一个人是否能够勇于承担责任。

约翰和戴维是新到速递公司的两名职员。他们俩是工作搭档，工作一直都很认真,也很卖力。上司对这两名新员工很满意,然而一件事却改变了两个人的命运。

一次,约翰和戴维负责把一件大宗邮件送到码头。这个邮件很贵重,是一个古董,上司反复叮嘱他们要小心。

没想到,送货车开到半路却坏了。

戴维说:"怎么办,你出门之前怎么不把车检查一下,如果不按规定时间送到,我们要被扣奖金的。"

约翰说:"我的力气大,我来背吧,距离码头也没有多远了。而且这条路上的车特别少,等车修好,船就开走了。"

"那好,你背吧,你比我强壮。"戴维说。

约翰背起邮件,一路小跑,终于按照规定的时间赶到了码头。这时,戴维说:"我来背吧,你去叫货主。"他心里暗想,如果客户能把这件事告诉老板,说不定还会给我加薪呢。他只顾想,当约翰把邮件递给他的时候,他却没接住,邮包掉在了地上,"哗啦"一声,古董碎了。

"你怎么搞的,我没接你就放手。"戴维大喊。

"你明明伸出手了,我递给你,是你没接住。"约翰辩解道。

约翰和戴维都知道,古董打碎了意味着什么。没了工作不说,可能还要背上沉重的债务。果然,老板对他俩进行了严厉的批评。

"老板,不是我的错,是约翰不小心弄坏的。"戴维趁着约翰不注意,偷偷来到老板的办公室,对老板说。老板平静地说:"谢谢你,戴维,我知道了。"

随后,老板把约翰叫到了办公室。"约翰,到底怎么回事?"约翰就把事情的原委告诉了老板,最后约翰说:"这件事情是我们的失职,我愿意承担责任。另外,戴维的家境不大好,如果可能的话,他的责任我也来承担。我一定会弥补上我们的损失的。"

约翰和戴维一直等待处理的结果,但是结果很出乎他俩的意料。

老板把约翰和戴维叫到了办公室,老板对他俩说:"公司一直对你俩很器重,想从你俩当中选择一个人担任客户部经理,没想到却出了这样一件事情,不过也好,这会让我们更清楚哪一个人是合适的人选。"

戴维暗喜:"一定是我了。"

"我们决定请约翰担任公司的客户部经理,因为,一个能够勇于承担责任的人是值得信任的。约翰,用你赚的钱来偿还客户。戴维,你自己想办法偿还给客户，对了，你明天不用来上班了。”

“老板，为什么？”戴维问。

“其实，古董的主人已经看见了你俩在递接古董时的动作，他跟我说了他看见的事实。还有，我也看到了问题出现后你们两个人的反应。”老板最后说。

任何一个领导者都清楚，能够勇于承担责任的员工、能够真正负责任的员工对于企业的意义。问题出现后，推诿责任或者找借口，都不能掩饰一个人责任感的匮乏。如果你想这么做，那么，可以坦率地说，这种借口没有什么作用，而且会让你的责任感更为缺乏。

在南太平洋番地考斯特岛上，人们经常举行以高空弹跳取悦神灵来祈祷山芋丰收的古老仪式。

弹跳者仔细挑选地点，他们用树枝及树干来搭盖高塔，然后用藤蔓把整个跳台捆束妥当。每个弹跳者要为搭盖工程负责，如果有任何差错，没有任何人会代他负责，当然也没有人能抢去弹跳成功者的功劳。

弹跳者要选择自己使用的跳藤，寻找恰到好处的长度，让自己在以头朝下脚朝上的姿态坠落时，头发刚好擦到地面。如果跳藤太长，表示会有一次致命的坠落；太短则会把弹跳者弹回平台，这样可能会对他今年的收成有不利的影响。

在指定的当天，弹跳者爬上 65 英尺到 85 英尺高的跳塔，绑上他所挑选的藤条，踏上平台，来到高塔最狭窄的一端，然后纵身跃下。

弹跳者可以在最后一刻改变主意，放弃弹跳，这样也不会被认为是件耻辱的事。但大部分人愿意做这件事，愿意 100％为自己的行为负责。

参加弹跳的人对自己的行为和可能的结果都有十分清楚的认识，然而他们仍然愿意参加，因为他们愿意为自己的行为负全部的责任。承担自己的责任，责无旁贷。

从现在开始承诺：

1. 我是 100％的承担责任者。

2. 我是生命的主人。

3. 我是我命运的设计师。

4. 我是问题的源头。

5. 责任止于我。

对结果负责

格里富斯特讲了一个简单的故事，从这个故事中，你也许能对责任感的强弱做出比较清晰的分辨。

作为一个公众演说家，富斯特发现自己成功的最重要一点是让顾客及时见到他本人和他的材料。

事实上，这件事情如此重要，以至于富斯特管理公司有一个人的专职工作就是让他本人和他的材料及时到达顾客那里。

最近，我安排了一次去多伦多的演讲。飞机在芝加哥停下来之后，我往公司办公室打电话以确定一切都已安排妥当。我走到电话机旁，一种似曾经历的感觉浮现在脑海中：

8年前，同样是去多伦多参加一个由我担任主讲人的会议，同样是在芝加哥，我给办公室里那个负责材料的琳达打电话，问演讲的材料是否已经送到多伦多，她回答说："别着急，我在6天前已经把东西送出去了。""他们收到了吗？"我问。"我是让联邦快递送的，他们保证两天后到达。"

从这段话中可以看出，琳达觉得自己是负责任的。

她获得了正确的信息（地址、日期、联系人、材料的数量和类型），她也许还选择了适当的货柜，亲自包装了盒子以保护材料，并及早提交给联邦快递，为意外情况留下了时间。

但是，正如这段对话所显示的，她没有负责到底，直到有确定的结果。

格里继续讲他的故事：

那是8年前的事情了。随着8年前的记忆重新浮现，我的心里有些忐忑不安，担心这次再出意外，我接通了助手艾米的电话，说："我的材料到了吗？""到了，艾丽西亚3天前就拿到了。"她说，"但我给她打电话时，她告诉我听众有可能会比原来预计的多400人。不过别着急，她把多出来的也准备好了。事实上，她对具体会多出多少也没有清楚的预计，因为允许有些人临时到场再登记入场，这样我怕400份不够，保险起见寄了600份。还有，她问我你是否需要在演讲开始前让听众手上有资料。我告诉她你通常是这样的，但这次是一个新的演讲，所以我也不能确定。这样，她决定在演讲前提前发资料，除非你明确告诉她不这样做。我有她的电话，如果你还有别的要求，今天晚上可以找到她。"

艾米的一番话，让格里彻底放下心来。

艾米对结果负责，她知道结果是最关键的，在结果没出来之前，她是不会休息的——这是她的职责。

所有的领导人都渴望能找到像艾米这样的雇员为他们工作。

安德鲁大学毕业后，在一艘驱逐舰上工作。

这艘舰艇是3艘姊妹舰中的一艘，它们出自同一家造船厂，来自同一份设计图纸，在6个月的时间里先后被配备到同一个战斗群中去。

派到这3艘舰只上的人员的来源也基本相同，船员们经过同样的训练课程，并从同一个后勤系统中获得补给和维修服务。

唯一不同的是，经过一段时间，3艘舰艇的表现却迥然不同。

其中的一艘似乎永远无法正常工作，它无法按照操作安排进行训练，在训练中表现也很差劲。船很脏，水手的制服看上去皱皱巴巴，整艘船弥漫着一种缺乏自信的气氛。

第二艘舰艇恰恰相反，从来没有发生过大的事故，在训练和检查中表现良好。最重要的是，每次任务都完成得非常圆满。船员们也都信心十足，斗志昂扬。

第三艘舰艇，则表现平平。

造成这3艘舰艇不同表现的原因在哪里？安德鲁得出结论：因为舰上的指挥官和船员们对"责任"的看法不一。表现最好的舰艇是由责任感强的管理者领导的，而其他两艘不是。

经过一段时间，这3艘舰艇都面对着同样的设备、人员和操作问题。

表现最出色的舰艇秉承的责任观是：无论发生什么问题，都要达到预期的结果。而表现不佳的指挥官却总是急于寻找借口"发动机出问题了"，或者是"我们不能从供应中心得到需要的零件"。

同样的事例也能在连锁店的业态中获得证明。每一个特许经营授权人都会告诉你，连锁经营这种模式最令人不可思议的一点，就在于每个连锁店的经营状况都不一样。

可他们无法解释，为什么两个处在类似位置，拥有相同的运营系统、市场策略、设备、技术和市场定位的连锁店，其经营结果却大相径庭呢？

表现不好的连锁店常常会把责任推到单店位置、个别店的特殊性或者本地区客户的特别态度上。但是，在任何一个具备一定规模的连锁店网络中，你总能发现一家虽然坐落位置更差却表现得更出色的店，也能找到那些具有同样问题但表现仍然出色的店。

恶劣表现的所有理由，实际上都是站不住脚的。同时，表现优秀的人能够找到令表现恶劣者头痛不已的所有问题的解决方法。

成功的管理者一定是负责任的管理者。他们关注于结果，并想尽一切办法去获得结果。他们只关心结果，对找借口不感兴趣。他们只在意是否做了正确的事情，而不愿意为花了精力和资源却没能带来积极结果的事情找理由。

只要我们把责任推给别人，而不是在自己身上找原因，失败和低水平的表现就会变成理所当然的事实。

没有做不好的工作，只有不负责任的人

责任是生存的基础，无论是动物还是人。

责任确保了生命在自然界中的延续，那么，责任是否也能确保一家企业在竞争中生存呢？答案一样是肯定的。

管理学家认为，责任首先是员工的一份工作宣言。在这份工作宣言里，你首先表明的是你的工作态度：你要以高度的责任感对待你的工作，不懈怠你的工作，对于工作中出现的问题能敢于承担。这是保证你的任务能够有效完成的基本条件。

一个人责任感的高低，决定了他工作绩效的高低。当你的上司因为你的工作很差劲批评你的时候，你首先问问自己，是否为这份工作付出了很多，是不是一直以高度的责任感来对待这份工作？一个负责任的人是不会给自己的工作交出一份白卷的。

没有做不好的工作，只有不负责任的人。

一个人承担的责任越多越大，证明他的价值就越大。所以，应该为你所承担的一切感到自豪。想证明自己最好的方式就是去承担责任，如果你能担当起来，那么祝贺你，因为你不仅向自己证明了自己存在的价值，你还向社会证明你能行，你很出色。

如果你是一名企业的领导，就这样告诉你的员工，你为他们承担的责任感

到骄傲，你也愿意为他们承担责任。无论是现在还是将来，你都会一如既往地做下去。

如果你是一名员工，就这样告诉你的领导，你很高兴能够为企业承担责任，这会让你觉得对于企业而言，自己并不是可有可无。相信你，你从没有懈怠过自己的责任。

无论是我们的老板还是我们的员工，大家都在承担着自己的责任。而且无论是谁在承担责任时都不是轻松的。因为不轻松，所以能够担当责任的人才值得尊敬。

一旦领悟了全力以赴的工作能消除工作的辛劳这一秘诀，人们就掌握了打开成功之门的钥匙。能处处以主动尽职的态度工作，即使从事最平庸的职业，也能增添个人的荣耀。

很久很久以前，一位有钱人要出门远行，临行前他把仆人们叫到一起并把财产委托他们保管。依据每个人的能力，他给了第一个仆人 10 两银子，第二个仆人 5 两银子，第三个仆人 2 两银子。拿到 10 两银子的仆人把它用于经商并且赚到了 10 两银子；同样，拿到 5 两银子的仆人也赚到了 5 两银子；但是拿到 2 两银子的仆人却把它埋在了土里。

过了很长一段时间，他们的主人回来与他们结算。拿到 10 两银子的仆人带着另外 10 两银子来了，主人说："做得好！你是一个对很多事情充满自信的人，我会让你掌管更多的事情，现在就去享受你的奖赏吧。"

同样，拿到 5 两银子的仆人带着他另外的 5 两银子来了，主人说："做得好！你是一个对一些事情充满自信的人，我会让你掌管很多事情，现在就去享受你的奖赏吧。"

最后拿到 2 两银子的仆人来了，他说："主人，我知道你想成为一个强人，收获没有播种的土地。我很害怕，于是把钱埋在了地下。"

主人回答道："又懒又缺德的人，你既然知道我想收获没有播种的土地，那么你就应该把钱存到银行家那里，以便我回来时能拿到我的那份利息。"

主人最后把他的 2 两银子也给了有 10 两银子的仆人。"我要给那些已经拥有很多的人，使他们变得更富有；而对于那些一无所有的人，甚至连他们所有的还要夺走。"

这个仆人原以为自己会得到主人的赞赏，因为他没丢失主人给的那 2 两银子。在他看来，虽然没有使金钱增值，但也没丢失，就算是完成主人交代的任务了。然而他的主人却不这么认为,他不想让自己的仆人顺其自然,而是希望他们能负起自己的责任来,把身上担负的职责做得更好。

每一个员工都希望把自己的工作做得更好,都希望通过自己的努力来增加收入,提升职位,获得认可。没有人愿意一事无成,也没有人想在自己的工作中找不到实现自己价值的台阶,就退步或者是离开。

做最好的员工,也要做更好的员工。这是每个人的目标,是和他的生活密切相关的事情。

企业是一个协作体,只有以高度的责任感相互协作,整个企业才能迅速稳健地向前发展。

对员工而言,责任的方向是对上的,员工要时时表现出对领导者的责任。领导者为企业的发展制定的决策需要员工来具体执行,执行得好与差不仅仅关系到决策的成败而且关系整个企业的兴衰,所以员工必须负起责任。这不容置疑,如果你还认为自己是企业中的一员,和企业同呼吸共命运的话。

企业里的每一个员工都对其他的员工负有责任,这就像互相咬合的齿轮,大家必须紧紧地连在一起,才能共同发挥作用。因为"成功的组织必须对自己负责,也需要彼此负责,这才能达到事先约定的成果"。

对任何一个方向的责任没有承担起来．企业的发展就会受到严重的阻碍,企业的整体责任属于企业中的每一个成员,无论你的职位高低。

企业中的每一个成员必须做好自己该做的,但这并不意味着"各自为政",明确责任的方向就是告诉企业的每一位成员,整个企业的发展需要所有成员的共同协作,只有这样才能保证企业的整体利益。

不找借口是执行力的表现,它体现了一个人对自己的职责和使命的态度。一个不找借口的员工,肯定是一个勇于负责的员工。可以说,工作就是不找借口地去执行。

不管做什么工作都需要这种不找任何借口去执行的人。对我们而言,无论做什么事情,都要记住自己的责任,无论在什么样的工作岗位上,都要对自己的工作负责。

信任是团队合作的开始

信任是合作的开始,也是企业管理的基石。一个不能相互信任的团队,是一支没有凝聚力的团队，是一支没有战斗力的团队。信任，对于一个团队，具有哪些重要作用呢？

信任能使人处于互相包容、互相帮助的人际氛围中，易于形成团队精神以及积极热情的情感；信任能使每个人都感觉到自己对他人的价值和他人对自己的意义，满足个人的精神需求。信任能有效地提高合作水平及和谐程度，促进工作的顺利开展。

尽管信任对于一个团队具有化腐朽为神奇的力量，但实际上很多企业都处于一种内部的信任危机当中。比如，没有凝聚力、领导在员工面前没有威信、人心不稳、工作没有积极性等，企业犹如处于一个随时都可能爆发的火山口上。

人，最重要的不是他是什么，而是你把他当作什么。作为一名企业管理者，你给你的员工多少信任，他就会回报你多少，关键是你对他的导向。你的沟通、你的行为、你的认识、你的习惯而形成了你固有的用人文化。一个对他人总不放心的人，最终是孤独、孤立而失望的。

管理学教授费尔南多·巴多梅曾经写过一篇文章，叫作《没有人完全信任上司，怎么办》，巴多梅教授在文章中指出：

对经理人而言，尽早抓住问题是重要的，而找出会使你头疼的问题的最好方式，是让你的下属告诉你。这取决于坦率与信任，但这两点都有严格的、内在的局限性。在需要坦率和信任的时候，大部分人倾向于选择沉默，自我保护，而权力斗争也妨碍了坦诚。

经理人必须认真培育信任，应该利用一切可以利用的机会，增进下属对自己的信任感。同时要注意对信任培育而言极其关键的六个方面：沟通、支持、尊重、公平、可预期性及胜任工作的能力。

经理人还必须注意麻烦要出现时所显露出的蛛丝马迹，比如信息量减少，士气低落，模棱两可的信息，非语言的信号以及外部信号等。必须建立一个以适当地使用、传播及创造信息为基础的交流网。

信任已经可以拓展到诸如对公司的忠诚，公司与员工彼此的价值判断，组织结构如集权分权模式，授权，岗位职责划分，信息的对称度，上下级的微妙关系，信任忠诚与原则的关系，信任与能力，企业文化与制度等诸多问题。以下几句话，也许值得深思：

——被信任的怎么做都对，不被信任的怎么做都不对，在一元化的环境中，不忠诚你肯定完了，而无法判断你是否忠诚你也完了；

——对某一个人(上司)的不信任,十有八九被解读为对组织的不忠诚;

——一个人对组织的不忠诚被确认之后,他可能永远不会被看重;

——信任危机是一个组织的最大危机。

彼此信任,实际上是一个组织得以成为组织的基础。这是我们看重这个话题的缘由。而中国目前的经理人正在朝着职业化挺进,在这个进程中,信任显得更为重要。许许多多企业和经理人之间的纠纷,大都缘自信任。所以每时每刻,我们都需要自问:“我信任他人吗?我被信任吗?”

不信任是成本之源

在我国的企业管理中,信任常常居次席,发号施令的领导们仅仅对那些唯命是从的员工予以信任。现在看来,许多老式的管理政策强化了领导与员工之间的不信任,比如“走马灯”似的更换企业领导人,要求员工上下班和班中外出时打卡,下班时搜身,提交医生字条来证明医疗情况等。而一些所谓的新管理措施,比如派“职业侦探”盯梢,用“电子侦探”监视员工,招聘录用时填写求职担保书等,无一不是拿信任来冒险,无一不是对信任的亵渎。试想,这样的企业怎能奢望有良好的管理效益吗?

《第五代管理》作者查尔斯·M.萨维奇认为,怀疑和不信任是公司真正的成本之源,它们不是生产成本,却会影响生产成本;它们不是科研成本,却会窒息科研的进步;它们不是营销成本,却会使市场开拓成本大大增加。作为一个企业,组织成员之间的信任是“和气生财”、健康发展的前提。在组织的发展过程中,遇到的最大难题其实并不在于外在的环境,而在于内部的氛围——员工之间、员工与领导之间、领导与领导之间应该是“心心相印”,而不是疑神疑鬼。

失去了信任,管理就成了无源之水,无本之木。没有哪一个领导人希望员工背叛公司,但是员工的忠诚是用信任打造出来的。只有“真心”才能换来诚心,这“真心”就是领导人对员工的信任。信任你的团队,信任你的员工,是领导成功的第一步。

打造沟通、信任、高效的团队

一些非凡的企业家或管理者，他们好像有天生独特的再生能力、魔力，可以在很短的时间内扭转乾坤，将一群柔弱的羔羊训练成一支如雄狮猛虎般的团队，所向披靡。

一、沟通是一门科学

在企业里，有效沟通并不会仅仅因为信任而产生，它必须通过建立有效机制来解决。所以，沟通不仅是一种艺术，更是一门科学。巴多梅教授主要的研究领域为个人及人际行为，在《没有人完全信任上司，怎么办》一书中，他挥洒更多的是一种艺术，其中不乏天才的灵光，譬如对杰出的经理人要有作为企业中信息专家的理解，让我们看到了有效管理者与有效沟通者的紧密关系。而我们企业亟须补课的是科学。中国企业有意识地强调沟通的重要性，是最近几年的事。而近半个世纪以来，以美国为首的欧美学术圈，却持续将沟通视为一门重要学科进行严肃探究。美国目前已有近 300 所大学设置了“沟通系”，众多知名商管学院颁授沟通研究的硕士或博士学位，并视“沟通”为 MBA 训练的核心课程。

二、倡导成员间真诚倾听彼此的建议

国际知名的管理顾问肯尼斯·布兰查德在其设计的高绩效团队评分法第十一项中指出：“成员会积极主动地倾听别人的意见，不同的意见和观点会受到重视。”的确如此，在好的团队里，某位成员讲话时，其他成员都会真诚地倾听他所说的每一句话。有位团队负责人说：“我努力塑造成员们相互尊重、倾听其他伙伴表达意见的习惯，在我的单位里，我拥有一群心胸开放的伙伴，他们都真心愿意知道其他伙伴的想法。他们展现出其他单位无法相比的倾听风度和技巧，真是令人兴奋不已！”

三、引导和推动成员间彼此相互信赖

真心地相互信赖、支持是团队合作的沃土。李克特曾花了多年的时间深入研究参与式组织，他发现参与式组织的一项特质便是：管理阶层信任员工，员工也相信管理者，信心和信任在组织上下到处可见。近年来，众多的获胜团队，都全力研究如何培养组织上下平行成员间的信任感，并使组织保持旺盛的士气。

他们常常表现出四种独特的行为特质：

1.领导人常向他的伙伴灌输强烈的使命感及共有的价值观，并且不断强化同舟共济、相互扶持的观念；

2.他们鼓励遵守承诺，信用第一；

3.他们依赖伙伴，并把伙伴的培养与激励视为最优先的事；

4.他们鼓励包容异己，因为获胜要靠大家协调、互补、合作。

四、莫让权力阻碍沟通

如果没有信任，那么就无法保证有效沟通，就会导致团队工作不能及时发现问题并提出解决办法。

巴多梅教授认为，在等级阶层中，权力较弱的群体揭露缺陷、错误和过失的时候，会很自然地极为小心谨慎——尤其当权力大的一方居于评价与惩罚的地位时，所以“权力会妨碍信任，审判者更是难以获得信任”。

真的是这样吗？上帝的权力不可谓不大，他还要主持末日审判，可丝毫不影响教徒的信任。关键是教徒知道，上帝会公正地使用权力。因而，不是权力会妨碍信任，而是权力的行使不当会妨碍信任。

如果基于“权力会妨碍信任”这一假设，对企业来说，上司等于权力，所以上司不被完全信任。为了建立信任，他要完善权力自身，它必须通过上司自身对部属开诚布公（沟通）、支持鼓励、信赖尊重、公正无私、前后一致，并展现专业能力来实现。

而如果基于“权力的行使不当会妨碍信任”这一事实，要取得信任，他不仅要完善权力自身，更重要的是建立有效的机制，保证管理者的权力不被误用与滥用。

因而，巴多梅教授谈到的信任，由于没有体制的保障，并不能使部属达到完全信任，所以在此信任基础上不可能产生真正的有效沟通。要达到完全信任，必须有体制保障。

那么，即使完全信任，是不是真正就能达成有效沟通？

当双方选择相同，信任与沟通是保持一致的；而当双方选择不一致时，信任并不一定能导致有效沟通，并且，沟通的结果反而可能招致不信任的产生。

另外，由于信任属于意识，而沟通属于行为，意识并不一定代表行为的必然发生。所以，巴多梅教授设想通过建立信任就能“使得真实的信息从下层流向上层”，也不是完全可能的。

当然，没有信任，根本就无法建立有效沟通。

五、鼓励成员自由表达自己的感受和意见

好的领导人，经常率先信赖自己的伙伴，并支持他们全力以赴。当然他还必须以身作则，在言行举止之间表示出信赖感，这样才能引发成员间相互信赖、真诚相待。

成功团队的领导人都会极力提供给所有成员双向沟通的舞台。每个人都可以自由自在、公开、诚实地表达自己的观点，不论这个观点看起来是多么离谱。因为，他们知道许多伟大的设想在第一次提出时几乎都是被冷嘲热讽的。当然，每个人也可以无拘无束地表达个人的感受，一个高绩效的团队成员都能了解并感谢彼此，都能够“做真诚的自己”。

总之，群策群力，有赖于大家保持一种真诚的双向沟通，这样才能使组织表现力臻于完美。

六、让员工自由自在地与你讨论工作上的问题

在成功的团队里，我们经常看到团队成员们可以自由自在地与领导讨论工作上的问题，并请求：“我目前有这种困难，您能帮我吗？”再者，大家意见不一致，甚至立场对峙时，都愿意采取开放的心胸，心平气和地谋求解决方案，纵然结果不能令人满意，大家还是能自我调适，满足组织的需求。彼此之间保持弹性、自由、开放、互助的团队气氛，有助于谋求更好的解决方案。当然，每位成员都会视需要自愿调整角色，执行不同的任务。

七、在团队内部创造彼此认可与赞美的氛围

“我经常受到别人的赞赏和支持。”这是高绩效团队的主要特征之一，团队里的成员对于参与团队的活动感到兴奋不已，因为，每一个人会在各种场合里不断听到这些话：“我认为你一定可以做到！”“我要谢谢你！你做得很好！”“你是我们的灵魂！不能没有你！”“你是最好的！你是最棒的！”这些赞美、认同的话提供了大家所需要的强心剂，提高了大家的自尊、自信，并驱使大家愿意携手同心。

八、沟通不是要改变对方的观点

对一个公司而言，沟通无时不在，无处不需。沟通可以概括为两个方面：与公司外部环境的沟通和公司内部的沟通。沟通的价值有时直接影响着效益。

组织内部的沟通更为重要。公司决定在原考核基础上加大考核力度，推行新的绩效考核，选择了几个岗位试行。由于未与其他员工进行事先沟通，造成

部分员工的揣测、不理解,甚至情绪波动。公司如果在试行之前花一些时间,选择有效的形式与所有人员进行沟通,效果就会好得多。

有两点对于沟通非常重要:一是沟通必须是平等的,职位高者不能持居高临下态度;二是沟通的目的并不是一定要改变对方的观点,而是相互交流观点。做到这两点,才会使沟通更加有效。

九、让团队成员都充分了解共同的目标和愿景

成功的领导者往往都主张以目标为导向的团队合作,目的在于获得非凡的成就。他们对于自己和群体的目标永远十分清楚,并且深知在描绘目标和愿景的过程中让每位伙伴共同参与的重要性。因此,好的领导者会向他的追随者提出明确的方向,经常和他的成员一起确立团队的目标,并竭尽所能设法使每个人都清楚了解、认同确立的目标,进而获得他们的承诺、坚持和献身于共同目标之上。

当团队的目标和愿景并非由领导者一个人决定,而是由团队内的成员共同合作产生时,就可以使所有的成员有认同感、成就感,大家会从心里认定:这是我们共同的目标和愿景。

十、让每一位成员都明白自己的角色、责任和任务

成功团队的每一位伙伴都清晰地了解个人所扮演的角色是什么,并知道个人的行动对目标的达成会产生什么样的贡献。他们不会刻意逃避责任,不会推诿分内之事,他们知道在团队中该做些什么。

大家在分工共事之际,非常容易建立起彼此的期待和依赖。大伙儿觉得唇齿相依,生死与共,团队的成败荣辱,每个“我”都有着非常重要的分量。

十一、鼓励成员主动为团队目标的决策献计献策

现在有数不清的组织奉行“参与管理”。领导者真正希望做事有成效,就会倾向参与式领导,他们相信这种做法能够确实满足“有参与就受到尊重”的人性心理。

成功团队的成员身上总是散发出参与的狂热,他们相当积极,相当主动,一得到机会就会参与。

化妆品公司创办人玫琳凯说过:“一位有效率的经理人会在计划的构思阶段就让部属参与其事。我认为让员工参与对他们有直接影响的决策是很重要的,所以,我总是愿意甘冒时间损失的风险;如果你希望部属全然支持你,你就必须让他们参与,愈早愈好。”

不过，这里要说明的是，同样是“参与”，但团队中成员的“参与”是自主、自动参与，而以往的“参与管理”则是领导请下属参与，前者比后者更彻底，更激励人心。

做值得员工信任的领导者

英文的领导者是 Leader，它具有以下含义：

L——listen，多倾听、多学习；

E——explain，多沟通、多说明；

A——assist，多协助、多支持；

D——discuss，多协调、多商讨；

E——evaluation，多评价、多总结；

R——response，多反馈、多调整。

这样，才能成为员工心目中值得信赖的上司。

在《没有人完全信任上司，怎么办》一文中，巴多梅教授指出，培养信任和坦诚的因素，至少应该包括六个方面，即“沟通”“支持”“尊重”“公平”“可预见性”和“胜任工作”。这与东方管理所强调的领袖风范和特质异曲同工。

一、重视沟通

巴多梅认为：“沟通是指使下属知情，提供准确的反馈，对决定和决策进行解释，诚实地对待自己的问题，抵制诱惑，不要将保留信息作为一种手段或一种利益。”

某民营企业老板，自任董事长兼总经理，妻子则出任副总经理。他的妻子没文化，有自卑感，但却不能谦卑待人，连当年董事长好不容易聘来的创业伙伴——副董事长都不放在眼里，一副自傲自大的模样，根本听不进别人的声音。最糟的是，她沟通的方式是以高姿态压人，要周边的人员都听从她的指挥，否则就会想尽办法将他斗臭斗垮。她那种话中带刺、说话不算话、满腹歪理的沟通模式，很快就气走了公司资深的市场总监及财务总监两员大将，一时公司的元气大伤，能力比较好的干部纷纷拂袖而走。

可见，沟通的方式不当会给企业带来致命的损失。

二、用人不疑

巴多梅认为:“支持意味着把下属当作一个人来进行关心,它意味着你是可以依靠和可以接近的,并且,它还意味着帮助他们、指导他们和鼓励他们的想法以及保护他们的立场。”

当然,给人以支持与信任,不是无原则的不管,信任不是放任,有问题不能视而不见或盲目地理解与认可。这也就是目前最时髦的讲法,授权不等于放权,放权不等于弃权,对问题必须敏锐地去发现、去防范,而且要去主动寻找问题,使问题在萌芽阶段便得以解决。千万别被人看成是好欺骗、好糊弄的“慈善组织”。这样的“包容”不是包容,是纵容,是无能,也是滋生腐败与个人邪念的温床。看什么都是问题,好像什么人都值得怀疑,不行;看不到问题,什么都随他去,更不行。要敢于看到问题,并准确判断其本质,然后,不要大惊小怪,要恰到好处地予以扭转和矫正,多一些理解,再多一些理解,才能取得好的效果。

三、尊重员工

巴多梅认为:“尊重他人会带来他人对你的尊重,尊重最重要的形式是‘授权’,其次是倾听下属的意见,并按他们的意见办事。”信任他人,归在尊重。彼此无碍,无牵无挂,思维活跃,尽情发挥自己的聪明才智,在这样的境界里,人性的本能驱使自己要维持这方相互信任的净土,当每一个不光明的念头出现时,都会让人觉得格格不入、自惭形秽。

四、公平公正

巴多梅认为:“长期缺少公平,会使信任和坦诚很快枯竭。”部属最愤愤不平的就是私心太重,遇事不够客观,搞小圈子及过度偏袒自己人的主管,就像前述那家民营企业的执行副总一样,当她主管的采购和仓储单位与其他部门有权责问题发生时,在任何协调会上,她一定护着自己的少数一两个亲信,把“黑”的说成“白”的,极力巧辩,让人看不下去。这种凡事不求公正、客观,一味护短的上司,当然无法取得员工的信赖,更容易因欠缺公平对待而使员工拉帮结派,这绝非企业之福。

五、明用信赏

巴多梅强调:“可预见性指的是行为始终一致,而且值得信赖,遵守明示或暗示的诺言和保持品格的始终如一。”这一点对企业家来讲尤为重要。

六、人尽其才

巴多梅认为:“胜任工作指的是在工作中表现出技术和专业能力以及商业

的敏锐感觉所产出的愉悦感。”海尔总裁张瑞敏先生，他的“以人为本”“追求卓越”“沟通比权力更重要”“日清日高的 OEC 管理模式”“赛马不相马”的人才策略和以品牌为旗“真诚到永远”的国际化之路，皆能以“可预见性”结合“胜任工作”的内涵，为中国企业在加入 WTO 后走入世界赢得喝彩。而对员工来说，这种有能力也敢于接受挑战的企业家，正是他们所依托和信赖的对象。